THE THIRD DOOR

세 계 적 으 로   대 성 공 을   거 둔   사 람 들 의   비 밀

나는 7년 동안
세계 최고를 만났다

알렉스 바나얀 지음
김태훈 옮김

Alex
Banayan

THE

THIRD

DOOR

RHK
알에이치코리아

이 모든 것을 가능하게 해주신
나의 어머니, 파리바 바나얀과 아버지, 데이비드 바나얀에게,
그리고 이 꿈을 현실로 바꿔준 칼 퍼스먼에게
이 책을 바칩니다.

To my mom and dad,
Fariba and David Banayan,
who made this all possible
And to Cal Fussman,
who turned this dream into a reality

알렉스 바나얀은 '꿈의 대학'을 만들고 싶어했다. 빌 게이츠가 경영을, 레이디 가가가 음악을, 스티븐 스필버그가 영화를, 제인 구달이 과학을 가르치는 대학 말이다. 이 이상은 실현되었다. 이 책은 교육이 세상에서 가장 강력한 힘 중 하나이며, 스스로 배움을 얻을 때 더욱 강력해진다는 사실을 증명한다.

카렌 케이터, 전 교육부 교육기술국 국장

바나얀의 투지는 엄청나다. 그는 화장실에 몸을 숨기거나 슈퍼마켓에서 사람을 추적하는 등 꿈을 이루기 위해 무슨 일이든 했다. 그가 기울인 노력의 정도는 당신의 길을 계속 걸어가게 만드는 의욕을 불어넣을 것이다. 성공에 굶주렸다면 나를 믿고 이 책을 읽어라.

저메인 듀프리, 그래미 수상 래퍼 및 음반 프로듀서

강력하다. 올해에 나온 최고의 책 중 하나다. 이 책을 읽은 후 내 삶에 엄청난 변화가 생겼다. 내 앞의 난관들이 즐거운 도전으로 보이기 시작했다. 이 책은 목표를 이룰 수 있는 새로운 도구를 제공했을 뿐 아니라 불가능해 보이는 장애물을 넘는 것이 얼마나 흥분되는 일인지 보여주었다. 삶을 한 단계 높은 차원으로 끌어올리고 싶다면 이 책을 읽어라.

마이크 포즈너, 그래미상 올해의 곡 후보 및 멀티 플래티넘 기록 음악인

문제 해결을 위한 바나얀의 접근법은 명민한 동시에 웃음을 안긴다. 당신이 이미 성공한 기업가든, 기업가를 꿈꾸는 사람이든 혹은 직원들이 틀을 벗어난 생각을 하게 만들려는 경영자든 간에 이 책은 앞으로 나아갈 길을 보여준다.

메러디스 페리, 유빔 창립자

성장 소설, 영적 여정, 범죄 코미디가 놀라운 조합을 이루는 이 책은 우리 모두가 성공의 의미, 의욕의 원천, 삶의 경로에 대한 생각을 살필 기회를 준다.

마이클 슬레이비, 오바마 2012년 대선 캠프 최고혁신책임자 및 시카고 아이디어 대표

마음을 사로잡고, 멋진 통찰을 안겨준다. 현실적이고 유용하다. 나는 이 책을 읽으며 거듭 고개를 끄덕였고, 좋은 구절을 다시 읽었다. 바나얀은 많은 사람들이 성공하기 위해 해야 하는 가장 힘들고 무서운 일의 허울을 벗긴다.

엠 산자얀 박사, 컨저베이션 인터내셔널 대표 및 PBS 〈지구: 새로운 야생〉 진행자

이제 경력의 1막을 시작하든, 혹은 20막을 향해 나아가든 이 책은 커리어에 대한 조언과 관련하여 당신이 읽은 최고이자 가장 재미있는 책이 될 것이다. 페이지가 술술 넘어가고, 웃기고, 다정하고, 줄곧 통찰이 넘친다.

매튜 비숍, 《박애 자본주의》의 저자 및 전 〈이코노미스트〉 비즈니스 에디터

내가 첫 사업을 시작했을 때 이 책이 있었다면 참 좋았을 것이다. 고맙게도 바나얀은 우리 모두가 기다리던 책을 안겨주었다.

마이클 라제로우, 전 세일즈포스 최고전략책임자 및 버디 미디어 창립자

탁월한 저자다. 일단 읽기 시작하니 멈출 수 없었다.《나는 7년 동안 세계 최고를 만났다》는 기업가들의 필독서다.

비벡 와드와, 〈워싱턴 포스트〉 칼럼니스트, 카네기 멜론 대학 특별 연구원

이 책을 읽은 지 몇 시간 만에 억만장자를 만나고, 동료들을 뛰어넘고, 기록적인 시간에 꿈을 이루는 법을 배웠다. 이런 책은 읽어본 적이 없다! 당신이 기업인이든 직장인이든 이 책은 가능성의 세계를 열어줄 것이다.

팀 샌더스, 〈뉴욕타임스〉 베스트셀러 《사랑은 킬러앱이다》 저자

이 책의 모든 페이지에 바나얀의 마음이 담겨 있다. 세계적인 선구자들이 성공한 이유를 보여줄 뿐 아니라 꿈을 이룬 한 소년의 여정을 들려주는 멋진 이야기이기도 하다. 이 책에는 열정과 감정이 흘러넘친다. 이상을 현실로 바꾸고 싶은 모든 사람의 필독서다.

애덤 브라운, 〈뉴욕타임스〉 베스트셀러 《연필 하나로 가슴 뛰는 세계를 만나다》 저자

지혜의 보물상자다. 더 멀리 나아가고 싶은 사람은 누구나, 어디서나 활용할 수 있는 지식을 담고 있다. 바나얀은 당신이 삶에서 더 높은 산을 오르도록 도와주는 유능한 가이드다.

드라마, 배신, 상심으로 가득한 영화 같은 이야기가 펼쳐진다. 《나는 7년 동안 세계 최고를 만났다》는 삶을 바꾸는 교훈으로 가득한 모험으로 당신을 이끈다. 한 번 읽기 시작하면 멈출 수 없다.

강렬한 책이다. 영감과 웃음 그리고 통찰을 안긴다. 도저히 문제를 해결할 길이 없는 것처럼 느껴질 때 이 책을 통해 더 크게 생각하는 법을 배워라."

바나얀은 창의성, 투지, 열정의 화신이다. 그는 차세대 기업계 리더가 어떤 모습인지 보여주며, 이 책은 삶에 대한 그의 태도를 잘 보여준다.

할아버지는 내게 '어떤 문제든 다 해결할 길이 있는데 왜 걱정하니?'라고 말하곤 했다. 이 책은 바로 이런 낙관과 가능성의 태도로 나를 크게 북돋아 주었다. 바나얀은 걱정하느라 시간을 낭비하지 않는다. '이렇게 하면 어떨까?'라며 나아간다. 이는 엄청난 차이를 만든다.

제이슨 실바, 내셔널 지오그래픽 〈기원〉, 〈두뇌 게임〉 진행자, 에미상 후보

이 책은 강인함과 현명함을 적절히 섞어서 당신을 고안과 의지의 멋진 여정 속으로 데려간다. 세상에서 가장 들어가기 어려운 문의 열쇠를 찾는 바나얀의 탐구는 우리 모두에게 숨겨진 힘을 일깨운다.

브래드 델슨, 그래미 수상 록밴드 린킨 파크의 리드 기타리스트

격렬한 모험, 믿기 힘든 이야기, 엄청나게 실용적인 조언. 이 책은 이 모두를 담고 있다. 바로 우리 세대가 기다리던 책이다.

벤 넴틴, MTV 〈묻힌 삶〉 출연자, 〈뉴욕타임스〉 베스트셀러
《버리드 라이프》 저자

흡인력 넘치는 이야기들이다. 이 책은 저자가 자신이 살아가는 방식대로 조언하는 드문 책이다. 알렉스 바나얀은 투지와 근면의 의미를 재정의한다. 삶에 겸손해지고 격려와 에너지를 받을 준비를 하라.

위트와 온기 그리고 지혜를 담아 전해지는 바나얀의 놀라운 여정은 여러 인물들의 개인적 이야기를 통해 의미를 탐구한다. 삶의 목적을 찾고자 하는 모든 사람에게 의욕을 불어넣는 책이다.

이 훌륭한 책을 통해 독자들은 야심차고, 재주 많고, 아주 똑똑한 소년이 현명하고, 기민하고, 크게 성공한 청년으로 성장하는 과정을 지켜보는 영광을 얻는다. 우여곡절, 기쁨과 낙담, 좌절과 승리를 모두 겪고 마침내 꿈을 이루는 이야기는 당신을 단단히 옭아매고 놓아주지 않는 영화처럼 읽힌다. 특히 저자의 성장, 자기성찰, 자기발견이 담긴 부분이 가장 좋다. 행복하려면 실로 무엇이 필요할까? 당신은 바나얀과 그의 친구들이 기꺼이 길을 보여주는 가운데 이 책에서 그 답을 찾게 될 것이다. 당신과 온 가족을 위해 이 책을 사라. 기쁨을 얻을 것이다. 당신이 책을 선물한 가족들도 말이다!

———————

저자인 알렉스 바나얀은 태어난 순간부터

의사가 되는 것으로 정해져 있었던 사람이었습니다.

의사가 되기 위한 목적 하나로 살아왔던 그는

예정대로 미국 서부 명문대학교인

USC 의과대학 예과 1학년생으로 입학하게 됩니다.

하지만 입학한 지 한 달 뒤, 그에게 상상도 못 한 권태가 찾아옵니다.

그는 누구의 인생을 위해 살아온 것인지 스스로 자문하게 되었고,

자신과 같은 처지에 놓인 사람들을 위해

사명을 건, 여정을 하기로 결심합니다.

"누구도 자신의 이름을 모를 때, 누구도 만나주지 않을 때,

성공한 사람들은 어떻게 꿈에 그리던 직업을 얻게 되었을까?"

꿈에 목마른 사람이라면 한 번쯤 생각해봤을 물음입니다.

이 책을 여는 순간, 세계적으로 대성공을 거둔 사람들의

성공 비결을 파헤치기 위한 저자의 7년간의 모험을 통해

당신이 궁금해하는 각 분야 최고들을 만날 수 있을 것입니다.

빌 게이츠, 워런 버핏, 스티븐 스필버그, 팀 페리스,

레이디 가가, 제시카 알바, 래리 킹….

그들을 만나기 위한 준비가 되었다면, 휴대폰은 잠시 두고

꿈을 위한 여정을 위해 조용한 곳을 찾아 주세요.

만약 당신이 온전히 집중하면,

이 책은 당신을 놀라운 곳으로 데려갈 것입니다.

이 책을 읽을 때 주의사항 단 하나는

다른 장으로 이동하지 말라는 것입니다.

한 편의 이야기로 연결되어 있기 때문에,

1쪽부터 시작해서 끝까지 쭉 읽어주세요.

《나는 7년 동안 세계 최고를 만났다》를 통해 얻은 지혜와 메시지가

가능한 한 많은 독자들과 공유되기를 바랍니다.

지혜를 나누기 위해 함께 모이면 젊은 세대들이

훨씬 더 많은 것을 할 수 있다고 믿습니다.

이 책을 읽는 독자들이 인생에서 가장 어려운 시기를 헤쳐나가고

세 번째 문으로 들어가는 삶을 살기를 바랍니다.

Contents

STEP4
장애물을
뚫어라

STEP5
세 번째
문으로
들어가라

삶, 비즈니스, 성공…. 이런 것들은 나이트클럽과 같다.
그곳으로 들어가는 세 가지 문이 있다.

첫 번째 문이 있다. 건물 모퉁이를 돌아 길게 줄이 이어지는 정문이다.
99%의 사람들은 여기로 들어가기를 기다리며 줄을 선다.
두 번째 문이 있다. 억만장자, 연예인, 금수저들이 들어가는 VIP용 출입문이다.
그러나 아무도 당신에게 알려주지 않는 사실은 항상, 언제나…
세 번째 문이 있다는 것이다.
이 문으로 들어가려면 줄에서 빠져나와 뒷골목으로 들어가야 한다.
그 다음 수백 번 문을 두드리다가 창문을 살짝 열고 주방으로 숨어들어야 한다.
언제나 길이 있는 법이다.

빌 게이츠가 첫 소프트웨어를 팔았을 때도,
스티븐 스필버그가 할리우드 역사상 최연소 감독이 되었을 때도
그들은 모두 세 번째 문으로 들어갔다.

Tim Ferriss

Steven Spielberg

Lady Gaga

Quincy Jones

Larry King

Maya Angelou

Warren Buffett

Bill Gates

Pitbull

Steve Wozniak

Maya Angelou

줄에서
빠져나와라

1장

요란한 모험의 시작

When no one knew their
names, when no one would
take their meetings, how did
these people find a way to
launch their careers?

누구도 자신의 이름을 모를 때,
누구도 만나주지 않을 때,
성공한 사람들은 어떻게 성공의 발판을 마련했을까?

"이쪽입니다."

나는 대리석이 깔린 복도를 지나 모퉁이를 돌았다. 바닥에서 천장까지 반짝이는 창으로 둘러싼 로비가 나왔다. 저 아래쪽에는 바다를 지나는 요트와 해변으로 밀려드는 부드러운 파도가 보였다. 오후의 햇빛이 바다에 반사되어 밝고 눈부신 빛으로 로비를 채웠다. 나는 비서를 따라 사무실로 향했다. 사무실에는 내가 그동안 본 것 중 가장 푹신해 보이는 쿠션들이 놓인 소파가 있었다. 커피 스푼도 일찍이 본 적이 없는 광채를 냈다. 회의용 테이블은 미켈란젤로가 조각한 듯 보였다. 우리는 수백 권의 책이 줄지어 꽂힌 긴 통로로 들어섰다.

"전부를 다 읽으셨어요."

비서가 말했다. 거시경제학, 컴퓨터공학, 인공지능, 소아마비 박멸. 그는 배설물 재활용에 대한 책을 꺼내 내게 건넸다. 나는 땀이 배인 손으로 책장을 넘겼다. 거의 모든 페이지에 밑줄이 그어져 있었고, 중요한 부분이 표시되어 있었으며, 여백에 휘갈긴 글씨로 필기가 되어 있었다. 절로 웃음이 나왔다. 초등학생 같은 필체였기 때문이다.

통로를 지난 후 비서는 내게 잠시 기다려 달라고 말했다. 나는 가만히 서서 머리 위로 우뚝 솟은 반투명 유리문을 바라보았다. 얼마나 두꺼운지 만져보고 싶었지만 참아야 했다. 기다리는 동안 나를 여기로 이끈 모든 것들을 생각했다. 빨간 스카프, 샌프란시스코의 화장실, 오마하의 신발, 모텔 6의 바퀴벌레, 그리고….

문득 문이 열렸다.

"알렉스 씨, 나오셨습니다."

그가 내 앞에 서 있었다. 헝클어진 머리에, 셔츠를 헐렁하게 바지 속에 집어넣은 모습으로 다이어트 코크를 마시면서. 뭔가 할 말이 떠오르기를 기다렸지만 아무 말도 떠오르지 않았다.

빌 게이츠는 눈썹이 올라갈 만큼 함박미소를 지으며 말했다.

"반가워. 들어와."

———————

: 3년 전, 대학 신입생 시절 기숙사 방

나는 침대에서 돌아누웠다. 책상에 쌓인 생물학 책들이 나를 마주보고 있었다. 공부를 해야 했지만 그 책들을 바라볼수록 시트를 머리 위로 끌어올리고 싶었다.

오른쪽으로 몸을 돌렸다. 서던 캘리포니아 대학교 축구팀 포스터가 머리 위로 걸려 있었다. 처음 벽에 붙일 때는 색상이 화려하게 살아 있었다. 그러나 지금은 완전히 퇴색되어 벽과 구분이 가지 않았다. 나는 똑바로 누워서 말없는 흰 천장을 바라보았다.

'대체 뭐가 잘못된 걸까?'

태어나는 순간부터 나의 등에는 '의사'라는 직인이 찍혀 있었다. 기억이 닿는 아주 이린 시절부터 나의 장래 계획은 의사가 되는 것으로 정해져 있었다. 페르시아계 유대인 부모의 아들은 대개 그랬다. 초등학교 3학년 때는 할로윈 복장으로 수술복을 입고 학교에 갔다. 나는 '유별난 아이'였다.

학교에서 가장 똑똑한 아이였던 적은 없었지만 꾸준히 좋은 성적을 냈다. 계속 B- 정도의 성적을 받았고, 참고서를 읽었다. 만점을 못 받는 대신 목적의식을 가지고 있었다. 고등학교 때는 병원에서 자원봉사를 하고, 특별 과학 수업을 받고, SAT에 몰두하면서 '과제들을 완료'했다. 문제는 너무 정신없이 살다 보니 누구의 과제를 완료하고 있는지 생각해보지 않았다는 것이었다. 대학에 들어갈 때는 한 달 후가 되면 피로가 아니라 권태 때문에 매일 아침 자명종의 스누즈 버튼을 네다섯 번씩 누르게 될 줄은 상상도 하지 못했다. 그래도 무리를 따르는 양이 된 기분을 느끼며 억지로 강의실에 가서 예과 과정을 밟았다.

그러다가 지금 이렇게 침대에 누워 천장을 멍하니 바라보는 지경까지 온 것이다. 답을 찾아 대학에 왔지만 질문만 늘어났다.

'내가 정말 관심을 가진 건 뭘까?', '무엇을 전공하고 싶은 걸까?', '어떤 일을 하며 살고 싶은 걸까?'

다시 몸을 뒤집었다. 생물학 책들은 흡혈귀처럼 내게서 활력을 빨아갔다. 책장을 열기가 두려운 만큼 부모님 생각이 많이 났다. 테헤란 공항을 달려서 미국으로 탈출한 후 난민으로서 나를 가르치기 위해 모든 것을 희생한 부모님이었다.

합격통지서를 받았을 때 엄마는 내게 대학에 보낼 형편이 못된다고 말했다. 우리 가족은 가난하지 않았다. 나는 비벌리 힐스에서 자랐다. 그러나 많은 가족들처럼 우리 가족도 이중적인 삶을 살았다. 좋은 동네에 살았지만 부모님은 생활비를 대기 위해 집을 담보로 두 번이나 대출을 받아야 했다. 여행을 가기도 했지만 문 앞에 가스가 끊어질 것이라는 계고장이 붙을 때도 있었다. 엄마가 나를 대학에 보낸 유일한 이유는 등록 마감을 하루 앞두고 아버지가 밤새 울며 생계를 위해 무엇이든 하겠다고 설득했기 때문이었다.

'그런데 지금 이게 아버지의 희생에 보답하는 것일까? 침대에 누워서 머리 위로 시트를 덮고 있는 게?'

나는 방의 맞은편을 흘긋 바라보았다. 룸메이트인 리키가 작은 나무책상 앞에 앉아서 계산기처럼 숫자를 찍어내며 과제를 하고 있었다. 연필이 미끄러지는 소리가 나를 놀리는 듯했다. 리키에게는 길이 있었다. 나도 그랬으면 좋겠다는 생각이 들었다. 내가 가진 것은 아무 대꾸도 하지 않는 천장뿐이었다.

그때 저번 주말에 만난 사람이 생각났다. 작년에 수학과를 졸업한 사람이었다. 그도 리키처럼 책상 앞에 앉아 열심히 숫자를 찍어내곤 했지만 지금은 캠퍼스 근처에 있는 아이스크림 매장에서 일하고 있었다. 대학 졸업장이 더 이상 아무 것도 보장해 주지 못한다는 생각이 들었다.

나는 몸을 돌려 교과서들을 보았다.

'공부는 전혀 하고 싶은 일이 아냐.'

다시 똑바로 누웠다.

'하지만 부모님은 내가 공부만 할 수 있도록 해주려고 모든 걸 희생했어.'

천장은 여전히 말이 없었다. 나는 돌아누우며 얼굴을 베개에 파묻었다.

———

다음 날 아침 나는 생물학 책들을 겨드랑이에 낀 채 터벅터벅 도서관으로 걸어갔다. 하지만 아무리 공부하려고 애를 써도 머릿속의 배터리는 계속 방전 상태였다. 비상 시동이라도 걸어서 의욕을 불어넣어야 했다. 나는 의자를 뒤로 밀고 몸을 일으켰다. 그리고 전기들이 꽂힌 서가를 돌아다니다가 빌 게이츠에 대한 책을 빼들었다. 빌 게이츠만큼 크게 성공한 사람의 이야기를 읽으면 내 안에서 불꽃이 일어날 것 같았다. 실제로도 그랬다. 내가 예상한 불꽃은 아니었지만 말이다.

빌 게이츠는 내 나이 때 회사를 만들어서 세계적인 기업으로 키워냈고, 컴퓨터 산업에 혁신을 일으켰고, 세계 최고의 부호가 되었고, 경영자 자리에서 물러난 후에는 세계 최고의 자선사업가가 되었다. 빌 게이츠가 이룬 업적을 생각하면 에베레스트산의 자락에 서서 정상을 올려다보는 것 같았다. 그저 '어떻게 저 높은 산을 오르기 위한 첫걸음을 뗐을까?'라는 의문이 들 뿐이었다.

뒤이어 정신없이 여러 성공한 사람들의 전기를 읽었다. 스티븐 스필버그는 영화계의 에베레스트산을 넘었다. 어떻게 그런 일을 해냈을까? 영화학교에도 떨어진 사람이 어떻게 할리우드 역사상 최연소 감독이 되었을까? 19살 때까지 뉴욕시에서 웨이트리스로 일하던 레이디 가가는 어떻게 첫 음반 계약을 따냈을까?

나는 매일 도서관에 가서 답이 있을 만한 책을 찾았다. 그러나 몇 주가 지나도 여전히 빈손이었다. 내가 처한 삶의 단계에 초점을 맞춘 책은 하나도 없었다. 누구도 자신의 이름을 모를 때, 누구도 만나주지 않을 때, 성공한 사람들은 어떻게 성공의 발판을 마련했을까? 그때 18살이던 내게 이런 순진한 생각이 떠올랐다.

'내가 읽고 싶은 책을 아무도 쓰지 않는다면 직접 쓰면 되잖아?'

멍청한 생각이었다. 내가 쓴 기말 리포트의 절반은 빨간 잉크로 뒤덮인 채 되돌아왔다. 그래서 나는 책을 쓰겠다는 생각을 접었다.

하지만 시간이 지나도 그 생각이 머릿속을 떠나지 않았다. 내게 흥미로웠던 것은 책을 쓰는 일이 아니라 '사명'을 추구하는 일, 즉 답을 찾기 위한 여정에 나서는 일이었다. 빌 게이츠와 직접 대화할 수만 있다면 성배 같은 조언을 해줄 것 같았다.

이 이야기를 친구들에게 했더니 나만 천장을 멍하니 바라보는 것이 아니었다. 그들도 간절히 답을 찾고 있었다. '친구들을 대표해서 내가 이 사명을 추구한다면 어떨까?' 그냥 빌 게이츠에게 전화를 걸어서 인터뷰를 하고, 다른 몇 명의 유명인사를 찾아가고, 그 과정에서 발견한 것들을 책에 담아서 같은 세대의 친구들과 나누면 어떨까?

문제는 비용을 대는 것이었다. 많은 사람들을 찾아가 인터뷰를 하려면 돈이 필요했다. 당시 나는 등록금을 대느라 허덕이는 형편이었고, 명절에 받은 돈은 이미 다 떨어진 지 오래였다. 다른 길을 찾아야 했다.

––––––––

가을학기 기말 시험을 이틀 앞둔 날 저녁, 나는 도서관에서 공부하다가 쉬는 시간에 페이스북을 훑어보고 있었다. 그때 〈가격을 맞혀요〉 무료 방청권에 대한 친구의 포스트가 눈에 들어왔다. 이 프로그램을 녹화하는 스튜디오가 캠퍼스 근처에 있었다. 어린 시절 아파서 결석했을 때 집에서 보던 프로그램이었다. 프로그램의 내용은 방청객 중 몇 명을 무대로 불러서 상품을 보여주고, 그 가격을 최대한 가깝게 맞춘 사람에게 해당 상품을 증정하는 것이었다. 끝까지 본 적은 한 번도 없지만 별로 어렵지 않아 보였다.

'만약 내가 나가서 돈이 되는 상품을 따면 어떨까?'

말도 안 되는 일이었다. 녹화는 다음 날 아침이고, 당장 기말 시험 공부를 해야 했다. 그러나 상품에 대한 생각이 계속 머릿속에 떠올랐다. 나는 얼마나 형편없는 아이디어인지 나 자신에게 증명하기 위해 노트에 최선의 시나리오와 최악의 시나리오를 적었다.

최악의 시나리오

1 기말 시험을 망친다.

2 의과대학에 진학할 기회를 놓친다.

3 엄마가 나를 미워할 것이다.

4 아니, 엄마가 나를 죽일 것이다.

5 텔레비전 화면에 뚱뚱하게 나온다.

6 모두가 나를 놀릴 것이다.

7 출연하지도 못한다.

최선의 시나리오

1 사명을 추구할 돈을 마련한다.

나는 인터넷 검색을 통해 상품을 딸 확률이 얼마나 되는지 알아보았다. 방청객 300명 중 1명이 상품을 땄다. 휴대폰으로 계산해 보니 고작 0.3%의 확률이었다. 이러니 내가 수학을 싫어할 수밖에. 나는 휴대폰 화면에 뜬 0.3%라는 숫자에 이어 책상에 쌓인 생물학 책들을 바라보았다. 그래도 '만약 내가 상품을 딴다면?'이라는 생각만 자꾸 떠올랐다. 누군가가 내 허리에 밧줄을 묶고 천천히 끌어당기는 느낌이었다.

나는 논리적인 결정에 따라 공부를 하기로 결심했다. 기말 시험 공부가 아니라 〈가격을 맞혀요〉에서 상품을 따기 위한 공부를.

가격을 맞혀요

〈가격을 맞혀요〉를 30초라도 보고 진행자가 "앞으로 나오세요!"라고 말하는 걸 들은 사람은 누구나 알 수 있다. 출연자들은 하나같이 화려한 옷을 입고, 열정적인 성격을 지녔다는 사실을 말이다. 언뜻 보면 방청객 중에서 무작위로 출연자를 선정하는 것처럼 보인다. 그러나 새벽 4시에 구글로 '〈가격을 맞혀요〉에 출연하는 방법'을 검색한 결과, 전혀 그렇지 않았다. 사실은 프로듀서가 방청객을 한 명씩 인터뷰한 후 열정적인 사람들을 고른다. 프로듀서의 마음에 든 사람들의 명단은 멀리서 방청객들을 관찰하는 숨어 있는 프로듀서에게 전달된다. 그중에서 숨어 있는 프로듀서가 찍은 사람들이 무대로 호출된다. 즉, 운이 아니라 시스템으로 출연자가 정해지는 것이다.

다음 날 아침, 나는 힘차게 옷장문을 열고 가장 밝은 빨간색 셔츠, 커다란 다운 재킷, 네온 느낌의 노란색 선글라스를 걸쳤다. 흡사 뚱뚱한 큰부리새 같았다. 완벽했다. 나는 CBS 스튜디오로 차를 몰고 가서 주차장에 세운 다음 접수처로 향했다. 숨어 있는 프로듀서가 누군지 알 수 없었기 때문에 그 누구라도 숨어 있는 프로듀서일지 모른다고 가정했다. 그래서 보안요원과 포옹을 하고, 청소부와 춤을 추고, 아줌마들에게 추파를 던졌다. 심지어 춤출 줄도 모르면서 브레이크 댄스까지 췄다.

나는 다른 방청객들과 함께 스튜디오 문 밖으로 미로처럼 이어진 줄에 섰다. 줄이 점차 앞으로 나아가더니 마침내 곧 내가 인터뷰할 차례가 되었다. 그 사람이 보였다. 전날 밤 몇 시간 동안 사전조사를 하면서 확인한 사람이었다. 그의 이름은 스탠. 출연자를 결정하는 프로듀서였다. 나는 그가 어디 출신인지, 무슨 대학을 나왔는지 알고 있었다. 또한 노트판으로 출연자를 관리한다는 사실도 알고 있었다. 다만 그는 노트판을 직접 들지 않았다. 노트판은 그의 뒤에 있는 의자에 앉은 조연출이 들고 있었다. 그는 마음에 드는 방청객이 있으면 뒤를 돌아보며 윙크를 했다. 그러면 조연출이 그 방청객의 이름을 적었다.

안내요원이 나를 포함한 10명에게 앞으로 나오라고 손짓했다. 스탠은 3m 정도 떨어진 곳에 서서 한 명씩 인터뷰를 했다.

"이름이 뭔가요? 어디서 오셨어요? 어떤 일을 하세요?"

그의 행동에는 리듬이 있었다. 스탠의 공식적인 직함은 프로듀서였다. 그러나 내 눈에 그는 클럽 문지기와 같았다. 내 이름을 노트판에 올리지 못하면 출연할 수 없었다. 그 문지기가 바로 내 앞에 섰다.

"안녕하세요, 이름은 알렉스이고, LA에 살아요. 지금 USC 의과대학 예과 학생입니다."

"의과대학 예과? 그럼 매일 공부해야 하잖아. 〈가격을 맞혀요〉를 볼 시간이 있어?"

"가격을…. 네? 아! 지금 그 프로그램을 방청하는 건가요?"

그는 가엾다는 웃음조차 짓지 않았다.

실패를 만회해야 했다. 한 비즈니스 책에서 신체 접촉을 하면 관계 형성이 빨라진다는 내용을 읽은 적이 있었다. 아이디어가 떠올랐다.

어떻게든 스탠과 접촉해야 했다.

"스탠, 스탠, 이리 와봐요! 당신과 신세대 스타일로 인사하고 싶어요!"

그는 눈동자를 굴렸다.

"스탠! 어서요!"

그가 마지못해 내 쪽으로 다가왔다. 우리는 손바닥을 마주쳤다. 나는 "이렇게 하는 거 아닌데. 몇 살이에요?"라고 말했다.

내 말에 그가 키득거렸다. 나는 주먹끼리 부딪힌 다음 허공에서 폭탄이 터지는 듯한 손동작을 보여주었다. 그는 조금 더 웃더니 내게 행운을 빌어주고 자리를 떠났다. 조연출에게 윙크는 하지 않았다. 조연출은 아무 것도 노트판에 적지 않았다. 그렇게 모든 것이 끝난 듯했다.

손을 뻗으면 잡을 수 있을 듯 바로 눈앞에 꿈이 있는데 손가락 사이로 흘러내리는 모래처럼 허무하게 사라지려는 순간이었다. 무엇보다 최악인 부분은 한 번만 더 기회가 주어지면 그 꿈을 잡을 수 있다는 걸 안다는 것이었다. 나는 뭔가에 홀린 것처럼 목청껏 고함을 지르기 시작했다.

"스탠! 스태애애앤!"

사람들이 전부 내게 고개를 돌렸다.

"스태애애애애앤! 다시 와봐요!"

스탠은 급히 달려와 천천히 고개를 끄덕이며 "알았어. 알았으니까 원하는 게 뭐야?"라는 표정을 지었다.

"어… 어…."

나는 그를 위아래로 훑어보았다. 그는 검은색 터틀넥에 청바지를 입고 평범한 빨간 스카프를 두르고 있었다. 할 말이 퍼뜩 떠오르지 않았다.

"어…. 어…. 스카프요!"

그는 미간을 찡그렸다. 이제는 정말 무슨 말을 해야 할지 알 수 없었다. 나는 심호흡을 한 후 최대한 강렬한 눈빛으로 그를 바라보며 이렇게 말했다.

"스탠, 전 스카프 수집광이에요. 기숙사 방에 362개나 있어요. 바로 그런 스카프만 못 구했어요! 어디서 샀어요?"

긴장이 풀리면서 스탠은 웃음을 터트렸다. 내가 왜 그러는지 알고 있으며, 내 말보다 내 행동에 더 웃는 듯했다.

"그럼 내 걸 가져!" 그는 농담을 하며 스카프를 벗어서 내게 주었다.

나는 말했다.

"아니에요. 어디서 샀는지만 알면 돼요!"

그는 미소를 지으며 조연출에게 고개를 돌렸다. 조연출은 노트판에 뭔가를 적었다.

―――――

　나는 스튜디오 밖에 서서 문이 열리기를 기다렸다. 젊은 여성이 곁을 지나갔다. 그녀는 주위를 둘러보며 사람들의 이름표를 확인하고 있었다. 그녀의 바지 뒷주머니 위로 코팅된 사원증이 튀어나와 있었다. 숨어 있는 프로듀서가 분명했다.

　그녀와 눈이 마주치자 웃기는 표정을 지으며 손키스를 날렸다. 그녀가 웃기 시작했다. 뒤이어 내가 1980년대식 춤동작을 선보이자 그녀는 더 크게 웃었다. 그러더니 이름표를 보고 호주머니에서 꺼낸 종이에 내 이름을 적었다.

　세상을 다 가진 기분이 들 만한 일이었다. 그러나 내가 밤새 조사한 것은 프로그램에 출연하는 방법뿐이라는 사실을 깨달았다. 출연해서 어떻게 해야 하는지는 여전히 몰랐다. 나는 휴대폰을 꺼내서 구글로 '〈가격을 맞혀요〉 게임 방법'을 검색했다. 그런데 불과 30초 뒤에 보안요원이 휴대폰을 가져가 버렸다.

　주위를 둘러보니 보안요원은 다른 모든 사람들의 휴대폰을 거둬가고 있었다. 나는 금속탐지기를 지난 후 벤치에 털썩 주저앉았다. 휴대폰이 없으니 무기를 빼앗긴 기분이었다. 백발의 할머니가 옆에 앉아서 무슨 일이 있는지 물었다.

　"말도 안 되지만 여기서 상품을 따면 제 꿈을 이루는 데 필요한 돈을 마련할 수 있을 거라고 생각했어요. 사실 이 프로그램을 전부 본 적이 한 번도 없어요. 그런데 휴대폰을 가져가 버려서 프로그램이 어떻게 진행되는지 알 수가 없어요."

그녀는 내 볼을 꼬집으며 말했다.

"얘야, 난 이 프로그램을 40년 동안 봤어."

나는 할머니에게 조언을 구했다.

"널 보니 우리 손자가 생각나네."

그녀는 내 쪽으로 몸을 기울이며 속삭였다.

"무조건 가격을 낮게 매겨."

그녀는 설령 1달러라도 실제 가격을 넘기면 탈락이라고 설명했다. 반면 실제 가격보다 1만 달러나 낮게 매겨도 여전히 기회는 있었다. 그녀의 말을 들으니 머릿속으로 수십 년 동안 쌓은 경험이 다운로드 되는 기분이었다. 순간 머릿속에 전구가 켜졌다. 나는 할머니에게 감사 인사를 하고 왼쪽에 있는 사람에게 몸을 돌려서 이렇게 말했다.

"안녕하세요. 전 알렉스라고 합니다. 18살이고, 이 프로그램을 전부 본 적이 한 번도 없어요. 제게 조언해 줄 말이 있나요?"

그 다음에는 다른 사람에게, 그 다음에는 같이 모여 있는 사람들에게 다가갔다. 그렇게 절반 가까운 사람들을 찾아다니면서 아이디어와 조언을 구했다.

마침내 스튜디오의 문이 열렸다. 안으로 들어서니 1970년대의 냄새가 물씬 풍겼다. 벽에는 청록색과 노란색 장식이 드리워져 있었다. 그 사이로 금색과 녹색 조명이 번쩍이며 춤을 추었다. 뒷벽에는 사이키델릭 화풍으로 꽃들이 그려져 있었다. 빠진 것은 디스코 볼뿐이었다.

테마 음악이 연주되었다. 나는 자리를 찾아 앉았다. 재킷과 노란 선글라스는 의자 밑에 밀어 넣었다. 요란한 복장은 이제 필요 없었다. 본격적인 게임 시간이었다. 기도를 해야 할 때가 있다면 바로 지금이었다. 나는 고개를 숙이고, 눈을 감고, 한 손으로 얼굴을 덮었다. 머리 위에서 깊고 웅장한 목소리가 들렸다. 모든 음절이 길게 늘어졌다. 목소리는 점차 커졌다. 다만 그 주인공은 신이 아니라 텔레비전의 신이었다.

"안녕하세요. CBS 스튜디오에서 보내드리는 〈가격을 맞혀요〉입니다! 여러분의 진행자 드류 캐리를 소개합니다!"

텔레비전의 신은 첫 4명의 출연자를 호명했다. 내 이름은 첫 번째에도, 두 번째에도, 세 번째에도 불리지 않았다. 네 번째에는 불릴 것 같았다. 나는 몸을 앞으로 당겼다. 그러나 불려나간 사람은 내가 아니었다.

4명의 출연자가 눈부신 무대 위에 섰다. 아줌마 청바지를 입은 여성이 1라운드에서 상품을 땄다. 그녀는 보너스 라운드에 진출했다. 녹화가 시작된 지 4분 만에 그녀의 빈 자리를 채울 다섯 번째 출연자가 호명되었다.

"알렉스 바나얀, 앞으로 나오세요!"

나는 의자에서 벌떡 일어났다. 방청객들도 나와 같이 환호성을 질렀다. 그들과 손바닥을 마주치며 계단을 달려 내려가니 마치 가족 같은 느낌이 들었다. 사촌들은 모두 그런 내 모습이 얼마나 우스운지 알았다. 그들은 내가 아무 것도 모른다는 사실을 알기에 모든 순간을 재미있게 바라보았다. 내가 숨 돌릴 새도 없이 자리에 서자 드류 캐리가 "다음 상품 소개해 주세요."라고 말했다.

"다음 상품은 현대식 가죽 의자와 오토만입니다!"

"알렉스, 얼마일지 말씀하세요."

'낮게 매기자, 낮게 매기자.'

"600달러요!"

방청객들은 웃음을 터트렸다. 다른 출연자들이 가격을 제시했다. 실제 가격은 1,661달러였다. 당첨된 젊은 여자는 방방 뛰며 소리를 질렀다. 대학 캠퍼스 근처의 바에 가 본 사람들은 거의가 그녀 같은 '괴성녀'를 본 적이 있을 것이다. 테킬라 잔을 바닥에 세게 내려놓을 때마다 괴성을 지르는 여자 말이다.

괴성녀가 보너스 게임을 마친 후 다음 라운드가 시작되었다.

"다음 상품은 당구대입니다!"

사촌들 집에는 당구대가 있었다.

'가격이 얼마나 될까?'

나는 "800달러요!"라고 말했다.

다른 출연자들은 갈수록 금액을 높게 불렀다. 드류가 가격을 공개했다. 1,100달러였다. 다른 출연자들은 모두 금액을 넘겼다.

드류가 말했다.

"알렉스, 이리로 올라오세요!"

나는 무대로 달려 올라갔다. 드류는 내가 입은 빨간색 셔츠에 찍힌 USC 로고를 흘긋 보고는 말을 건넸다.

"반가워요. USC 다녀요? 뭘 배우나요?"

나는 아무 생각 없이 "경영학이요."라고 대답했다. 절반은 진실이었다. 경영학도 배우고 있었기 때문이다. 하지만 왜 텔레비전에 나와서 의학부 예과 학생이라고 말하지 않았을까? 아마도 나는 스스로 인정하는 것보다 나 자신을 더 깊이 알았던 모양이다. 어쨌든 그런 사실을 알아챌 시간이 없었다. 텔레비전의 신이 벌써 나의 보너스 라운드에 걸린 상품을 소개하고 있었다.

"보너스 라운드의 상품은 최신형 욕조입니다!"

LED 조명과 폭포수 기능 그리고 6명이 앉을 수 있는 라운지형의 대형 욕조였다. 대학 1학년생에게는 분에 넘치는 상품이었다. '어떻게 기숙사 방에 설치하지?' 방법이 떠오르지 않았다. 8개의 금액이 제시되었다. 정확한 금액을 고르면 대형 욕조가 내 것이었다. 나는 4,912달러를 골랐다. 실제 가격은… 9,878달러였다.

드류는 "적어도 당구대는 확보했잖아요."라고 말했다. 뒤이어 그는 카메라를 보았다.

"채널 고정하세요. 잠시 후 행운의 바퀴를 돌립니다!"

중간 광고 시간이 되었다. 스태프들이 4.5m 높이의 바퀴를 무대로 싣고 왔다. 반짝이는 장식과 조명으로 덮인 거대한 슬롯 머신 같은 바퀴였다.

나는 한 스태프에게 "죄송하지만 질문이 있는데 누가 바퀴를 돌리나요?"라고 물었다.

"누가 돌리긴요. 당신이 돌리죠."

그는 초반 라운드에서 상품을 딴 3명이 바퀴를 돌릴 것이라고 설명했다. 바퀴에는 최고 100까지 5씩 더해지는 20개의 숫자가 적혀 있었다. 누구든 가장 높은 숫자가 걸리는 사람이 '쇼케이스Showcase'라는 최종 라운드로 진출했다. 100에 걸리는 경우에는 추가 현금 보너스도 주어졌다.

테마 음악이 시작되었다. 나는 급히 아줌마 청바지와 괴성녀 사이에 자리를 잡았다. 드류 캐리가 다가오며 마이크를 들었다.

"다시 돌아오신 걸 환영합니다!"

아줌마 청바지가 첫 번째로 바퀴를 돌렸다. 그녀는 앞으로 나서

서 바퀴를 잡았다. 몇 바퀴를 돌던 바퀴는 서서히 느려지다가 80에
서 멈췄다. 방청객들이 환호성을 질렀다. 대단히 잘 나온 숫자였다.

다음으로 내가 나가서 손잡이를 잡고 아래로 당겼다. 틱, 틱,
틱… 바퀴가 멈춘 숫자는 85였다! 방청석에서 난리가 났다. 소리
가 너무 커서 천장이 흔들릴 지경이었다.

마지막으로 괴성녀가 돌려서 걸린 숫자는 55였다. 막 기쁨을
표현하려는 순간 방청석이 조용해졌다. 드류 캐리가 그녀에게 두
번째 기회를 주었다. 알고 보니 블랙잭과 같은 방식이었다. 숫자가
낮게 나오면 바퀴를 한 번 더 돌릴 수 있었다. 그 합이 100을 넘
지 않고 내가 걸린 숫자보다 높으면 그녀가 이기는 것이었다. 그
녀는 한 번 더 바퀴를 돌렸다. 이번에도 55가 나왔다.

드류는 소리를 질렀다.

"알렉스, 당신이 쇼케이스에 진출합니다. 광고 후 다시 뵙겠습
니다."

나는 무대 옆으로 안내되었다. 뒤이어 새로운 출연자들이 최종
라운드에서 나와 겨루기 위해 경쟁했다. 20분 후 상대가 결정되었
다. 그녀의 이름은 타니샤였다. 그녀는 마치 평생 코스트코를 돌아

다니며 가격표를 공부한 사람처럼 경쟁자들을 물리쳤다. 그 사이 1,000달러짜리 여행가방 세트와 1만 달러짜리 일본 여행권을 따 냈고, 바퀴를 돌려서 완벽하게 100에 맞췄다. 그녀와 대결하려니 돌팔매 없이 골리앗과 맞서는 다윗이 된 기분이었다.

최종 라운드를 앞두고 중간 광고가 나가는 동안 나는 이 단계 까지 〈가격을 맞혀요〉를 본 적이 없다는 사실을 깨달았다. 게다가 방청객 중 누구도 최종 라운드에 대한 조언은 하지 않았다. 내가 여기까지 올 줄 몰랐기 때문이다.

타니샤가 내 옆으로 지나갔다. 나는 손을 내밀어 악수를 나눴 다. 나는 "행운을 빌어요."라고 말했다.

그녀는 나를 위아래로 훑어보더니 "네, 당신한테는 행운이 필요 할 거예요."라고 대꾸했다.

맞는 말이었다. 내게는 급히 도움이 필요했다. 나는 드류에게 다가가며 두 팔을 벌렸다.

"드류! 〈즉흥 개그쇼Whose Line Is It Anyway〉 때부터 엄청 팬이었어요."

내가 포옹하자 드류는 몸을 빼며 어색하게 한 팔로 등을 두드 렸다.

"드류, 쇼룸 대결이 어떻게 진행되는지 대충 설명해 주실 수 있 어요?"

그는 "우선, 쇼룸 대결이 아니라 쇼케이스 대결이에요."라고 말했다. 그는 유치원생에게 대하듯 자세히 과정을 설명했다. 어느 새 테마 음악이 다시 시작되었다. 나는 급히 무대로 올라갔다. 6대의 기관총만 한 카메라가 내 얼굴을 겨눴다. 눈이 멀 듯한 흰색 조명이 위에서 쏟아졌다. 왼쪽에서는 타니샤가 춤을 추고 있었다.

'젠장, 다시 도서관에 가서 밤새 공부해야 되잖아.'

오른쪽에서 드류 케리가 무대로 나서며 넥타이를 매만졌다.

'망했다. 엄마가 날 죽이려고 할 거야.'

음악소리가 더 커졌다. 내 볼을 꼬집었던 할머니가 보였다.

'집중해, 알렉스. 집중해.'

드류는 "다시 돌아오신 걸 환영합니다! 제 옆에 있는 분들은 알렉스와 타니샤입니다. 시작하겠습니다. 행운을 빌어요."라고 말했다.

"두 분은 짜릿한 액션과 모험을 즐길 기회를 얻었습니다! 먼저, 캘리포니아에 있는 〈매직 마운틴 MAGIC MOUNTAIN〉 이용권입니다!"

정신이 없어서 나머지 자세한 내용은 들리지 않았다.

'놀이공원 입장권이 얼마나 할까? 50달러?'

내가 듣지 못한 것은 이 이용권이 VIP 패키지로서 리무진 서비스가 제공되고, 최우선 탑승이 가능하며, 모든 식사가 포함되어 있다는 사실이었다. 게다가 2인용 이용권이었다.

두 번째 상품을 소개할 때는 "중얼, 중얼, 중얼, 플로리다 여행권입니다."라는 소리밖에 들리지 않았다. 나는 항공권도 사본 적이 없었다. '여행권이 뭐지? 100달러 정도 하나? 아냐…. 200달러 정도?' 이번에도 이 여행권에 렌터카와 특급 호텔 5일 숙박권이 포함되어 있다는 내용을 놓치고 말았다.

"여기에 더하여 〈제로 지 익스피리언스ZERO-G EXPERIENCE〉를 통해 무중력 체험을 하게 될 것입니다!"

무슨 놀이기구처럼 들렸다.

'이건 얼마나 할까? 100달러?'

나중에 알고 보니 〈제로 지 익스피리언스〉는 나사에서 실행하는 우주비행사 훈련을 체험하는 상품이었다. 15분 동안 무중력을 체험하는 비용은 5,000달러였다.

"끝으로…. 이 멋진 요트를 타고 바다에서 모험을 즐기십시오!"

무대 뒤편의 문이 열리자 슈퍼모델이 손을 흔들며 등장했다. 뒤이어 눈부신 연백색 요트의 모습이 보였다. 마음을 겨우 진정시키고 가까이서 보니 요트가 비교적 작아 보였다.

'최대 4,000달러…. 아니 5,000달러 정도일까?'

이번에도 나는 그 요트가 트레일러와 함께 제공되며, 안에 객실을 갖춘 5.5m짜리 카탈리나 마크Catalina Mark Ⅱ 모델이라는 말을 듣지 못했다.

"쇼케이스에서 이기면 〈매직 마운틴〉을 방문하고, 플로리다에서 휴가를 보내며 요트를 탈 수 있습니다. 한 순간도 지루할 틈이 없을 겁니다. 가격만 맞추면 이 모든 게 당신 것입니다!"

방청객들의 환호성이 스튜디오 벽에 부딪혀 메아리쳤다. 카메라들이 앞뒤로 분주히 방향을 돌렸다. 전체 금액을 계산하는 동안 한 숫자가 머릿속에 떠올랐다. 딱 맞는 숫자처럼 느껴졌다. 나는 몸을 앞으로 기울여 마이크를 잡았다. 그리고 최대한 자신감을 끌어올려서 "6,000달러요!"라고 말했다.

순간 스튜디오가 고요해졌다. 나는 방청객들이 왜 조용한지 이해하지 못한 채 우두커니 서 있었다. 그렇게 몇 분의 시간이 흘러간 듯했다. 그때 드류 케리가 나의 답을 확정하지 않았다는 사실을 깨달았다. 고개를 돌리니 그는 거의 멍한 표정으로 당황스러워하고 있었다. 그제서야 감이 왔다. 나는 어깨를 움츠리며 마이크를 잡고 쑥스럽게 말했다.

"농⋯담이었어요."

방청석에서 우뢰 같은 박수소리가 터져나왔다. 드류는 다시 활기를 찾고 진짜 답이 무엇인지 물었다.

'사실 그게 진짜 답이었는데.'

나는 요트를 쳐다본 다음 방청석으로 눈길을 돌렸다.

"여러분, 좀 도와줘요!"

방청객들이 외치는 소리가 함성이 되어 울려 퍼졌다.

"알렉스, 답을 주세요." 드류가 재촉했다.

방청객들이 서서히 한 숫자를 합창하기 시작했지만 잘 들리지 않았다. '삼'이라는 소리만 겨우 들렸다.

"알렉스, 이제 답을 말해야 합니다."

나는 마이크를 잡았다.

"드류, 이번에는 방청객들이 말하는 대로 하겠습니다. 제 답은 3,000달러입니다."

드류는 즉시 "3,000달러와 30,000달러가 다른 건 알죠?"라고 말했다.

"어…. 당연히 알죠! 그냥 장난친 거예요." 나는 잠시 고민하는 척했다.

"20,000달러 정도 같네요. 그보다 높나요?"

방청객들은 "예~!"라고 소리쳤다.

"30,000달러요?"

예~!

"29,000달러는요?"

아니요!

"알겠습니다."

나는 드류를 보며 말했다.

"방청객들이 30,000달러라고 하네요. 그래서 저도 30,000달러로 하겠습니다."

드류 캐리는 내가 제시한 가격을 확정했다. 뒤이어 그는 "타니샤, 이제 당신의 쇼케이스입니다. 행운을 빌어요."라고 말했다. 그녀는 한껏 들떠 있었다. 그녀는 계속 춤을 췄고, 나는 계속 땀을 흘렸다.

"상품은 새 ATV, 애리조나에서 즐기는 오프로드 여행권, 그리고 최신 트럭입니다. 가격을 맞추면 이 모든 게 당신 것입니다!"

그녀가 가격을 제시했다. 이제 실제 가격을 밝힐 시간이었다.

드류는 "타니샤, 당신부터 시작하죠. 상품은 ATV가 제공되는 애리조나 여행권과 2011년식 닷지 램입니다. 당신이 제시한 가격은 28,999달러입니다. 실제 가격은… 30,332달러네요. 1,333달러 차이입니다!"라고 말했다.

타니샤는 껑충 뛰어오르며 허공을 향해 주먹을 내질렀다.

내 머릿속에는 이런 생각이 떠올랐다.

'괜찮아. 아직 기말 시험까지 24시간이 남았어. 여기서 학교 도서관까지 바로 차를 몰고 가면 6시간 동안 생물학을 공부하고, 3시간은….'

순간 드류가 내게 제시된 상품들의 실제 가격을 알렸다. 그러자 방청객들이 그 어느 때보다 크게 환호성을 질렀다. 프로듀서들이 내게 웃으라고 손짓을 보냈다. 나는 몸을 기울여서 앞에 나온 숫자를 확인했다. 내가 추정한 가격은 30,000달러였고, 실제 가격은

31,188달러였다. 불과 145달러 차이로 타니샤를 이겼다.

나의 표정은 기말 시험 전날의 공포에서 막 복권에 당첨된 흥분으로 바뀌었다. 니는 펄쩍펄쩍 뛰었고, 드류와 하이파이브를 했고, 슈퍼모델과 포옹했고, 요트로 달려갔다.

드류 케리는 몸을 돌려 카메라를 바라보았다.

"시청해 주셔서 감사합니다. 안녕히 계십시오!'

누구나 자신이 이루고 싶은 꿈이 있다

나는 요트 딜러에게 16,000달러를 받고 요트를 팔았다. 대학생에게는 엄청나게 큰돈이었다. 갑자기 부자가 된 기분이 들어서 치폴레Chipotle에서 계속 친구들에게 한턱을 냈다. "과카몰레는 내가 쏠게!"라고 소리치면서 말이다. 그러나 방학이 끝나고 봄학기를 맞아 학교로 돌아왔을 때 파티는 끝나 있었다. 빌 게이츠에게 직접 배움을 얻으면 어떨지 상상하니 강의 내용이 머릿속에 들어오지 않았다. 빨리 여름이 되어서 사명에 모든 시간을 들일 수 있게 되기를 손꼽아 기다렸다.

학기가 끝나기 전, 상담사와 정기 상담을 했다. 그녀는 연신 마우스를 눌러서 나의 성적을 훑어보며 '미비한' 점들을 살폈다.

"알렉스 학생, 문제가 조금 생겼어."

"뭔데요?"

"학점이 부족해. 예과에 계속 남으려면 여름 동안 화학 강의를 들어야 해."

"싫어요!" 미처 삼킬 틈도 없이 말이 새어나왔다.

"그게, 다른 계획이 있어서요."

상담사는 천천히 의자를 돌리고 컴퓨터 화면에서 눈을 떼서 나를 바라보았다.

"안돼. 예과 학생에게는 다른 계획이 있을 수 없어. 다음 주 수요일까지 화학 강의를 신청하지 않으면 더 이상 예과에 남지 못해. 예과 과정을 계속 밟든지 그만둬야 해."

나는 억지로 몸을 이끌고 기숙사로 돌아갔다. 매일 접하는 광경이 눈에 들어왔다. 하얀 천장, USC 축구팀 포스터, 생물학 책들. 다만 이번에는 뭔가 다른 느낌이 들었다. 나는 책상에 앉아서 부모님에게 보낼 이메일을 썼다. 예과에서 경영으로 전공을 바꾸겠다는 내용이었다. 그러나 막상 쓰려니 단어가 떠오르지 않았다. 다른 대부분의 대학생들에게 전공을 바꾸는 것은 큰일이 아니었다. 그러나 내가 의과대학원을 졸업하는 게 평생의 꿈이라는 이야기를 부모님에게 수없이 들었던 나는 달랐다. 손가락으로 키보드를 두드릴 때마다 부모님의 희망을 깨트리는 느낌이 들었다. 나는 의지를 다지며 이메일을 마무리하고 전송 버튼을 눌렀다.

엄마의 답신을 기다렸지만 오지 않았다. 전화를 해도 받지 않았다.

주말에 차를 몰고 부모님 집으로 갔다. 문으로 들어서니 엄마가 소파에 앉아 구겨진 휴지를 손에 쥔 채 훌쩍이고 있었다. 아버지는 엄마 옆에 앉아 있었다. 여동생 탈리아와 누나 브리아나도 거실에 있었지만 나를 보자마자 황급히 흩어졌다.

"엄마, 미안해요. 날 좀 믿어줘요."

엄마는 "의사가 안 될 거면 뭘 하겠다는 거니?"라고 말했다.

"아직 모르겠어요."

"경영학 학위를 갖고 뭘 할 계획인데?"

"아직 몰라요."

"어떻게 먹고 살 거니?"

"모른다니까요!"

"그래, 넌 몰라! 아무 것도 몰라. 세상이 어떤지 몰라. 아무 것도 없이 낯선 나라에서 처음부터 시작해야 하는 게 어떤지 몰라. 내가 아는 건 의사가 되면 사람을 살릴 수 있고, 어디서든 일할 수 있다는 거야. 모험에 나서는 건 경력이 아냐. 시간은 되돌릴 수 없어."

나는 도와주기를 바라며 아버지에게 눈길을 보냈다. 그러나 아버지는 그저 고개를 흔들 뿐이었다. 주말 내내 엄마의 한탄이 쏟아졌다. 나는 이럴 때 어떻게 해야 하는지 알고 있었다. 어린 시절부터 항상 하던 일이었다.

나는 할머니에게 전화를 했다. 할머니는 내게 두 번째 엄마나 마찬가지였다. 어릴 때 내가 세상에서 가장 좋아하는 곳은 할머니 집이었다. 거기는 안전하게 느껴졌다. 내가 가장 먼저 외운 전화번호도 할머니 전화번호였다. 엄마와 싸우고 나면 할머니에게 나의 입장을 이야기했다. 그러면 할머니가 나를 봐주라며 엄마를 다독였다. 그래서 이번에도 할머니가 나를 이해해 줄 거라고 믿었다.

"내 생각에는."

할머니의 목소리가 부드럽게 귓가로 흘러들었다.

"…내 생각에는 네 엄마가 옳아. 네가 모든 걸 포기하라고 우리가 미국까지 와서 갖은 고생을 한 게 아니란다."

"모든 걸 포기하는 게 아니에요. 솔직히 왜 이렇게 난리인지 이해가 안 돼요."

"네 엄마는 우리가 얻지 못한 삶을 네가 누리기를 원해. 혁명이 일어나면 돈도 빼앗기고, 회사도 빼앗기지. 하지만 지식은 빼앗기지 않아. 의학 공부가 싫다면 할 수 없지. 하지만 이 나라에서는 대학 졸업장만으로 부족해. 석사 학위를 따야 해."

"그게 문제라면 MBA나 로스쿨에 갈 수 있어요."

"그렇게 한다면 괜찮아. 다만 이건 알아둬. 나는 네가 다른 미국 아이들처럼 '훌쩍' 사라져서 세상을 돌아다니며 자신을 찾으려 하는 건 원치 않아."

"전 그냥 전공을 바꿀 뿐이에요! 나중에 MBA 같은 걸 딸 거고요."

"그게 네 계획이라면 내가 네 엄마한테 잘 이야기할게. 대신 약속해라. 무조건 대학을 마치고 석사까지 따야 해."

"약속할게요."

"그 정도로는 안 돼." 할머니는 단호한 목소리로 말했다.

"'알았어요. 약속할게요.'라는 말로는 부족해. 석사 학위를 따겠다고 맹세해jooneh man."

주네 만은 페르시아어에서 가장 강력한 약속이다. 할머니는 내게 맹세를 요구했다.

"알았어요. 맹세해요."

"안돼." 할머니는 말했다.

"'주네 만'이라고 말해."

"알았어요. 주네 만."

———

날씨가 점차 더워지더니 마침내 여름이 되었다. 나는 기숙사 방을 청소하고 집으로 돌아왔다. 집에 돌아온 첫날부터 조급증이 들었다. 사명을 제대로 추구하려면 제대로 일할 공간이 필요했다.

그날 밤, 나는 엄마가 침실용 탁자에 놓아둔 열쇠를 들고 엄마의 사무실까지 차를 몰고 갔다. 그리고 창고에 올라가 불을 켰다. 작은 창고는 거미줄로 가득했다. 오래된 서류함과 보관용 상자들이 놓여 있었고, 낡은 의자가 부실한 나무 책상 뒤에 끼어 있었다. 나는 보관용 상자들을 차로 옮겨서 차고에 두었다.

다음 날 아침에는 책장을 치우고 먼지가 잔뜩 낀 카펫을 진공청소기로 청소한 뒤, USC 배너를 문 위에 테이프로 붙였다. 끝으로 프린터를 설치하고 종이를 오려서 내 이름과 전화번호가 들어간 명함을 만들었다. 나는 의자에 앉아서 발을 책상에 올리고 미소를 지었다. 맨해튼 고층빌딩에 있는 임원실에 있는 기분이었다. 사실은 해리 포터가 자던 벽장과 더 비슷했지만 말이다.

그 주에 10여 개의 갈색 아마존 상자가 도착했다. 나는 상자를 열고 〈가격을 맞혀요〉에서 딴 상금으로 산 책들을 꺼냈다. 먼저 한 줄 전체를 빌 게이츠에 대한 책들로 채웠다. 다른 줄은 정치인들에 대한 책들, 또 다른 줄들은 기업인, 저술가, 운동선수, 과학자, 음악가들에 대한 책들로 채워졌다. 몇 시간 동안 각 선반에 책들을 정리했다. 모두가 나의 발판이 되어줄 책들이었다.

제일 윗줄에는 마치 신성한 물건인 것처럼 표지를 바깥쪽으로 돌려서 한 권의 책만 놓았다. 바로 자포스 대표인 토니 셰이가 쓴

《딜리버링 해피니스Delivering Hapiness》였다. 나는 "앞으로 뭘 하면서 살까?"라는 의문에 처음 부딪혔을 때 한 컨퍼런스에서 자원봉사를 했다. 거기서 이 책을 무료로 나눠주고 있었다. 그때는 토니 셰이가 누구인지, 자포스가 어떤 회사인지 몰랐다. 그래도 대학생이 공짜를 마다할 이유가 없기에 그냥 받았다. 이후 전공을 바꾸겠다는 나의 말에 부모님이 과민한 반응을 보이고, 올바른 결정이었는지 고민하던 차에 책상 위에 놓인 이 책이 눈에 띄었다.

　제목에 '행복'이 들어가 있었다. 그래서 머리를 식히려고 책을 집어들었다. 그 다음에는 책을 다시 내려놓을 수 없었다. 온갖 위험을 무릅쓰고 과감하게 나아간 토니 셰이의 여정은 내가 가진 줄 몰랐던 용기를 내 안에서 찾는 데 도움을 주었다. 그의 꿈에 대한 이야기는 나도 꿈을 이루고 싶다는 생각을 자극했다. 그래서 그의 책을 제일 윗줄에 놓아두었다. 내게 주어진 가능성을 상기할 필요가 있을 때마다 그의 책을 읽기만 하면 충분했다.

꿈의 대학

　창고 사무실을 다 꾸며갈 무렵 누가 '가장 성공한 사람'인지 생각해 보지 않았다는 사실을 깨달았다. 어떻게 인터뷰할 사람을 정해야 할까?

나는 친구들에게 전화를 걸어서 문제를 설명하고 창고 사무실로 와달라고 부탁했다. 그날 저녁 친구들이 경기장에 입장하는 선수들처럼 한 명씩 사무실로 들어섰다.

제일 먼저 온 친구는 코윈이었다. 헝클어진 머리를 어깨까지 기른 그의 손에는 비디오 카메라가 들려 있었다. USC에서 처음 만난 그는 영화과 학생이었다. 그는 언제나 명상을 하거나 땅에 엎드려서 카메라의 뷰파인더를 들여다보고 있었다. 나에게는 그의 신선한 시각이 필요했다.

뒤이어 라이언이 왔다. 그는 언제나 그렇듯 휴대폰으로 NBA 통계를 확인하고 있었다. 우리는 중학교 수학 수업에서 처음 만났다. 라이언 덕분에 수학 시험을 통과할 수 있었다. 그는 우리의 숫자 담당이었다.

그 다음은 안드레였다. 그 역시 휴대폰을 들여다보고 있었다. 내가 아는 안드레라면 여자아이에게 문자를 보내고 있는 게 분명했다. 우리는 12살 때 친구가 되었다. 그는 언제나 여자아이들과 어울렸다.

브랜든이 그 뒤로 찾아왔다. 그는 문을 열고 들어서는 순간에도 오렌지색 책을 읽고 있었다. 그는 하루 만에 책 한 권을 읽을 수 있었다. 그는 우리의 걸어 다니는 백과사전이었다.

끝으로 케빈이 왔다. 얼굴 가득 웃음을 머금고 들어온 그는 창고 사무실을 환하게 만들었다. 그는 우리를 한데 뭉치게 만드는 구심점이자 올림픽 성화 같은 존재였다.

우리는 바다에 앉아서 브레인스토밍을 시작했다.

'꿈의 대학을 세운다면 누구를 교수로 모실 것인가?'

나는 "그러니까, 빌 게이츠가 경영을 가르치고, 레이디 가가는 음악을 가르칠 거야."라고 말했다.

"마크 저커버그는 기술을 가르칠 거야." 케빈이 소리쳤다.

"워렌 버핏은 금융." 라이언이 말했다.

우리는 30분 동안 대화를 나눴다. 한 명도 제안하지 않은 사람은 브랜든뿐이었다. 그는 누구를 생각하는지 묻자 말없이 책을 들어서 표지를 가리켰다. 그는 저자의 이름을 손가락으로 짚으며 "이 사람이 좋을 것 같아. 팀 페리스."라고 말했다.

나는 "누구?"라고 물었다.

브랜든은 내게 책을 건넸다. 그는 "읽어 봐. 그 사람은 너의 영웅이 될 거야."라고 말했다.

브레인스토밍은 계속되었다. 스티븐 스필버그는 영화, 래리 킹은 방송을 가르칠 적임자였다. 곧 명단이 작성되었다. 친구들이 집으로 돌아간 후 나는 카드에 이름들을 적고 동기 부여를 위한 수단으로 지갑에 넣어두었다.

다음 날 아침 나는 그 어느 때보다 의욕에 가득 차서 잠자리를 박차고 일어났다. 그리고 지갑에서 카드를 꺼내 거기 적힌 이름들을 바라보았다. 여름이 끝나기 전에 그 사람들을 전부 인터뷰할 수 있다는 확신은 나를 나아가게 만드는 원동력이 되었다.

이후 나의 여정이 어떻게 이어질지 알았다면, 조만간 얼마나 좌절하고 낙담할지 알았다면 아예 시작도 하지 않았을 것이다. 그러나 순진하면 좋은 점도 있기 마련이었다.

STEP 2

숨어 있는
골목을 찾아라

2장

스필버그 게임

It wasn't magic,
And it wasn't just luck.
It was the Spielberg Game.

그것은 마법이 아니었다. 단순한 운도 아니었다.
그것은 스필버그 게임이었다.

스티븐 스필버그, 아카데미상을 받은 할리우드의 거장

명단을 완성한 후 나는 바로 창고 사무실로 달려갔다. 그리고 책상 앞에 앉아 호기롭게 노트북을 열었다. 그러나 화면을 바라보니 서늘하고 공허한 감정이 온몸을 휘감았다. 머릿속에서는 '이제 어떻게 하지?'라는 생각만 떠올랐다.

누구도 수업 시간이 언제인지, 무엇을 공부해야 하는지, 숙제는 무엇인지 말해주지 않는 경우는 처음이었다. 다른 사람들이 의무를 부여하는 게 싫었지만 막상 스스로 모든 걸 해야 하는 상황이 되니 내가 거기에 얼마나 많이 의존했는지 깨달았다.

나중에서야 새로운 일에 나서는 사람에게 이 순간이 얼마나 중요한지 알게 되었다. 많은 경우 꿈을 이루는 과정에서 가장 힘든 부분은 계획이 없을 때 미지의 영역에 대한 두려움을 이기는 것이다. 무엇을 해야 하는지 알려주는 교사나 상사가 있으면 삶이 훨씬 쉬워진다. 그러나 그렇게 확실한 일에 안주해서는 꿈을 이룰 수 없다.

인터뷰 기회를 어떻게 얻어야 할지 몰랐기 때문에 종일 내가 아는 모든 사람에게 이메일을 보내서 조언을 구했다. 교수님, 친구의 부모님 등 내가 만난 사람들 중에서 비교적 현명해 보이는 모든 사람들에게 연락을 취했다.

처음 만나주겠다고 한 사람은 USC의 교직원이었다. 며칠 후 우리는 캠퍼스에 있는 카페에서 만났다. 그녀는 누구를 인터뷰하

고 싶은지 물었다. 나는 지갑에서 카드를 꺼내 건네주었다. 그녀는
카드에 적힌 이름들을 훑어보더니 미소를 지었다.

"원래 말하면 안 되는 건데."

그녀는 목소리를 낮추며 말했다.

"스티븐 스필버그가 2주 후에 열리는 영화학교 기금 마련 행사
에 올 거야. 학생들은 참석할 수 없지만…."

훨씬 나중에서야 기금 마련 행사에 엄격한 규칙이 적용된다는
사실을 알게 되었다. 학장은 절대 학생들이 기금 마련 행사에서
후원자들에게 지원을 요청하지 못하도록 금지했다. 당시 나는 이
런 사실을 몰랐다. 그래서 서슴없이 "어떻게 하면 들어갈 수 있어
요?"라고 물었다.

그녀는 작은 행사라서 정장을 입고 오면 '조수'로 데리고 들어
가 주겠다고 말했다.

그리고 이렇게 덧붙였다.

"스필버그를 만날 수 있을지 보장할 수는 없어. 하지만 안으로
들어가는 건 어렵지 않을 거야. 일단 들어가면 네가 알아서 해야
해. 나라면 준비를 철저히 할 거야. 집으로 가서 스필버그의 영화
를 전부 봐. 그에 대한 책을 전부 읽어."

나는 그 말대로 했다. 낮에는 600페이지에 달하는 스필버그의
전기를 읽었고, 밤에는 스필버그의 영화를 봤다. 마침내 그날이 되

었다. 나는 옷장 문을 열고 정장을 걸친 후 밖으로 나섰다.

─────────

영화학교의 야외 테라스는 전혀 학교 안이 아닌 것처럼 바뀌어 있었다. 빨간 카펫이 통로를 따라 펼쳐졌고, 높은 칵테일 테이블들이 정원에 줄지어 놓여 있었으며, 턱시도 차림의 웨이터들은 전채가 담긴 쟁반을 들고 행사장을 돌아다녔다. 나는 후원자들 속에 서서 학장의 개회사를 들었다. 그녀는 연단보다 많이 크지 않았다. 그러나 그녀의 존재감은 좌중을 휘어잡았다.

나는 떨리는 손으로 상의를 다듬은 후 발걸음을 뗐다. 불과 3m 앞에 스티븐 스필버그, 〈스타워즈〉 감독인 조지 루카스, 드림웍스 애니메이션DreamWorks Animation 대표인 제프리 카젠버그, 배우 잭 블랙이 나란히 서 있었다. 행사장에 들어서던 순간부터 긴장하고 있던 나는 이제 완전히 패닉 상태가 되었다.

'다스 베이더와 루크 스카이워커를 창조한 사람과 대화를 나누고 있는 데 어떻게 스필버그에게 접근하지? 무슨 말을 하지? "조지, 실례지만 잠시 비켜줄래요?"라고 말해야 하나?'

학장의 개회사가 계속되는 동안 나는 그들에게 더 가까이 다가갔다. 너무 가까워서 스필버그가 입은 회색 블레이저의 실밥이 보일 정도였다. 그는 성긴 머리 위에 구식 빵모자를 쓰고 있었다. 눈가로 부드럽고 다정한 인상을 주는 주름이 져 있었다. 〈E.T〉, 〈쥬라기 공원〉, 〈인디애나 존스〉, 〈죠스〉, 〈쉰들러 리스트〉, 〈링컨〉, 〈라이언 일병 구하기〉를 만든 바로 그 사람이었다. 나는 그저 학장의 개회사가 끝나기만 기다리면 되었다.

박수소리가 테라스를 뒤덮었다. 스필버그에게 걸어가려 했지만 발이 굳어버린 상태였다. 목구멍에 커다란 덩어리가 걸린 느낌이 들었다. 이게 무슨 일인지 나는 알았다. 학창 시절에 좋아하는 여자아이에게 접근할 때마다 이런 현상이 일어났다. 나는 그것을 '움찔이 The Flinch'라 불렀다.

내 기억에 움찔이를 처음 느낀 것은 7살 때다. 점심시간에 나는 학교 식당의 긴 테이블에 앉아 주위를 둘러보았다. 벤은 감자칩과 그라놀라 바를, 해리슨은 테두리를 잘라낸 칠면조 샌드위치를 먹고 있었다. 내가 싸온 점심은 무거운 플라스틱 그릇에 담긴 밥 위로 빨간 콩이 든 녹색 스튜를 끼얹은 페르시아 요리였다.

뚜껑을 열자 냄새가 사방으로 퍼져 나갔다. 주위에 앉은 아이들이 나를 가리켰다. 그들은 썩은 달걀을 도시락으로 싸왔냐며 비웃었다. 그날 이후 도시락을 계속 가방에 넣어두었다가 방과 후에 혼자 먹었다.

움찔이는 남들과 다르게 비칠지 모른다는 두려움으로 시작되었다가 이후 성장하는 동안 훨씬 커졌다. 아이들이 나를 뚱보 바나 얀으로 놀릴 때마다, 선생님들이 내 차례가 아닌데 말한다고 소리칠 때마다, 내가 고백한 여자아이들이 입술을 깨물며 고개를 흔들 때마다 움찔이가 느껴졌다. 이런 작은 순간들이 모여서 움찔이를 살아 숨쉬는 괴물로 만들었다.

나는 거부당하는 게 두려웠고, 실수할까 봐 얼어붙었다. 움찔이는 최악의 순간에 몸을 마비시켰고, 성대에 대한 통제력을 앗아갔으며, 말을 흘리고 더듬게 만들었다. 스티븐 스필버그로부터 몇 걸음 떨어진 곳에 이르자 움찔이는 그 어느 때보다 강하게 나를 옭아매었다. 나는 말을 걸 기회가 생기기를 바라며 그를 바라보았다. 그러나 그전에 스필버그는 다른 곳으로 걸어가 버렸다.

나는 그가 이 무리에서 저 무리로 옮겨 다니며 미소 짓고 악수하는 모습을 지켜보았다. 파티가 그를 중심으로 진행되는 것처럼 보였다. 시계를 보았다. 아직 1시간이 남아 있었다. 나는 화장실로 가 찬물로 세수를 했다.

유일한 위안은 스필버그가 나의 처지에 공감할 것이라는 사실이었다. 지금 내가 하려는 일은 스필버그와 같은 방식으로 스필버그에게 접근하는 것이었다.

스필버그식 접근법

스티븐 스필버그는 내 나이 때 감독일을 시작했다. 여러 이야기가 있지만 스필버그가 말한 내용은 이렇다.

그는 유니버셜 스튜디오의 투어 버스를 타고 있다가 도중에 뛰어내려서 화장실로 잠입했다. 건물 안에 숨은 그는 투어 버스가 떠나는 모습을 지켜본 후 종일 유니버셜 스튜디오에서 시간을 보냈다.

사방을 돌아다니던 그는 유니버셜 TV에서 일하는 척 실버스라는 사람과 마주쳤다. 두 사람은 잠시 이야기를 나눴다. 실버스는 스필버그가 감독 지망생이라는 사실을 알고 3일짜리 출입증을 주었다.

스필버그는 사흘 내내 유니버셜 스튜디오를 찾았을 뿐 아니라 4일째에도 방문했다. 다만 이번에는 정장 차림에 아버지의 서류가방을 들고 왔다. 그는 게이트로 걸어가 손을 흔들며 경비원에게 "안녕하세요!"라고 소리쳤다. 경비원은 같이 손을 흔들기만 했다. 이후 3달 동안 같은 일이 반복되었다.

그렇게 안으로 들어온 스필버그는 영화계 스타나 영화사 임원들에게 다가가 점심을 같이 먹자고 말했다. 또한 녹음실로 숨어들거나 편집실에 앉아서 최대한 많은 정보를 흡수했다. 당시 그는 영화학교에 지원했다가 떨어진 처지였다. 내가 보기에 그것은 스스로 영화를 공부하는 나름의 방법이었다. 그는 어떤 날에는 가방에 여벌의 정장을 넣고 갔다가 빈 사무실에서 잔 후 다음 날 아침새 정장으로 갈아입고 나오기도 했다.

척 실버스는 결국 스필버그의 멘토가 되었다. 그는 스필버그에게 그만 빈둥대고 좋은 단편영화를 만들어 오라고 조언했다. 12살 때부터 단편영화를 만들던 스필버그는 〈앰블린Amblin〉이라는 26분 짜리 영화의 각본을 썼다. 뒤이어 몇 달 동안 영화를 찍고 힘들게 편집한 후 마침내 척 실버스에게 보여주었다. 영화는 실버스가 보면서 눈물을 흘릴 만큼 수작이었다.

실버스는 영화를 보고 나서 유니버설 TV의 제작 부문 부사장인 시드 샤인버그에게 전화를 걸어 이렇게 말했다.

"부사장님, 보여주고 싶은 게 있어요."

"지금 여기 쌓인 영화만 해도 엄청나…. 오늘 자정까지 퇴근할 수 있을지 모르겠어."

"그래도 영사실로 보낼 테니까 꼭 오늘 밤에 보세요."

"그 정도로 좋아?"

"네. 정말 좋습니다. 부사장님이 안 보면 다른 방송국에 빼앗길 겁니다."

시드 샤인버그는 〈앰블린〉을 보고 나서 바로 스필버그에게 만나자고 요청했다. 스필버그는 급히 유니버설 스튜디오로 달려갔

다. 샤인버그는 그에게 바로 7년 계약을 제안했다. 그렇게 해서 스
필버그는 할리우드 역사상 대형 스튜디오와 계약한 최연소 감독
이 되었다.

나는 이 이야기를 읽었을 때 스필버그가 '인맥 게임'을 했다고
생각했다. 즉, 사람들을 만나서 쌓은 인맥을 활용한 것처럼 보였
다. 그러나 '인맥 구축'이라는 말은 취업 박람회에서 명함을 나누
는 광경을 연상시켰다. 스필버그가 한 것은 단순한 인맥 게임이
아니었다. 그보다 많은 것들이 있었다. 스필버그의 게임은 이런 행
동들을 낳았다.

　1　투어 버스에서 뛰어내림

　2　업계 인사를 찾음

　3　업계로 들어갈 수 있도록 도움을 구함

나는 자신의 명성을 걸고 업계로 이끌어 줄 인사를 찾는 일이
가장 중요한 단계라는 사실을 깨달았다. 척 실버스가 스필버그에
게 3일짜리 출입증을 주지 않았거나, 부사장에게 전화를 걸지 않
았거나, 스필버그의 영화를 보게 만들지 않았다면 스필버그는 결
코 계약을 따내지 못했을 것이다.

물론 스필버그는 놀라운 재능을 지녔다. 그러나 재능 있는 다른

감독 지망생들도 많다. 그들과 달리 스필버그가 계약을 따낸 데는 이유가 있었다.

　그것은 마법이 아니었다. 단순한 운도 아니었다. 그것은 스필버그 게임이었다.

현존하는 최고의 영화감독을 만나다

　나는 화장실 거울에 비친 내 모습을 바라보았다. 내 앞에 서 있는 스필버그에게 접근하지 못한다면 사명은 시작하기도 전에 끝난 것과 다름없었다. 나는 연회장을 돌아다니다가 다시 스필버그를 발견했다.

　그가 테라스의 한쪽으로 걸어가면 나는 다른 쪽으로 걸어갔다. 그가 멈춰서 누군가와 이야기를 나누면 나는 멈춰서 휴대폰을 들여다봤다. 나는 바로 가서 콜라가 담긴 잔을 든 후 테라스를 훑어보았다. 순간 심장이 멈출 뻔했다. 스필버그가 출구 쪽으로 향하고 있었다.

　나는 미처 생각할 겨를도 없이 잔을 내려놓았다. 그리고 그를 쫓아 후원자들 사이를 요리조리 빠져나가고, 웨이터들을 피하고, 테이블 주위를 재빨리 돌았다. 스필버그는 출구에서 몇 발짝 떨어진 곳에 있었다. 나는 속도를 늦추고 그에게 다가갈 완벽한 타이밍을 찾으려 했다. 그러나 더 이상 완벽을 기할 시간이 없었다.

"저기, 스필버그 씨, 실례합니다. 제 이름은 알렉스이고 USC 학생입니다. 혹시… 혹시 차까지 가는 동안 몇 가지 여쭤봐도 될까요?"

그는 걸음을 멈추고 어깨 너머로 고개를 돌렸다. 금속테 안경 너머로 그의 눈썹이 추켜올라갔다. 그는 팔을 들어올리더니… 나를 안아주었다.

"대학교에 몇 시간 동안 있었는데 자네가 오늘 처음 본 대학생이야! 당연히 물어봐도 되지."

그의 따스한 말에 움찔이가 녹아서 사라졌다. 주차장으로 가는 동안 나는 그에게 사명에 대한 이야기를 했다. 거의 무의식적으로 말들이 흘러나왔다. 그것은 단순한 설명이 아니었다. 나의 신념에 대한 이야기였다.

"방금 만났다는 사실을 알지만."

다시 목구멍에 덩어리가 걸린 느낌이 들었다.

"저와 인터뷰를 해주시지 않겠습니까?"

그는 다시 걸음을 멈추고 천천히 내 쪽으로 몸을 돌렸다. 그의 입술은 다물어졌고, 그의 눈썹은 육중한 철문처럼 굳어졌다.

"대개 그런 요청은 거절해." 그는 말했다.

"우리 재단이나 내가 만든 영화를 홍보하는 경우가 아니면 인터뷰를 하지 않아."

어느 순간 그의 눈빛이 부드러워졌다.

"대개는 거절하지만… 이유는 몰라도 자네한테는 해줄지도 모르겠어."

그는 햇빛이 강하지 않은데도 눈살을 찌푸리며 잠시 하늘을 올려다보았다. 무슨 생각을 하는지는 알 길이 없었다. 그는 마침내 고개를 내리고 나를 바라보았다.

"일이 되게 만들어 봐." 그가 말했다.

"일단 다른 인터뷰들을 해. 그 다음에 찾아오면 생각해 볼게."

그는 나와 조금 더 이야기를 나눈 후 작별인사를 했다. 차를 향해 걸어가던 그는 갑자기 돌아서며 한 번 더 나를 향했다.

그는 나를 바라보며 말했다.

"자네는 해낼 수 있을 것 같아. 자네를 믿어. 할 수 있을 거라고 믿어."

그는 비서를 불러서 나의 연락처를 알아두라고 말한 후 차를 몰고 자리를 떠났다. 비서가 명함을 달라고 말했다. 나는 창고 사무실에서 만든 명함을 뒷주머니에서 꺼냈다. 그때 외마디 고함이 허공을 갈랐다.

"안 돼!"

영화학교 학장이었다. 그녀는 우리 두 사람 사이로 팔을 뻗어서 명함을 낚아챘다.

그녀는 "지금 뭐하는 거지?"라고 물었다.

"스필버그 씨가 부탁해서 이 비서분한테 제 명함을 주는 건데요."라고 대답했어야 했다. 그러나 나는 얼어붙은 채로 그냥 서 있었다. 나는 대신 해명해 주기를 바라며 비서를 바라보았다. 그러나 학장은 나의 시선을 보자마자 그에게 떠나라고 손짓했다. 명함도, 전화번호도 받지 못했고 심지어 내 이름도 알아내지 못했는데 말이다.

"이러면 안 되는 거 알잖아."

학장은 나를 쏘아보며 소리 질렀다.

"여기는 그런 자리가 아냐."

그녀는 내가 영화과 학생인지 물었다. 그녀의 목소리에 담긴 분노가 가슴을 때리는 듯했다. 나는 제대로 대꾸하지 못하고 말을 더듬었다. 내가 듣기에도 잘못을 스스로 인정하는 것 같았다.

"말했잖아."

그녀는 분노를 터트렸다.

"입학한 첫날부터 이런 행동은 용납할 수 없다고 말했잖아!"

나는 무엇을 잘못했는지도 모른 채 용서를 빌었다. 그녀의 분노를 다독이기 위해 할 수 있는 말은 무엇이든 했다. 학장은 내 눈에 눈물이 고일 때까지 나를 다그쳤다. 그녀는 단신이었지만 나의 머리 위로 우뚝 솟은 것처럼 느껴졌다.

잠시 후 그녀는 사납게 발길을 돌렸다. 그러다가 내가 몸을 움직이기 전에 뒤돌아서더니 내게로 돌아왔다.

그녀는 다시 나를 노려보며 "여기에는 규칙이 있어."라고 말했다. 그리고는 나를 향해 가라고 손짓했다.

3장

빌린 신뢰도

In other words, Ferriss
didn't build credibility out
of thin air, but *borrowed* it
by associating himself with
well-known organizations
and publications.

다시 말해서, 페리스는 허공에서 신뢰도를 쌓은 것이 아니라
유명한 단체나 잡지를 통해 신뢰도를 빌린 것이었다.

팀 페리스, 초대형 베스트셀러 〈타이탄의 도구들〉 저자

다음 날 아침, 잠에서 깼을 때 학장의 목소리가 여전히 귓가에 울렸다. 오후가 되도록 우울한 기분을 떨칠 수 없었다. 그래서 억지로 창고 사무실로 가서 책장을 훑어보며 기운을 불어넣어 줄 책을 찾았다.

오렌지색 책이 눈에 띄었다. 팀 페리스가 쓴《나는 4시간만 일한다The 4-Hour Workweek》였다. 브랜든이 준 책이었다. 나는 책을 꺼내서 바닥에 놓고 펼쳤다. 첫 페이지부터 팀 페리스가 내게 직접 이야기하는 느낌이 들었다. 그의 말들이 너무나 깊이 파고들어서 좋아하는 부분을 표시하려고 펜을 집어들 때 외에는 1시간 동안 고개도 들지 않았다.

첫 페이지는 팀 페리스가 탱고 세계 대회에 출전하는 내용이었다. 다음 페이지에는 유럽에서 모터사이클 경주를 하고, 태국에서 킥복싱을 하고, 파나마의 개인 섬 주위에서 스쿠버다이빙을 하는 이야기가 실려 있었다.

두 페이지를 더 넘긴 후 나는 거의 "맞아요!"라고 소리 지르게 만든 구절을 만났다. '이 책을 집어 들었다면 당신은 62살까지 책상 앞에 앉아 있는 걸 원하지 않을 가능성이 높다.'라는 구절이었다.

2장의 제목은 '규칙을 바꾸는 규칙'이었다.

3장은 두려움을 극복하는 방법에 대한 것이었다.

4장은 너무나 강렬한 구절들을 담고 있어서 팀 페리스가 "앞으

로 뭘 하며 살지?"라는 나의 고민을 나무방망이로 후려치는 기분
이었다.

　　'어떤 일을 하고 싶어?'는 의미 있고 실행 가능한 답을 낳기에는
너무 부정확한 질문이다. 이 질문은 잊어라.

　　'목표가 뭐야?'라는 질문도 비슷한 혼란과 추측을 초래한다. 질
문을 재검토하려면 한 걸음 물러서서 큰 그림을 봐야 한다….

　　행복의 반대말은 무엇일까? 슬픔일까? 아니다. 사랑과 미움이
같은 동전의 양면이듯 행복과 슬픔도 마찬가지다…. 사랑의 반대
말은 무관심이고, 행복의 반대말은 권태다(이는 결정적인 사
실이다).

　　행복의 보다 실질적인 동의어는 흥분이다. 당신이 좇아야 할 것
은 바로 흥분이다. 흥분은 만병통치약이다. '열정'이나 '희열'을 추
구하라는 말은 사실 같은 개념, 즉 흥분을 가리킨다.

　　3페이지 후에 '조지 부시나 구글 대표와 통화하는 법'이라는 단
락이 나왔다.

　　'하느님, 감사합니다!'

　　나는 팀 페리스의 개인 홈페이지를 방문하여 그가 두 번째 책
을 썼다는 사실을 알게 되었다. 바로 그 책을 샀다.《나는 4시간만

일한다》가 경력을 진전시키는 방법을 다루는 책이라면《포 아워 바디The 4-Hour Body》는 건강을 개선하는 방법을 다루는 책이었다. 나는 '느린 저탄수화물 다이어트: 운동하지 않고 30일 만에 9킬로그램을 빼는 법'이라는 장으로 건너뛰었다. 약장수가 쓴 내용처럼 보였다. 그러나 페리스는 자신의 몸을 실험 대상으로 삼아 효과를 증명했다. 그렇다면 한 번 시도해 본다고 해서 잃을 것이 있을까? 실제로 내가 잃은 것은 체중이었다. 나는 그가 제시한 방법대로 여름 동안 18킬로그램을 감량했다. 안녕, 뚱보 바나얀. 우리 가족은 변신한 내 모습에 깜짝 놀라더니 바로 팀 페리스식 다이어트 대열에 합류했다. 덕분에 아버지는 9킬로그램, 엄마는 23킬로그램, 사촌은 무려 27킬로그램을 뺐다.

우리는 팀 페리스의 개인 홈페이지를 방문하고, 그가 블로그에 올리는 모든 글을 읽고, 모든 트윗에 '좋아요'를 누르는 수백만 명 중 일부에 불과했다. 인터넷은 세상을 바꿔놓았다. 새로운 세상에는 새로운 선생님이 필요했다. 팀 페리스가 그런 사람이었다.

팀 페리스의 이름은 이제 내가 만든 명단의 최상단에 자리 잡았다.《나는 4시간만 일한다》는 어떻게 하면 그와 연락할 수 있을지 단서를 제공했다.

《나는 4시간만 일한다》를 두 번째로 읽는 동안 헌사에서 처음 읽을 때는 놓친 부분을 발견했다.

모든 저작권료의 10%는 도너스추즈DonorsChoose.org를 비롯한 비
영리 교육단체에 기부됩니다.

'잠깐…. 도너스추즈라….'

거기에 내가 아는 사람이 있었다.

대학 신입생 시절 토니 셰이의 책을 얻은 비즈니스 컨퍼런스에
서 자원봉사를 할 때 한 참가자가 목발을 짚고 위태롭게 걸어가는
모습을 봤다. 나는 그에게 다가가 도움이 필요한지 물었다. 그는 "괜
찮아요. 신경 쓰지 마세요."라고 말했다. 그의 이름은 세자르César
였고, 도너스추즈의 최고운영책임자였다. 우리는 며칠 동안 계속
행사장에서 마주쳤다. 이후 서로 가끔 연락하는 사이가 되었다.

세자르가 설명한 바에 따르면 도너스추즈는 누구라도 도움이
필요한 교실에 기부할 수 있도록 해준다. 기부를 원하는 사람은
디트로이트에 있는 유치원에서 요청한 그림책이나 세인트루이스
에 있는 고등학교에서 요청한 현미경 등 전국에서 올린 요청 내역
을 검색할 수 있다. 그중에서 자신이 원하는 항목에 많든 적든 원
하는 금액을 기부하면 된다.

나는 구글 검색을 통해 팀 페리스와 도너스추즈의 대표가 고등
학교 때 같은 레슬링부에 있었다는 사실을 알게 되었다. 페리스는
도너스추즈의 자문단에도 속해 있었다.

나는 세자르에게 이메일을 보내 점심을 같이 먹자고 요청했다. 점심 자리에서 나는 그에게 페리스와 연락하도록 도와줄 수 있는지 물었다. 세자르는 대표가 분명 나의 인터뷰 요청을 전달해줄 거라고 말했다.

그는 "걱정하지 마."라고 말했다.

일주일 후 도너스추즈 대표가 페리스에게 나의 인터뷰 요청을 전달했다는 세자르의 이메일이 왔다. 세자르는 나와 인터뷰한 사람들에게 감사의 표시로 나눠줄 도너스추즈 기프트 카드까지 한 묶음이나 우편으로 보내주었다. 거액의 기부자가 돈을 댄 이 기프트 카드는 한 장에 100달러의 가치가 있었다. 스티븐 콜베어는 모든 출연자에게 이 기프트 카드를 나눠주었다.

여름이 지나가는 동안 기프트 카드까지 도착했지만 정작 팀 페리스로부터 아무런 답변이 없었다. 나는 비서의 이메일 주소를 알아내서 확인을 요청했다. 이번에도 감감무소식이었다. 또 이메일을 보냈지만 여전히 답변은 없었다.

다시 도와달라며 세자르를 귀찮게 만들고 싶지 않았다. 곧 그럴 필요가 없어졌다. 어느 날 밤 이메일 수신함을 정리하고 있을 때 한 소식지가 눈에 들어왔다.

에버노트 컨퍼런스, 지금 등록하세요!

에버노트 트렁크 컨퍼런스 Evernote Trunk Conference에 베스트셀러

저술가인 팀 페리스와 가이 가와사키가 참여합니다. 개발자와

사용자를 위한 행사도 열립니다.

행사가 열리는 곳은 샌프란시스코였다.

'팀 페리스를 만나서 직접 사명에 대한 이야기를 하면 인터뷰에

응해줄 거야.'

나는 〈가격을 맞혀요〉에서 마련한 돈으로 비행기표를 예약했

다. 너무나 흥분되었다. 나이키 매장에 가서 짐을 넣을 검은 더플

백도 샀다. 나는 컨퍼런스가 열리는 날 아침에 짐을 꾸렸다. 그리

고 문 밖으로 달려나가기 전에 제일 위에 있는 도너스추즈 기프트

카드를 주머니에 넣고 출발했다.

———————

행사장은 인파로 가득했다. 눈길이 닿는 가장 먼 곳까지 수백

명이 후디 차림으로 자리를 찾고 있었다. 자세히 보니《나는 4시

간만 일한다》를 겨드랑이에 끼고 있는 사람들이 많았다. 현실을 접하고 난 후 불현듯 불안한 기분이 들었다. 나만 팀 페리스에게 접근하려는 게 아니었다.

99%의 사람들은 그의 이름을 모를 것이다. 그러나 특정한 틈새시장에서, 특히 이 행사장에 있는 모든 사람에게 팀 페리스는 오프라 윈프리보다 대단한 사람이었다.

운에 기대고 싶지 않았던 나는 복도를 누비며 강연이 끝난 후 페리스에게 가장 가까이 접근할 수 있는 자리를 찾았다. 오른쪽 끝 무대로 이어지는 계단 뒤쪽에 한 자리가 비어 있었다. 자리에 앉자 조명이 어두워지고 행사가 시작되었다. 곧 팀 페리스가 왼쪽 끝에서 무대로 들어섰다.

나의 눈은 정신없이 실내를 훑었다. 나는 행사장 뒤로 가서 전체를 살폈다. 한 곳이 눈에 들어왔다. 무대 왼쪽 옆에 있는 화장실이었다.

나는 천천히 남자 화장실로 다가가 안으로 들어갔다. 그리고 변기 옆에 앉아서 타일 벽에 귀를 댔다. 페리스의 강연을 듣고 있다가 나갈 타이밍을 재기 위해서였다. 쭈그리고 앉아 있는 동안 소변 냄새가 코를 찔렀다. 5분… 10분… 마침내 30분 후 박수소리가 들렸다.

서둘러 화장실 밖으로 나가니 바로 앞에 그가 혼자 서 있었다.

그러나 다시 최악의 순간에 움찔이가 입을 틀어막았다. 나는 움찔이의 손아귀에서 벗어나기 위해 주머니에서 기프트 카드를 꺼내 페리스의 눈앞에 내밀었다.

그는 놀라며 한 발 물러서더니 내가 내민 카드를 보았다.

"아! 어떻게 도너스추즈를 알아요? 내가 거기 자문인데."

'굳이 말하지 않아도 다 알아요.'

나는 말문을 막은 움찔이의 손을 밀어내고 페리스에게 나의 사명에 대해 말했다. 빌 게이츠, 레이디 가가, 래리 킹 그리고 팀 페리스를 모두 인터뷰하고 싶다고 밝혔다.

"흥미롭네요."

그는 자신의 이름이 언급되자 웃으며 말했다.

"진지하게 말씀드리는 거예요."

나는 다른 주머니에서 이메일들을 출력한 종이를 꺼냈다.

"몇 주 동안 선생님 비서에게 이메일을 보냈어요."

페리스는 이메일들을 보더니 웃음을 터트렸다. 우리는 몇 분 동안 나의 사명에 대한 이야기를 나눴다. 대화가 끝날 무렵 그는 나의 어깨를 움켜쥐며 좋은 아이디어라고 말했다. 더없이 다정한 태도였다. 그는 며칠 안에 연락하겠다고 말했다. 그러나 집으로 돌아온 후 며칠이 몇 주가 되어도 아무런 연락이 없었다.

내가 몰랐던 사실은 페리스가 한 달 전에 이미 나의 인터뷰 요청을 거절했다는 것이었다. 그는 도너스추즈 대표에게 "고맙지만 사양하겠다"고 말했다. 도너스추즈 대표는 내게 그 소식을 전하기 미안했던 것 같다. 나는 오랜 시간이 지나서야 사실을 알게 되었다.

나는 답신이 오기를 바라며 계속 페리스의 비서에게 이메일을 보냈다. 비즈니스 책에는 끈기가 성공의 열쇠라고 나와 있었다. 그래서 총 31통의 이메일을 계속 보냈다. 짧은 이메일에 답신이 없으면 장문의 이메일을 보냈다. 나와 인터뷰를 하면 '한 시간을 쓰는 최선의 투자'가 될 것이라고 설득했다. 긍정적이고 감사한 태도를 유지하면서 모든 이메일을 "미리 감사드립니다!"로 끝냈다. 그러나 아무리 신경 써서 문구를 만들어도 통하지 않았다. 결국 팀 페리스가 조만간 인터뷰를 할 계획이 없다는 다른 직원의 답신을 받았다.

나는 무엇이 잘못된 것인지 이해할 수 없었다. 페리스는 내 어깨를 움켜쥐었다. 중간에서 다리를 놓아줄 사람도 알고 있었다.

'팀 페리스도 못하는데 어떻게 빌 게이츠와 인터뷰를 해?'

나는 변화가 생기기를 바라며 계속 페리스의 비서에게 이메일을 보냈다. 그러던 어느 날 갑자기 페리스가 인터뷰 요청을 수락했다. 그것도 바로 다음 날 전화로 하자는 것이었다. 나는 "끈기가 통했어!"라고 소리치며 펄쩍펄쩍 뛰었다.

그로부터 시간이 많이 지난 후, 페리스가 수락한 진짜 이유를 너무 뒤늦게 알게 되었다. 그는 도너스추즈 대표에게 전화를 걸어서 도대체 내가 왜 그러는지 물었다. 감사하게도 도너스추즈 대표는 내가 투박한 면이 있어도 착한 학생이라고 말해주었다. 덕분에 페리스는 인터뷰에 응하게 되었다. 그때는 이 사실을 몰랐다. 그래서 어떤 문제든 끈기가 답이라고 굳게 믿어버렸다.

신뢰를 얻으면 성공이 따라온다

채 24시간이 지나기 전에 나는 팀 페리스와 통화를 했다. 나의 노트는 물어볼 것들로 가득했다. 물론 첫 번째 질문은 '끈기'에 대한 것이었다. 《나는 4시간만 일한다》에는 페리스가 한 스타트업의 사장에게 계속 이메일을 보내서 첫 직장을 얻었다는 내용이 간략하게 언급되어 있었다.

페리스는 "그냥 일이 착착 진행되어서 취직이 된 건 아니에요."라고 말했다.

페리스는 대학 졸업을 앞두고 해당 스타트업을 마지막 프로젝트의 주제로 삼았다. 초청 강사로 오던 대표와 친분을 쌓기 위한 작업이었다. 그러나 용기를 내서 채용을 부탁했지만 거부당하고 말았다. 페리스는 계속 이메일을 보냈다. 10번 넘게 거부당한 후에는 마지막 수단을 동원하기로 결심했다. 그는 대표에게 다음 주에 회사 근처로 갈 일이 있으니 한 번 만났으면 좋겠다고 말했다. 사실 그는 뉴욕에 있었고, 회사는 샌프란시스코에 있었는데도 말이다. 대표는 "좋아요. 화요일에는 가능합니다."라고 답신했다.

페리스는 대기표를 사서 캘리포니아로 날아간 다음 아침 일찍 회사로 찾아갔다. 한 임원이 그에게 물었다.

"우리가 채용할 때까지 계속 귀찮게 할 거죠?"

"그럼요." 페리스는 말했다.

"그렇게 보자면 그래요."

그는 일자리를 얻었다. 당연히 영업직이었다.

"중요한 점은." 페리스는 내게 말했다.

"절대 무례하지 않았다는 거예요. 너무 과하게 덤비지도 않았어요. 일주일에 6번씩 이메일을 보내고 그러지는 않았어요."

나의 잘못을 넌지시 지적하는 듯 페리스의 말투가 조금 바뀌었다. 하지만 부끄럽게도 나는 알아차리지 못했다. 다만 뭔가 잘못을 저질렀다는 느낌이 들었다. 한 대 얻어맞은 것처럼 머리가 저절로 뒤로 밀려났다.

나는 "어느 정도가 적당했을까요?"라고 물었다.

"상대방이 짜증스러워 하는 것 같으면 물러나야 해요." 잽.

"예의를 차려서 상대방을 존중하는 태도를 보여야 해요. 이메일을 그렇게 많이 보낼 정도면 더없이 공손해야죠." 잽.

"끈기 있는 것과 귀찮게 구는 건 달라요." 어퍼컷.

인터뷰를 한 경험이 많았다면 더 깊이 파고들어서 페리스가 말하려는 바를 파악했을 것이다. 대신 나는 안전한 곳으로 피신하듯 노트를 보며 다른 주제를 찾았다.

"유명한 저술가가 되기 전에 어떻게 신뢰감을 주었나요?"

페리스는 "적절한 단체에서 자원봉사를 하면 쉽게 신뢰를 얻을 수 있어요."라고 말했다.

그의 말투가 가벼워졌다. 나는 긴장을 풀었다. 페리스는 신입사원 시절에 실리콘 밸리 스타트업 기업인 협회 Silicon Vally Association of Startup Entrepreneurs에서 자원봉사를 했다. 거기서 대규모 행사를 연출한 덕분에 성공한 사람들에게 이메일을 보낼 믿음직한 계기를 마련할 수 있었다.

"안녕하세요. 저는 얼마 전에 대학을 졸업한 팀 페리스라고 합니다."라고 하는 대신 "안녕하세요. 저는 실리콘 밸리 스타트업 기업인 협회에서 행사 프로듀서로 일하는 팀 페리스입니다."라고 자신을 소개할 수 있었다. 이런 정당한 입지는 커다란 차이를 만들었다.

"두 번째 단계는 유명 잡지에 글을 싣거나 거기에 소개되는 겁니다." 그는 말을 이어나갔다.

"간단하게 누군가와 문답만 하면 돼요. 인터뷰를 하고 온라인으로 답변을 올리면 되죠."

다시 말해서 페리스는 허공에서 신뢰도를 쌓은 것이 아니라 유명한 단체나 잡지를 통해 신뢰도를 빌린 것이었다. '빌린 신뢰도'라는 말이 내 머릿속에 박혔다.

페리스는 《나는 4시간만 일한다》 이전에 책을 펴낸 경험이 없었다. 그래서 모르는 사이인 저술가들에게 이메일을 보내서 조언을 구했다. 그의 말에 따르면 이 방법은 효과가 있었다. 나는 모르는 사람에게 이메일을 쓰는 비결을 물었다.

다음은 그가 바쁜 사람들에게 보내는 일반적인 이메일의 내용이다.

안녕하십니까.

많이 바쁘시고 이메일을 많이 받으시는 줄 알고 있습니다.

이 이메일은 60초면 다 읽으실 수 있을 겁니다.

[자신을 소개하고, 신뢰감을 줄 수 있는 내용을 한두 줄 넣는다.]

[구체적인 질문을 한다.]

너무 바쁘셔서 답변을 하지 못해도 충분히 이해합니다. 다만 한두 줄만이라도 답변을 보내주신다면 정말 기쁘겠습니다. 감사합니다.

– 팀으로 부터

페리스는 바로 내가 바라던 조언을 해줬다. 그는 절대 통화를 하고 싶다거나, 커피를 마시자거나, 지혜를 얻고 싶다는 이메일을 보내지 말라고 말했다.

"이메일에 바로 질문을 적어요." 그는 말했다.

"이런저런 형태의 관계에 대해 선생님과 이야기를 해보고 싶습니다. 괜찮을까요? 전화로 하면 빠르겠지만 이메일이 더 편하시다면 두어 가지만 여쭤보고 싶습니다.' 정도면 됩니다. 절대 '선생님에게 딱 맞는 질문입니다.'라거나 '제가 알아본 바로는 선생님이 좋아하실 만한 내용입니다.' 같은 내용은 적지 말아요. 과장된 표현을 하지 말아야 하는 이유는."

그는 거의 비웃는 듯한 웃음을 터트렸다.

"그 사람들은 당신을 모르고, 무엇이 자신에게 딱 맞는지 당신이 판단하기는 어렵다고 생각할 게 뻔하니까요. 또한 '미리 감사드립니다!' 같은 말로 끝내면 안 돼요. 당연한 권리를 주장하는 것처럼 보여서 짜증이 나거든요. 반대로 '정말 바쁘신 줄 알고 있습니다. 답신을 보내지 못하더라도 충분히 이해합니다.'라는 식으로 써야 해요. 그리고 이메일을 보내는 빈도에 신경 써야 해요. 이메일을 많이 보내지 말아요. 정말로." 그는 긴 한숨을 내쉬었다.

"기분이 좋지 않아요."

나는 페리스가 말하는 게 나의 문제라는 사실을 알아채지 못했다. 그로부터 1년 넘게 지난 후 지난 이메일들을 정리하다가 페리스의 비서에게 보냈던 이메일들을 보게 되었다. 그제서야 내가 얼마나 멍청했는지 깨달았다.

"그럼 이만." 페리스는 대화를 마무리하면서 말했다.

"가봐야겠어요." 그는 작별인사를 하고 전화를 끊었다.

시간을 되돌려서 십대 시절의 내게 방금 일어난 일을 설명해 줄 수 있다면 좋겠다. 그때 교훈을 얻었다면 오마하에서 워런 버핏과 마주했을 때 상황이 많이 달라졌을 것이다.

4장

치 타임

Stefan Weitz had told me
that the word around
Microsoft was that Qi works
twice as fast as everyone
else. They call it "Qi Time."

스테판 바이츠가 내게 전한 바에 따르면 마이크로소프트에서는
치의 업무 속도가 다른 사람보다 2배나 빠르다는 말이 돈다.
그들은 그것을 '치 타임'이라 부른다.

치 루, 〈마이크로소프트〉 글로벌 경영 부사장

스티브 잡스는 이런 말을 한 적이 있다.

"앞을 내다보면서 점들을 이을 수는 없다. 뒤를 돌아볼 때만 점들을 이을 수 있다. 그래서 지금의 점들이 나중에 이어질 것이라고 믿을 수밖에 없다."

이 말은 내가 비즈니스 컨퍼런스에서 세자르를 만난 일에 딱 들어맞는다. 그날 저녁 나는 기업 간부들이 가득한 행사장을 지키며 대학생 자원봉사자로서 이질감을 느끼고 있었다.

그때 강연자인 스테판 바이츠가 나를 편안하게 해주려고 인사를 건넸다. 그는 마이크로소프트의 이사였다. 우리는 잠시 대화를 나눴다. 나는 여름이 시작될 무렵 그에게 이메일을 보내 나의 사명에 대해 이야기했다. 같이 점심을 먹는 자리에서 그는 다른 사람을 한 명 명단에 추가해야 한다고 말했다.

"치 루라는 사람이야."

한 번도 들어본 적 없는 이름이었다. 도움은 고마웠지만 그에게 나의 사명을 제대로 설명하지 못한 것 같다는 생각이 들었다.

"제가 인터뷰를 하려는 사람은 친구들이 뭔가를 배울 수 있는 사람, 모두가 아는 사람이에요."

"날 믿어 봐." 스테판은 손을 들며 말했다.

"치 루는 네가 알아둘 만한 사람이야."

그는 인터뷰 자리를 주선했다. 덕분에 나는 여름의 마지막 주에 시애틀에 있는 마이크로소프트 본사의 최상층을 걷게 되었다. 토요일이라 복도는 비어 있었다. 책상에 앉아 있는 사람도 없었다. 사무실 조명도 한 곳만 빼고 모두 꺼져 있었다. 복도 끝에 있는 유리문 뒤로 그림자 하나가 서 있다가 문쪽으로 움직였다. 치 루는 문을 열고 나를 맞아들였다.

40대 중반에 마른 체격의 그는 티셔츠 자락을 물 빠진 청바지 안으로 집어넣었고, 흰 양말에 샌들을 신고 있었다. 그는 양손으로 나와 악수하며 편하게 생각하라고 말했다. 그리고 책상 뒤로 가지 않고 의자를 당겨서 내 옆에 앉았다. 사무실에는 가구가 드물었다. 벽에는 그림이나 상장이 걸려 있지 않았다. 놀라웠다.

치 루는 상하이 외곽에 있는 농촌 마을에서 자랐다. 상수도나 전기도 없는 곳이었다. 마을 사람들은 너무 가난해서 영양실조에 따른 기형에 시달렸다. 아이들은 수백 명이었지만 교사는 한 명뿐이었다. 27살 때 치 루는 생애 최고로 많은 돈을 벌었다. 그 액수는 한 달에 고작 7달러였다. 그로부터 20년 후 그는 마이크로소프트 온라인 서비스 부문 사장이 되었다.

운은 준비된 자의 것

나는 도저히 믿기지 않아서 거의 머리를 흔들 뻔했다. 적당한 질문이 떠오르지 않았다. 그래서 그저 두 손을 들며 물었다.

"어떻게 그럴 수 있었어요?"

치는 겸손하게 웃으며 이런 시절에는 조신소에서 일하고 싶었다고 말했다. 하지만 너무 말라서 체중 기준을 맞출 수 없었다. 결국 공부에 매달릴 수밖에 없었다. 그는 상하이에 있는 최고 명문대인 푸단 대학에 들어가 컴퓨터공학을 전공했다. 그는 거기서 삶을 바꿀 깨달음을 얻었다.

그는 시간에 대해 생각하기 시작했다. 특히 침대에서 낭비한다고 여겨지는 시간의 양을 생각했다. 그는 하루 8시간씩 잤다. 그러다가 농부든, 미국 대통령이든 모두의 삶에서 변하지 않는 한 가지 사실을 깨달았다. 바로 하루는 24시간밖에 주어지지 않는다는 사실이었다.

"어떤 의미에서." 치는 말했다.

"하느님은 모두에게 공평하다고 말할 수 있어. 문제는 하느님의 선물을 가능한 잘 활용하는지 여부지."

그는 수면 패턴을 자신만의 시스템에 맞도록 바꾼 인물들에 대한 글을 읽었다. 그 다음 한 시간을 덜 자는 것부터 시작하여 차츰 한 시간씩 잠을 더 줄였다. 그러다 보니 하루에 1시간만 자는 단계까지 이르렀다. 그는 찬물로 샤워를 하면서 억지로 잠에서 깼지만 계속 멀쩡한 상태를 유지할 수 없었다. 최종적으로 그가 파악한 최적의 수면 시간은 하루 4시간이었다. 이후 지금까지 그는 한 번도 늦잠을 잔 적이 없었다. 끈기는 그가 성공한 비결이었다.

"차를 모는 것과 같아." 그는 내게 말했다.

"항상 시속 100km 정도로 달리면 차가 크게 마모되지 않아. 하지만 급가속과 급제동을 자주 하면 엔진이 마모되지."

치는 매일 새벽 4시에 일어나 8km를 달리고 6시까지 출근한다. 또한 도시락으로 싸 간 과일과 채소를 종일 조금씩 먹는다. 그리고 일주일에 6일 동안 하루 18시간씩 일한다. 스테판 바이츠가 내게 전한 바에 따르면 마이크로소프트에서는 치의 업무 속도가 다른 사람보다 2배나 빠르다는 말이 돈다. 그들은 그것을 '치 타임 Qi Time'이라 부른다.

처음에는 치 타임이 극단적이고 건강에 나쁜 생활방식으로 보였다. 그러나 치가 처한 상황에 비춰보면 기이한 실험이라기보다 생존 수단에 더 가깝게 느껴졌다. 생각해 보라. 주위에 똑똑한 대학 졸업생들이 넘치는 중국에서 치가 달리 어떻게 돌파구를 열 수 있었을까?

수면 시간을 8시간에서 4시간으로 줄이면 1년에 1460시간을 추가로 얻게 된다. 두 달을 남들보다 더 일할 수 있는 것이다. 치는 20대 때 잠을 줄여서 얻은 시간에 레포트를 쓰고 책을 읽으면서 미국에서 공부한다는 큰 꿈을 향해 나아갔다.

"중국에서는." 그는 말했다.

"미국으로 유학을 가려면 시험을 두 번 봐야 해. 응시료도 60달 러나 들지. 그때 내 월급이 7달러였어."

시험을 보는 데만 8개월치 월급이 필요하다는 이야기였다. 그 래도 치는 희망을 잃지 않았다. 마침내 어느 일요일 밤 그의 노력 이 결실을 맺었다. 대개 그는 일요일에 자전거를 타고 부모님의 집을 방문했다. 그러나 그날은 폭우가 내렸고, 집까지 가는 데 몇 시간이 걸렸기 때문에 기숙사 방에 머물렀다.

그때 한 친구가 찾아와 도와달라고 말했다. 카네기 멜론 대학에 서 온 방문교수가 모델 검증에 대해 강의하기로 했는데 폭우 때문 에 참석자가 너무 적다는 것이었다. 치는 자리를 채워주는 데 동 의했고, 강의를 듣는 동안 몇 가지 질문을 했다. 강의가 끝난 후 방문교수는 치가 요점을 잘 제시했다고 칭찬하며 해당 주제를 공 부했는지 물었다.

사실 치는 그냥 공부한 수준이 아니라 해당 주제에 대해 5편의 레포트를 썼다. 그것이 치 타임의 힘이었다. 덕분에 그는 강의실에 서 가장 잘 준비된 학생이 될 수 있었다.

방문교수는 레포트를 보여달라고 요청했다. 치는 기숙사 방으 로 달려가 레포트를 가져왔다. 방문교수는 레포트를 읽어본 후 미 국에서 공부할 의향이 있는지 물었다. 치가 사정이 어렵다고 설명하자 방문교수는 응시료를 면제해 주겠다고 말했다. 덕분에 치는 시험을 볼 수 있었다. 몇 달 후 편지가 한 통 도착했다. 카네기 멜론 대학에서 전액 장학금으로 받아주겠다는 편지였다.

나는 빌 게이츠나 워런 버핏 혹은 크게 성공한 다른 사람들에 대한 글을 읽을 때마다 기적 같은 우연의 힘이 얼마나 많이 작용했을지 궁금하게 여겼다. 그날 저녁 폭우가 내리지 않았다면 치는 부모님의 집으로 갔을 것이고, 방문교수를 만나지 못했을 것이며, 아무 일도 일어나지 않았을 것이다. 한편, 치가 5편의 레포트를 쓴 것은 우연과 거리가 멀었다. 내가 운이 좋았던 것은 아닌지 묻자 치는 전적으로 우연은 아니었다고 말했다.

"운은 버스와 같아." 그는 내게 말했다.

"한 대를 놓쳐도 다음 버스가 있어. 하지만 준비를 하지 않으면 그 버스에 타지 못해."

––––––––

치가 카네기 멜론 대학을 졸업한 후 2년이 지났을 무렵 한 친구가 그를 점심자리에 초대했다. 그 자리에는 치가 모르는 사람이 있었다. 그 사람은 치에게 어떤 일을 하고 있는지 물었다. 치는 IBM에서 전자상거래 플랫폼을 연구하고 있다고 대답했다.

알고 보니 그 사람은 당시 웹 디렉토리로 유명한 야후에서 일하고 있었다. 그는 치에게 월요일에 사무실에 들러달라고 요청했다. 치는 그러겠다고 동의했다. 그는 야후 본사로 찾아간 자리에서 영입 제안을 받았다. 야후는 은밀하게 전자상거래 플랫폼을 개발하고 있었으며, 개발자를 구하는 중이었다.

치는 야후에 들어가 개발 프로젝트를 맡았다. 그는 거의 모든 시간을 코딩에 바쳤다. 3달 동안 그는 수면 시간을 하루 한두 시간까지 줄였다. 너무 열심히 일한 나머지 손목 터널 증후군에 걸려서 보호대까지 차야 했다. 그래도 치는 그럴 만한 가치가 있다고 생각했다. 결국 야후 쇼핑을 만들어냈기 때문이다.

치는 야후에서 추진하는 다음 주요 프로젝트인 야후 서치Yahoo Search의 책임자로 승진했다. 야후 서치도 성공적으로 마무리되었다. 치는 여전히 속도를 늦추지 않았다. 그는 더 많은 개발 프로젝트를 맡는 데 더하여 주말에는 도서관에 틀어박혀서 리더십과 경영에 대한 책들을 읽었다.

나는 치 타임이 단지 잠을 줄이는 데서 끝나지 않는다는 사실을 깨달았다. 치 타임의 핵심은 바로 희생, 장기적인 소득을 위해 단기적인 즐거움을 희생하는 것이었다. 그는 야후에 들어간 지 8년 만에 3000명 이상의 엔지니어들을 통솔하는 수석 부사장이 되었다.

야후에서 거의 10년을 일한 후 치는 마침내 일을 쉬기로 마음 먹었다. 그가 야후에서 일하는 마지막 주에 열린 환송연에서 직원들은 '나는 치와 일한 적이 있어요. 당신은요?'라고 적힌 티셔츠를 선물했다.

치는 가족과 함께 중국으로 돌아갈 것을 고려하던 차에 마이크로소프트의 최고경영자인 스티브 발머로부터 연락을 받았다. 마이크로소프트는 검색 엔진을 구축하려 하고 있었다. 치는 발머와 만난 후 중국으로 돌아가지 않고 마이크로소프트의 온라인 서비스 부문 사장으로 일하기로 했다.

치에게 빙 Bing 검색 엔진을 만들기 위해 밤새 일하던 이야기를 듣는 동안 이상한 기분이 들었다. 잠시 생각이 어지러워지더니 문득 먼 기억이 떠올랐다.

당시 5살이던 나는 한밤중에 악몽을 꾼 후 방에서 나와 부모님의 방으로 갔다. 어두운 복도 끝에 있는 부모님의 방문 틈으로 푸른 불빛이 새어나오고 있었다. 아래로 들여다 보니 엄마가 작은 책상에 앉아 컴퓨터로 일을 하고 있었다. 매일 밤 나는 방을 몰래 빠져나와 가족이 자는 동안 일하는 엄마의 모습을 훔쳐보았다. 시간이 지난 후 당시 중고차 매매를 하던 아버지가 파산을 신청했다는 사실을 알게 되었다. 그래서 엄마는 가족을 부양하기 위해 일을 해야 했던 것이다. 어쩌면 엄마는 나름의 방식으로 치 루와 같은 희생을 치른 것인지도 모른다.

치 루의 이야기를 듣고 나서야 나는 예과를 그만두겠다고 했을 때 엄마가 운 이유를 이해할 수 있었다. 엄마가 보기에 그것은 자신의 모든 희생을 헛되게 만드는 일이었다. 엄마의 은혜를 저버렸다는 죄책감이 커서 마음이 너무 아팠다. 그때 치는 내가 전혀 예상치 못한 방향으로 대화를 이어갔다.

"그건 그렇고." 그는 말했다.

"이런 일을 해줘서 고마워. 네가 사명을 추구하게 만든 동기는 어떤 측면에서 나의 동기와 비슷해. 매일, 매순간 사람들이 더 많이 알고, 더 많은 일을 하고, 더 큰 존재가 되도록 돕는 게 중요해. 네가 하는 일은 여러 면에서 아주 좋은 예라고 생각해."

그는 최대한 나를 도와주겠다고 말했다. 나는 지갑에서 인터뷰를 하고 싶은 사람들의 이름이 적힌 카드를 꺼내서 그에게 건넸다. 치는 고개를 끄덕이며 손가락으로 명단을 훑었다.

"내가 개인적으로 아는 유일한 사람은." 그는 말했다.

"빌 게이츠야."

"그 분이 관심을 가질까요?"

"그럼. 분명 이야기할 기회가 있을 거야. 네가 쓸 책에 대한 이야기를 내가 전해줄게."

"제가 이메일을 써도 될까요?"

치는 미소를 지으며 말했다.

"내가 기꺼이 전달해 주지."

"빌 게이츠라니!" 코윈이 소리 질렀다.

그는 내가 전한 소식을 듣고 잔을 들며 축배를 제안했다. 브랜
든, 라이언, 나도 잔을 들었다. 우리는 잔을 부딪힌 후 학내 식당에
서 밤새 축하를 계속했다.

더없이 좋은 분위기로 2학년이 시작되었다. 너무나 행복해서
강의실로 걸어가는 동안 춤을 추고 싶은 마음을 억눌러야 했다.
강의조차 더 즐거웠다. 며칠 후 도서관으로 가는 길에 치 루의 비
서가 보낸 이메일을 휴대폰으로 확인했다.

안녕하세요.

빌 게이츠 씨의 비서실로 연락했는데 안타깝게도 인터뷰 요청을 받아
들일 수 없다고 합니다….

내용을 다시 읽었지만 내 머리는 여전히 받아들이기를 거부했
다. 나는 마이크로소프트에 있는 내부자인 스테판 바이츠에게 전
화를 걸었다. 그는 빌 게이츠 본인이 거절한 게 아닐 수도 있다고
설명했다. 이런 결정은 대부분 비서실장이 내린다는 것이었다.

나는 그에게 물었다.

"비서실장에게 제가 이야기할 기회를 줄 수 있으세요? 5분이면 돼요. 제가 직접 이야기할 수 있게만 해주세요."

스테판은 차분하게 기다리고 있으면 자신이 힘써 보겠노고 말했다. 그러나 차분하게 기다릴 수 없었다. 그날 밤 나는 모든 짜증을 치 타임으로 해소하기로 결심했다. 치는 태어나면서부터 치 타임을 따르지 않았다. 그렇게 하기로 선택한 것이었다. 이제는 나도 같은 선택을 했다.

그날 이후 매일 아침 나는 6시에 일어나 바로 책상으로 향했다. 그리고 명단에 있는 모두에게 인터뷰를 요청하는 이메일을 썼다. 모든 요청을 거절당한 다음에는 명단에 없는 사람들에게도 연락하기 시작했다. 더 일찍 일어나고 더 열심히 노력했지만 거절당하는 속도만 두 배로 빨라졌을 뿐이었다.

'거절, 거절, 거절, 거절, 거절, 거절, 거절.'

어떤 거절은 다른 거절보다 더 아팠다. 유명 셰프인 볼프강 퍽의 경우가 그랬다. 나는 트위터에서 퀴즈를 풀고 행사 입장권을 따낸 덕분에 행사장에서 그에게 접근할 수 있었다. 그는 내가 인터뷰를 요청하자 "좋아! 우리 레스토랑에 와서 점심을 먹으며 하지."라고 말했다. 그는 마치 오랜 친구처럼 나와 포옹을 나눴다. 다음 날 나는 역시 오랜 친구처럼 그의 대리인에게 이메일을 보냈다.

OOOOO 씨.

내 이름은 알렉스이고, USC 학생이에요. 어제 저녁에 LAFW 레드 카펫 행사에서 볼프강 씨를 만났어요. 볼프강 씨가 당신에게 연락하면 인터뷰 시간을 잡을 수 있다고 했어요. 내가 볼프강 씨의 '레스토랑'(사실 어느 레스토랑을 말하는 건지 몰라요! 하하.)에 가서 점심을 먹으며 하면 좋겠다고 했는데….

답신이 오지 않았다. 한 번, 두 번, 세 번, 심지어 네 번 더 이메일을 보냈다. 나는 아직 팀 페리스가 가르쳐 준 교훈을 배우지 못한 게 분명했다. 한 달 후 대리인으로부터 답신이 왔다.

알렉스.

당신이 보낸 이메일들을 받았지만 저기, 적절하게 답장할 방법을 생각하고 있었어요. 저기, 내 조언을 건설적으로 받아들일 것이라 믿고 말하는데 세계적으로 성공한 사람에게 연락할 때는 '저기, 래리 킹 씨'나 '저기, 조지 루카스 씨'라고 하지 않는 게 좋아요. 대개는 존경심을 담아 '안녕하십니까, 킹 선생님' 혹은 '안녕하십니까, 루카스 선생님'이라고 하죠.

저기, 잠깐 이야기가 샛길로 빠졌는데…. 볼프강 씨가 뉴욕으로 떠나기 전에 이 건에 대해 이야기했어요. 흥미로운 기회이기는 하지만 안타깝게도 그럴 시간이 없을 것 같네요. 얼마 전에 런던에서 〈컷CUT〉을 열었고, 호텔 벨 에어Bel Air에도 업장을 열고 있어서 연말까지 일정이 꽉 찼어요. 볼프강 씨가 미안하지만 인터뷰를 하지 못할 것 같다고 대신 전해달라고 하네요….

5장

꿈이 있다면 거기에 매달려라

"You're blowing it now, son. You're blowing it." Those words triggered a powerful feeling within Ray that spread throughout his body.

"포기하지 마. 넌 지금 포기하고 있어."
이 말은 슈가 레이의 온몸으로 퍼져 가는 강렬한 감정을 불러일으켰다.

슈거 레이 레너드, 세계 챔피언을 석권한 복싱계의 전설

가을이 깊어지면서 나의 낙담은 더욱 커졌다. 매번 거절당할 때마다 자존감이 무너졌다. 매일 해가 뜨기 전에 일어나서 거절 소식을 접하다 보면 노로에 누워 트럭에 계속 깔리는 기분이 들었다. 그래도 나를 깔고 지나가지 않은 한 사람이 있었다. 그를 만나게 해준 하느님에게 감사드린다. 그가 나의 사명을 구해주었기 때문이다.

대다수 사람들은 슈가 레이 레너드를 6번이나 세계 챔피언 자리에 올랐고, 세븐 업과 닌텐도 광고에서 밝게 웃는 사람으로 알고 있다. 권투를 잘 아는 사람이라면 날렵하고 빠르게 주먹을 날리면서 1976년 올림픽에서 세계를 놀라게 만든 선수로 기억할 것이다.

나는 그가 참석하는 사인 행사에 갔다가 보안요원에게 밀려났다. 그래서 팀 페리스가 알려준 형식대로 홍보담당자에게 이메일을 보냈다. 다행히 나를 만나준 그녀는 나의 내부자가 되었다. 나는 슈가 레이에게 내가 19살이며, 그의 자서전을 읽고 나서 그의 조언이 바로 우리 세대에게 필요한 것이라고 느꼈다는 내용으로 편지를 썼다. 나의 내부자가 이 편지를 전달하자마자 슈가 레이는 나를 자택으로 초대했다.

검은색 운동복 차림으로 나를 맞아들인 그는 운동실을 보여주었다. 운동실로 들어서는 순간 〈알라딘〉에 나오는 신비의 동굴에 있는 듯한 느낌이 들었다. 벽을 덮은 금들이 보물이 아니라 금메달과 '세계 챔피언'이라고 새겨진 눈부신 상패라는 점만 제외하면 말이다. 천장에는 펀칭백이 달려 있었다. 덤벨과 트레드밀이 한가운데 놓인 안락한 가죽소파를 둘러싸고 있었다. 벽에서 반짝이는 금빛은 슈가 레이에 대한 이미지와 잘 맞았다. 그러나 같이 앉아서 대화를 나눠보니 그 금빛 뒤로 무엇이 있었는지 전혀 몰랐다는 사실을 알게 되었다.

슈가 레이는 메릴랜드주 파머 파크Palmer Park에서 7형제 중 한 명으로 자랐다. 그의 가족은 심하게 돈에 쪼들렸다. 크리스마스에 나눠줄 선물이라고는 그의 아버지가 직장인 슈퍼마켓 창고에서 훔친 사과와 오렌지뿐이었다. 그의 아버지는 해군에서 권투를 했다. 그래서 슈가 레이도 7살 때 권투를 해보기로 결심했다. 파머 파크 외곽에 있는 〈넘버 보이즈 클럽〉에서 링에 오른 그는 바로 얼굴에 주먹세례를 받았다. 코피가 터졌다. 다리가 후덜거렸다. 결국 패배한 그는 지끈거리는 머리와 함께 집으로 돌아가 다시 만화책에 파묻혔다.

6년 후 그의 형이 다시 권투를 해보라고 부추겼다. 슈가 레이는 다시 체육관으로 갔고, 다시 얻어터졌다. 그러나 이번에는 포기하지 않았다. 그는 다른 아이들보다 어리고, 키가 작고, 마르고, 경험이 적었다. 그래서 다른 무기가 필요하다는 사실을 깨달았다.

어느 날 아침 그는 형제들과 함께 학교로 가기 위해 버스정류장으로 걸어갔다. 통학버스가 멈춰서자 다른 아이들이 슈가 레이를 밀어내고 먼저 올라탔다. 그는 가방을 떠나는 버스에 던져 넣고 신발끈을 고쳐 맨 다음 학교까지 버스 뒤를 따라 달렸다. 그날 오후 그는 다시 버스와 함께 달려서 집까지 왔다. 다음 날도, 그 다음 날도 그렇게 했다. 비가 오나, 눈이 오나 달리기를 멈추지 않았다. 어떤 날은 너무 추워서 얼굴에 입김이 얼어붙을 정도였다. 그래도 매일 통학버스를 따라 달렸다.

"나는 경험이 없었어." 슈가 레이는 내게 말했다.

"그래도 투지와 끈기 그리고 욕구가 있었지."

그는 말을 마치자마자 나를 약간 다른 눈빛으로 바라보며 어떤 동기로 인터뷰를 하게 되었는지 물었다. 우리는 나의 사명에 대한 이야기를 나눴다. 나는 너무나 마음이 편해진 나머지 인터뷰를 시도하는 과정에서 심한 패배감에 시달렸다는 사실도 인정했다. 그는 내게 명단을 보여달라고 말했다. 그는 명단을 훑어보다가 살짝 고개를 흔들며 미소 지었다. 내가 미처 이해하지 못했던 것을 이해하고 있다는 표정이었다. 뒤이어 그는 일생일대의 대결에 대한 이야기를 들려주기 시작했다. 거기에는 바로 내게 필요한 교훈이 담겨 있었다.

슈가 레이는 프로가 된 지 5년 만에 '히트맨' 토마스 헌즈와 맞붙게 되었다. 헌즈는 그때까지 무패였을 뿐 아니라 거의 모든 경기를 KO로 이겼다. 특히 긴 왼손 잽으로 상대의 머리를 맞춘 다음 어디서 날아오는지도 모르는 공포의 대상, 바로 치명적인 오른손 결정타를 날리는 것으로 유명했다.

수만 명이 시저스 팰리스Caesars Palace에 모였고, 수백만 명이 유료로 경기를 시청했다. '최고의 결전'으로 불리는 경기였다. 승자는 반박의 여지가 없는 웰터급 세계 챔피언에 오를 수 있었다.

경기가 시작되자 헌즈의 긴 잽이 슈가 레이의 왼쪽 눈을 노리고 들어왔다. 연이은 잽에 슈가 레이의 눈두덩이 검붉게 변하고 퉁퉁 부어올랐다. 슈가 레이는 경기 중반에 거센 반격을 펼쳤다. 그러나 12라운드까지 채점에서 지고 있었다. 그는 욱신거리는 왼쪽 눈과 함께 코너에 있는 의자로 비틀거리며 걸어갔다. 왼쪽 눈은 억지로 열려고 해도 열리지 않았다. 결국 한 눈만으로 남은 경기를 치를 수밖에 없었다.

경기를 이길 수 있는 유일한 길은 헌즈의 오른손 타격 범위 안으로 치고 들어가는 것이었다. 애초에 정신 나간 짓이었다. 왼쪽 눈이 보이지 않는 상황에서는 사실상 자살행위나 마찬가지였다. 트레이너는 슈가 레이의 앞에 앉아서 그를 정면으로 바라보았다.

"포기하지 마. 넌 지금 포기하고 있어."

이 말은 슈가 레이의 온몸으로 퍼져 가는 강렬한 감정을 불러

일으켰다. 30년이 지난 지금 그는 나와 마주앉아서 그 말을 생생하게 되살렸다.

"아직 두시가 남아서 계속 싸우고 있어. 하지만 머릿속으로는 '포기하자'는 생각이 들지. 머리와 가슴이 따로 노는 거야. 그러면 안 돼. 둘이 서로 이어져야 해. 그래야만 최고 수준에, 정상에 오를 수 있어. 욕망, 바람, 꿈만으로는 부족해. 도저히 참을 수 없을 지경까지 원해야 해. 대다수 사람들은 그 수준까지 가지 않아. 내가 말하는 숨겨진 저수지, 숨겨진 힘의 저수지를 활용하지 않아. 이 저수지는 모두에게 있어. 엄마가 차에 깔린 아이를 구하려고 차를 들어 올리게 만드는 힘이 거기서 나오는 거야."

13라운드를 알리는 공이 울린 후 슈가 레이는 흐르는 피가 마치 농축된 순수 아드레날린으로 변한 것처럼 코너를 박차고 나갔다. 그리고 25번의 연속 펀치를 퍼부었다. 헌즈는 로프로 튕겼다가 뒤로 넘어진 후 비틀거리며 일어났다. 슈가 레이는 다시 그에게 달려들었다. 헌즈는 계속 비틀거렸지만 공 덕분에 살아남았다. 다음 라운드가 시작되자 다시 불타오른 슈가 레이는 헌즈의 머리에 주먹을 퍼부었다. 라운드 종료 1분을 남겨놓고 헌즈는 비틀거리며 로프에 기댔다. 그때 심판이 경기를 중단시켰다. 슈가 레이는 반박의 여지가 없는 세계 챔피언이 되었다.

아직 이야기의 여운이 방안에 남아 있었다. 잠시 후 슈가 레이는 소파에서 일어나 문으로 가더니 따라오라는 손짓을 했다.

"보여주고 싶은 게 있어."

우리는 희미하게 밝혀진 복도를 따라 걸었다. 그는 나를 잠시 기다리게 하고 모퉁이를 돌아 사라졌다. 곧 그는 황금색 세계 챔피언 벨트를 들고 돌아왔다. 부드러운 빛이 테두리에서 반사되었다. 슈가 레이는 내게 다가와 내 허리에 벨트를 둘렀다. 그리고 뒤로 물러나 내게 챔피언 벨트를 두른 기분을 느낄 시간을 주었다.

"'이런 사람과는 인터뷰할 수 없어.', '절대 안 돼.'라는 말을 들은 적이 몇 번이나 되니? 절대 너의 꿈을 이룰 수 없다는 말을 믿지 마. 꿈이 있으면 거기에 매달려야 해. 안 된다는 말을 들을 거야. 그래도 계속 밀어붙여야 해. 계속 싸워야 해. 숨겨진 저수지를 활용해야 해. 쉽지 않지만 그래도 가능해. 네가 쓴 편지에서 19살이라는 부분을 읽고 그 나이 때 내가 어땠는지 기억났어. 열정과 의욕이 넘쳐났지. 배가 고팠어. 그 무엇보다 금메달을 원했어. 널 보니 그 생각이 나네."

그는 말을 멈추고 내게 다가와 손가락으로 내 얼굴을 가리켰다.

"누구도 네게서 그걸 빼앗아 가게 하지 마."

내부자를
찾아라

6장

꿈의 멘토

"When it's in front of you,"
Elliott said,
"make your move."

"눈앞에 기회가 찾아오면."
엘리엇은 말했다.
"달려들어."

엘리엇 비스노우, 글로벌 리더들의 모임 〈서밋 시리즈〉 창립자

슈가 레이가 그런 말을 내게 해준 것은 다행이었다. 남은 가을 내내 계속 인터뷰 요청을 거절당했기 때문이다. 연말이 순식간에 지나가고 1월이 되었다. 봄 학기의 첫 주가 되었지만 내가 꿈꾸던 인터뷰를 할 수 있는 가능성은 희박했다.

어느 날 오후, 나는 한 편의점 주차장에 서 있었다. 하늘에는 회색 구름이 잔뜩 껴 있었고, 내 손에는 초콜릿 브라우니 아이스크림이 들려 있었다. 삶이 아무리 고달파도 최소한 아이스크림을 먹는 기쁨은 누릴 수 있었다.

주머니에 넣어둔 휴대폰이 울렸다. 시애틀 지역번호인 걸 본 순간 내 눈이 커졌다. 순식간에 회색 구름이 걷히고 빛이 내게로 쏟아지는 것 같았다.

"빌과 인터뷰를 하고 싶다고요?"

전화를 건 사람은 빌 게이츠의 비서실장이었다. 마이크로소프트에 있는 나의 내부자인 스테판 바이츠가 통화를 주선해 준 것이었다. 비서실장의 프라이버시를 지켜주기 위해 그의 이름은 생략하도록 하겠다. 나는 그에게 사명에 대한 이야기를 하기 시작했다. 그는 스테판과 치 루에게 이미 들었기 때문에 할 필요가 없다고 말했다.

"학생이 하는 일이 마음에 들어요." 비서실장은 말했다.

"적극적인 태도가 마음에 들어요. 다른 사람들을 돕기 위한 일이라는 것도 마음에 들어요. 그래서 도와주고 싶어요."

　이 말을 들었을 때 99%는 성공한 느낌이었다.

　"하지만 사실은 5% 정도만 이룬 거예요. 아직은 빌에게 말하기 좀 그래요. 동력이 부족해요."

　'동력이라니?'

　"그게…." 그는 말을 이어나갔다.

　"아직 출판사도 정해지지 않은 책을 위해 인터뷰를 하자고 빌에게 말할 수는 없어요. 말콤 글래드웰이 《아웃라이어 Outliers》에 쓸 내용 때문에 우리를 찾아왔을 때도 성사 여부가 확실치 않았어요. 인터뷰를 더 많이 하고, 펭귄이나 랜덤하우스와 출판 계약을 맺은 다음에는 같이 앉아서 빌에게 이야기할 방법을 의논할 수 있을 거예요. 그전에는 동력을 더 확보해야 해요."

　그는 잘 있으라며 전화를 끊었다. 몽롱한 머릿속에서 그의 말이 계속 메아리쳤다. '5%?' 정신을 차려 보니 나는 두 손으로 머리를 감싼 채 창고 사무실에 앉아 있었다. 머릿속에서는 여전히 같은 말이 울려 퍼졌다.

　이런 속도로는 친구들이 할아버지가 될 무렵에야 사명을 완수할 수 있을 것 같았다. 치 루의 소개를 이끌어내도 빌 게이츠와 인터뷰를 하기까지 5%밖에 이루지 못했다면, 워런 버핏이나 빌 클린턴 같은 사람과 인터뷰를 하기까지는 마이너스 20%밖에 이루지 못한 것이었다. 게다가 시험과 공부까지 생각하면, 아마….

'잠깐, 빌 클린턴이라….'

마치 머릿속이 가려운 듯 희미한 기억이 떠올랐다.

'지난 여름에 빌 클린턴과 리처드 브랜슨이 크루즈 여객선 같은 데서 강연을 할 것이라고 누가 말하지 않았나? 그걸 젊은 사람이 주최한다고 그랬던 것 같은데.'

나는 노트북으로 구글에서 '빌 클린턴 리처드 브랜슨 크루즈 여객선'을 검색했다. 그 결과 패스트컴퍼니닷컴에 실린 다음과 같은 기사를 찾아냈다.

> 여러 회사를 창업한 엘리엇 비스노우는 2008년에 서밋 시리즈Summit Series를 시작했다. 서밋 시리즈는 젊은 기업인들이 서로에게 도움을 주는 자리를 마련하기 위한 '컨퍼런스 아닌 컨퍼런스'다. 19명이 스키 여행을 떠나면서 시작된 이 행사는 지난 5월에 750명이 참석할 만큼 규모가 커졌다. 사교 모임이자, 테드 강연회이자, 극한 스포츠 동호회로서 사회적 기업가정신의 중심이 된 이 행사에는 초청받는 사람만 참석할 수 있다. 지금까지 자선활동을 위해 모금한 금액만 해도 150만 달러가 넘는다. 유명한 참석자로는 빌 클린턴, 러셀 시몬스, 숀 파커, 마크 큐반, 테드 터너, 존 레전드가 있다.

나는 기사를 다 읽고 한 번 더 읽었다. 서밋 시리즈의 대표로서
이 모든 리더들을 한데 모은 엘리엇 비스노우는 겨우 25살이었다.
어떻게 이런 일이 가능했지? 25살이면 내 사촌과 같은 나이였다.

나는 검색창에 '엘리엇 비스노우'를 입력한 후 검색 결과를 급
히 훑었다. 10여 개의 기사에서 그를 언급했지만 제대로 다룬 기
사는 하나도 없었다. 그의 블로그에는 수백 개의 포스트가 있었다.
그러나 모두 니카라과에서 서핑을 하거나, 텔아비브에서 슈퍼모델
들과 어울리거나, 스페인에서 황소 달리기 축제에 참가하거나, 벨
기에에서 투르 드 프랑스 경주를 관람하거나, 트위터의 공동 창립
자 및 자포스 대표와 함께 백악관에서 찍은 사진들뿐이었다. 이밖
에 아이티에서 교실을 짓거나, 자메이카에서 시력 검사를 하거나,
멕시코에서 아이들에게 신발을 배달하는 사진도 있었다. 심지어
다이어트 콜라 광고에 출연한 영상도 올라와 있었다.

한 기사에서 엘리엇이 CNN 설립자인 테드 터너를 우상으로
여겼고, 언젠가는 만나고 싶어했다는 사실을 알게 되었다. 그로부
터 1년 후 두 사람은 실제로 유엔에서 악수를 나누었다. 엘리엇
비스노우가 코스타리카의 해변과 암스테르담의 주거용 보트에서
생활하는 사진들도 있었다. 그는 모든 사진에서 티셔츠와 청바지
를 입고 지저분한 턱수염과 풍성한 갈색 머리를 기른 모습을 하고
있었다. 〈허핑턴 포스트〉에 실린 '기술 업계의 젊은 파티광들Tech's

Biggest Party Boys'이라는 기사도 읽었다. 엘리엇은 이 명단에서 6위에 올랐다. 그에 대한 기사의 마지막 줄은 나를 깜짝 놀라게 만들었다. 거기에는 '비스노우의 최신 계획은 유타 주에 있는 4000만 달러짜리 산을 매입하는 것이다.'라고 적혀 있었다.

나는 계속 클릭을 하며 알지 못하는 사이에 두 끼를 건너뛰었다. 나는 엘리엇이 누군가의 거실에서 클린턴과 같이 웃는 사진, 클린턴에게 상을 주는 사진, 클린턴과 함께 서밋 시리즈 무대에 선 사진을 찾아냈다. 그러나 엘리엇 비스노우가 어떤 사람인지 말해주는 내용은 하나도 없었다. 마치 〈캐치 미 이프 유 캔 Catch Me If You Can〉 주인공의 블로그를 훑어보는 기분이었다.

도대체 엘리엇 비스노우의 정체를 파악할 수 없었다. 그러나 때로 깊고도 거의 압도적인 동질감이 느껴졌다. 엘리엇의 꿈은 전 세계의 주요 기업인들을 한데 모으는 것이었다. 그는 어떤 방법을 썼든 그 꿈을 이뤄냈다.

빌 게이츠의 비서실장은 내게 동력을 더 확보하라고 조언했다. 엘리엇은 그 방법을 알고 있을 게 분명했다. 엘리엇이라면 답안지를 쥐고 있을 것 같았다. 나는 고개를 숙이고 눈을 감았다. 지금 그 무엇보다 엘리엇의 지도를 받고 싶었다. 나는 노트를 꺼내어 빈 페이지로 넘긴 다음 제일 위에 '꿈의 멘토'라고 적었다. 그리고 첫 줄에 '엘리엇 비스노우'라고 썼다.

———————

갈수록 과제와 시험이 쌓여갔다. 살아남으려면 일주일 내내 도서관에 틀어박힐 수밖에 없었다. 그러나 머릿속에서는 엘리엇 비스노우와 대화를 나눌 수 있다면 어떨까 하는 상상이 맴돌았다. 회계학 기말 시험을 3일 앞둔 어느 날, 나는 더 이상 참을 수 없었다.

'될 대로 되라지. 일단 이메일을 보내볼 거야.'

인터뷰를 하고 싶다기보다 엘리엇에게 묻고 싶은 게 있었다. 바로 동력을 확보하는 방법이었다. 나는 이메일을 쓰기 시작했다. 2시간 넘게 구글 검색 결과를 23페이지나 훑었다는 사실을 알 수 있도록 그에 대한 온갖 정보들을 담았다. 이런 이메일을 그도 많이 썼을 것이기 때문에 내용이 완벽해야 했다.

발신 **알렉스 바나얀**

수신 **엘리엇 비스노우**

제목 **비스노우 씨, 당신의 조언이 간절합니다.**

——

안녕하세요. 제 이름은 알렉스이고, USC에 다니는 2학년 학생입니다. 갑작스러운 줄 알지만 당신을 좋아하는 팬으로서 제가 추진하는 일에 대한 조언이 간절합니다.

저는 19살로서 우리 세대의 시각을 바꾸기 위한 책을 쓰려고 합니다. 세계적인 성공을 거둔 사람들과 인터뷰를 해서 젊은 시절에 어떤 노력을 기울여 오늘날 그런 자리에 오를 수 있었는지 소개할 예정입니다. 감사하게도 마이크로소프트의 임원인 치 루 씨와 저술가인 팀 페리스 씨가 이미 도움을 주셨습니다. 앞으로 계속 구세대와 신세대의 위인들을 한데 모아서 사람들의 삶을 바꿀 실질적인 지혜를 책 속에 담아낼 겁니다. '작은 계획은 세우지 마라.'라고 하셨잖아요? :)

비스노우 씨, 19살의 나이로 이런 꿈을 추구하다 보니 몇 가지 어려움에 부딪혔습니다. 그래서 어떻게 수많은 명사들을 하나의 이상 앞에 모을 수 있었는지 알려주시면 정말 큰 도움이 될 것 같습니다. 당신은 2008년에 첫 스키 여행을 추진할 때 능숙하게 그 일을 해냈고, 갈수록 더 잘 해냈습니다.

대단히 바쁘시겠지만 혹시라도 제가 직접 조언을 들을 기회가 있다면 정말 좋겠습니다. 원하신다면 몇 가지 질문을 이메일로 먼저 보내드리겠습니다. 몇 분 동안 통화를 하든지, 시간이 된다면 커피숍 같은 데서 만나도 괜찮습니다. 혹은 기적이 일어나서 세계적으로 유명한 서밋 하우스Summit House에서 볼 수 있을지도 모르고요. :)

너무 바빠서 답신을 보내지 못해도 전적으로 이해합니다. 다만 한두 줄이라도 답신을 해주신다면 정말 기쁘겠습니다.

– 큰 꿈을 꾸는 알렉스로부터

30분 동안 인터넷에서 그의 이메일 주소를 찾았지만 찾지 못했다. 3시간을 더 뒤졌는데 아무 것도 나오지 않았다. 결국 최대한 추측을 해서 가능성이 있는 모든 주소를 수신란에 적고 하나는 맞기를 기도하며 발신 버튼을 눌렀다.

24시간 후 엘리엇의 답신이 도착했다.

잘 쓴 이메일이네.

내일 아니면 목요일에 LA에 있어?

달력을 확인했다. 목요일은 회계학 기말 시험이 있는 날이었다.

"언제든 괜찮습니다."

목요일에 만나자고 하지 않기를 바랐다. 기말 시험을 보지 않으면 무조건 재수강을 해야 했다.

엘리엇은 바로 답신을 보냈다.

목요일 아침 8시에 르네상스 호텔 로비에서 만날 수 있을까? 멀리까지 오게 해서 미안한데 여기서 컨퍼런스가 있어.

만나기 전에 《죽을 때까지 이야기할 거야 When I Stop Talking You'll Know I'm Dead**》에서 '아르타반의 별**Star of Artaban**'에 대한 내용이 나오는 부분을 읽어. 아마 1장 아니면 2장일 거야…. 마음에 들 거야.**

이전에는 기말 시험 공부를 포기하고 〈가격을 맞혀요〉에 출연했다. 이번에는 기말 시험을 놓칠 위험을 감수하고 엘리엇을 만나야 했다. 마치 누군가가 내 인생을 놓고 게임을 하는 것 같았다. 그 존재가 내 발 밑으로 바나나 껍질을 던지며 웃고 있는 듯한 기분이었다. 매번 직면하는 힘든 결정은 나의 마음이 진정으로 어디에 있는지 확인하는 검문소였다.

그러나 처음으로 나는 주저하지 않았다.

거물들을 만나기 전 지켜야 할 다섯 가지 규칙

이틀 후 나는 호텔 로비 중앙에 있는 소파에 앉아서 시계와 입구를 번갈아 바라보고 있었다. 20분 동안 이야기를 끝내고 30분 만에 학교로 돌아가면 2시간 동안 벼락공부를 할 수 있었다. 만약 이야기가 한 시간 동안 이어지면 그래도….

엘리엇이 제시간에 호텔로 걸어 들어오면서 나의 머릿속 계산은 중단되었다.

그는 로비를 가로질렀다. 멀리서 봐도 날카롭고 꿰뚫는 듯한 눈빛이었다. 그의 두 눈은 정글을 살피는 표범의 눈처럼 천천히 로비를 훑었다. 그는 나를 향해 걸어오는 동안에도 거의 눈을 깜박이지 않는 듯했다. 잠시 후 나를 발견한 그는 고개를 끄덕인 후 옆에 앉았다.

"잠시만." 그는 눈을 마주치지 않은 채 말을 꺼냈다.

그는 휴대폰을 꺼내 문자를 보내기 시작했다.

1분이 지나고, 2분이 지났다. 그는 고개를 들어서 내가 자신을 바라보고 있다는 사실을 알았다. 나는 눈길을 돌렸다. 시계를 확인했다. 만난 지 5분이 지났는데 아직 대화를 나눠보지도 못한 상태였다.

나는 다시 엘리엇을 흘긋 바라보았다. 그의 신발을 보니 절로 웃음이 나왔다. 나의 예측이 맞았다. USC에서는 동아리에 가입할 때 대개 스타일이 비슷한 사람들끼리 모였다. 서로의 모습이 비슷할수록 친분을 쌓기 쉬웠다. 그래서 나는 아침에 엘리엇이 어떤 차림일지 잠시 생각한 후 청바지에 녹색 브이넥 셔츠를 걸치고 갈색 톰스TOMS 신발을 신었다. 톰스의 창립자가 서밋 행사에 참석했다는 글을 읽었기 때문이다. 엘리엇은 회색 청바지에 청색 브이넥 셔츠 그리고 회색 톰스 신발 차림이었다. 하지만 그는 고개를 숙이고 휴대폰 화면을 바라보고 있어서 내가 어떤 차림인지 알기 힘들 것 같았다.

"아직 재학 중이지?" 그는 고개를 들지 않은 채 물었다.

"네. 2학년이에요."

"학교 그만둘 거야?"

"네?"

"학교 그만둘 거냐고."

할머니의 얼굴이 머릿속에 떠올랐다.

'주네 만.'

"아뇨." 나도 모르게 대답이 튀어나왔다.

"안 그만둘 거예요."

엘리엇은 가볍게 웃었다.

"알았어. 어떻게 될지 보자."

나는 주제를 바꿨다.

"당신은 사람들을 끌어모아서 서밋 행사를 위한 동력을 확보하는 일을 정말 잘하는 것 같아요. 그 비결이 궁금해요. 그래서 내가 묻고 싶은 단 하나의 질문은….'"

"하나만 묻지 않아도 돼."

"알았어요. 그럼 첫 번째 질문은 그렇게 강한 동력을 확보할 수 있었던 전환점은 무엇인가요?"

"전환점은 없었어." 그는 여전히 자판을 두드리며 말했다.

"모두가 작은 단계들일 뿐이지."

다른 사람에게는 좋은 답일지 몰랐다. 그러나 나는 엘리엇이 완전한 답을 해주기를 꿈꾸며 이미 몇 주를 보냈다. 겨우 한 마디의 답은 마치 나를 빨리 내쫓으려는 것처럼 느껴졌다.

"음, 알았어요. 다음 질문은."

"내가 말한 '아르타반의 별'에 대한 부분 읽었어? 책을 펴보기는 했어? 아니면 하루 전에 말해줘서는 몇 페이지라도 읽는 건 무리인가?"

"읽었어요." 나는 말했다.

"전부 다요."

엘리엇은 마침내 고개를 들더니 휴대폰을 치웠다.

"나도 그 나이 때는 그랬어." 그는 말했다.

"그렇게 의욕적으로 덤벼들었지. 이메일을 읽어 보니까 일주일 내내 조사한 것 같던데 그렇지?"

"2주 걸렸어요. 그러고도 이메일 주소를 찾느라 3시간을 더 썼어요."

"나도 그랬어."

나는 마침내 긴장을 풀었다. 그러나 그것은 실수였다. 엘리엇이 사명에 대한 질문을 퍼부으며 바로 나를 공략했기 때문이다. 질문이 너무 진지하고 빨라서 심문당하는 기분이었다. 나는 대화가 어떻게 진행되는지 모른 채 최선을 다해 대답했다. 엘리엇은 내가 화장실에 쭈그리고 있던 이야기를 듣고 웃음을 터뜨렸다.

그는 휴대폰으로 시간을 확인했다.

"저기." 그는 말했다.

"원래 30분만 이야기하려고 했어. 하지만 어쩌면… 근데 오늘 수업 있어?"

"괜찮아요. 무슨 생각이 있나요?"

"원한다면 조금 더 같이 있다가 다음 미팅도 같이 하자."

"좋아요."

"잘 됐네." 그는 말했다.

"대신 먼저 규칙을 정하자. 지금부터 말하는 5가지는 오늘에만 해당되는 게 아냐. 앞으로 평생 도움이 될 거야."

그는 나와 눈길을 맞추며 말했다.

"적어."

나는 휴대폰을 꺼내 메모장에 그가 말하는 대로 입력했다.

"규칙 1. 다른 사람과 만나는 자리에서 절대 휴대폰을 쓰지 마. 그냥 내용만 입력하는 것도 안 돼. 휴대폰을 쓰면 멍청해 보여. 항상 주머니에 펜을 갖고 다녀. 세상이 디지털화될수록 펜을 쓰는 게 더 인상적으로 보이지. 어쨌든 다른 사람과 만날 때 휴대폰을 쓰는 건 무례한 짓이야.

"규칙 2. 어떤 자리든 거기에 속한 사람처럼 행동해. 낯선 곳이라도 전에 왔었던 것처럼 들어가. 유명인이라고 해서 멍하니 쳐다보지 마. 태연하고 차분한 모습을 보여. 절대 사진을 찍어달라고 하면 안 돼. 동료로 대우받고 싶다면 그렇게 행동해야 돼. 팬은 사진을 청하고 동료는 악수를 청하지."

"규칙 3은 사진과 관련이 있어. 미스터리가 역사를 만들어. 멋진 일을 하고 있어도 그 모습을 찍어서 페이스북에 올리지 마. 실제로 세상을 바꾸는 사람은 누구도 자신이 하는 모든 일을 온라인에 올리지 않아. 네가 무슨 일을 하는지 사람들이 궁금하도록 만들어. 어차피 온라인에 사진을 올려서 좋게 보이고 싶은 사람은 애초에 좋게 보일 필요가 없는 사람이야."

"이제 규칙 4야."

그는 천천히 한 단어씩 강조하면서 말했다.

"이 규칙이 가장 중요해. 이 규칙을 어기면."

그는 손날로 목을 긋는 시늉을 했다.

"끝이야."

"나는 신뢰를 깨트린 사람은 다시 보지 않아. 절대로 약속을 어기지 마. 내가 비밀을 말하면 절대 다른 사람에게 누설하면 안 돼. 그냥 혼자만 알고 있어야 해. 이 규칙은 앞으로 모든 사람과 맺는 관계에 적용돼. 입이 무거우면 사람들의 신뢰를 얻을 수 있어. 평판은 쌓는 데 몇 년이 걸리지만 신뢰는 몇 초면 무너질 수 있어. 알겠지?"

"네."

"좋아." 그는 자리에서 일어나 나를 내려다 보았다.

"일어나."

"5가지 규칙이라고 하지 않았나요?"

"맞다. 마지막 규칙은 모험은 모험심을 가진 사람에게만 일어난다는 거야."

엘리엇은 내가 그 의미를 묻기 전에 걸음을 옮겼다. 나는 뒤를 따라갔다. 그는 내게 고개를 돌리며 말했다.

"거물들하고 놀 준비가 됐어?"

나는 고개를 끄덕였다. "그건 그렇고." 그는 나를 위아래로 훑어보며 말을 보탰다.

"신발 좋네."

———

엘리엇의 미팅이 시작되었다. 나는 무릎에 팔뚝을 얹은 자세로 강의를 들을 때보다 더 귀를 기울였다. 엘리엇은 가벼운 태도로 상대에게 농담을 던지고 기분이 어떤지 물었다. 그러다가 어느 순간 상대에게 완전히 집중하면서 어떤 열정을 품었는지, 어떤 일을 하고 있는지 물었다. 상대가 정중하게 자신에 대해 질문하자 엘리엇은 웃으며 말했다.

"저는 그렇게 흥미로운 사람이 아니에요."

그는 다시 질문을 던졌다. 사실상 만남을 갖는 시간 내내 그는 자신에 대해 거의 말하지 않았다. 그러다가 마지막 10% 정도의 시간이 남았을 때 마침내 자신의 이야기를 들려주었다.

"제가 꿈꾸는 도시는 존재하지 않아요. 그래서 직접 만들려고 합니다."

그는 유타 주 이든Eden이라는 도시에 있는 북미 최대의 개인 스키장을 사들여서 기업가, 예술가, 활동가들을 위한 작은 공동체를 만들고 있다. 상대가 막 이야기에 빠져들 무렵 엘리엇은 대화를 끝냈다.

그는 상대와 포옹한 후 떠나보냈다. 뒤이어 다른 사람이 도착했다. 두 번째 미팅도 첫 번째 미팅만큼 부드럽게 흘러갔다. 나는 엘리엇이 대화를 이끌어가는 모습에 매료되었다. 그에게서 눈을 떼고 싶지 않았지만 계속 시계를 흘긋거렸다. 1시간 안에 학교로 출발해야 했다.

두 번째 미팅이 끝난 후 엘리엇은 자리에서 일어나면서 내게도 일어나라고 손짓했다.

그는 "재미있었어?"라고 물었다.

나는 함박웃음을 지었다.

"잘 됐네." 그는 말했다.

"다음 미팅은 더 좋을 거야."

나는 문으로 향하는 그를 바짝 뒤따랐다. 내 머릿속에는 거대한 모래시계뿐이었다. 모래가 계속 흘러내리면서 기말 시험을 칠 수 있는 시간이 얼마 남지 않았음을 알렸다.

우리는 거리를 건너 웨스틴 호텔로 갔다. 이번 주에 열리는 테드 컨퍼런스의 참석자들이 주로 머무는 곳이었다. 테드 컨퍼런스는 세계적인 인사들만 모이는 자리였다. 우리는 로비에 있는 레스토랑으로 향했다. 테이블이 15개를 넘지 않는 편안한 공간이었다. 클래식 음악이 흘러나오는 가운데 작은 스푼들이 도자기 컵에 부딪히는 소리들이 간간히 들렸다.

엘리엇은 바로 직원에게 다가가 말했다.

"4명 자리 부탁해요."

안내를 받아 테이블로 가는 동안 엘리엇에게 일찍 자리를 떠야 할지도 모른다고 말해야 한다는 생각이 들었다. 바로 그때 엘리엇이 근처의 테이블에 앉은 사람과 인사했다. 나는 그 사람을 바로 알아볼 수 있었다. 자포스의 대표인 토니 셰이였다. 그가 쓴《딜리버링 해피니스》는 여전히 내 책장의 제일 위에 꽂혀 있었다.

엘리엇은 계속 걸어갔다.

"저기 저 사람 보여?" 그는 내게 속삭였다.

"구글 대표인 래리 페이지야. 왼쪽에 있는 사람은 링크드인 창립자인 리드 호프만이고. 저길 봐. 저 먼 테이블에 앉아 있는 안경 쓴 사람이 지메일을 만들었어. 오른쪽에 파란 반바지를 입은 사람은 채드야. 유튜브의 공동 창립자지."

테이블에 앉은 후 엘리엇의 손님들이 도착했다. 처음 온 사람은 세계적인 창업 지원 단체인 스타트업 위크엔드Startup Weekend를 만든 프랭크였다. 뒤이어 당시 시장 가치가 130억 달러에 이른 그루폰을 만든 브래드가 왔다. 그들은 엘리엇과 이야기를 나눴다. 식사하는 동안 엘리엇의 시선은 나를 평가하듯 계속 내 쪽으로 향했다. 내가 말을 더 하기를 원하는지 아니면 한 번 한 것도 너무 많았다고 생각하는지 종잡을 수 없었다.

식사 도중 브래드가 화장실로 갔다. 잠시 후에는 프랭크가 통화를 하기 위해 잠시 테이블을 벗어났다. 엘리엇은 내 쪽으로 몸을 돌려서 심문을 계속했다.

"돈은 어디서 구할 거야? 여행 경비는 어떻게 대고 있지?"

나는 방송에 출연해서 번 돈을 쓰고 있다고 말했다.

"뭐?"

"〈가격을 맞혀요〉라는 프로그램 아세요?"

"누구나 다 알지."

"작년에 기말 시험을 이틀 앞두고 거기서 우승하는 법을 밤새 공부했어요. 그리고 바로 다음 날 출연해서 요트를 상으로 받았죠. 그걸 팔아서 비용을 대고 있어요."

엘리엇은 포크를 내려놓았다.

"잠깐만. 지금까지 2시간이나 같이 있었는데 퀴즈 프로그램에서 우승한 상금으로 비용을 마련했다는 이야기를 이제 하는 거야?"

나는 어깨를 으쓱했다.

"바보같이!"

그는 내 쪽으로 몸을 기울여 목소리를 낮추고 또박또박 말했다.

"앞으로는 이런 자리가 생기면 무조건 그 이야기를 해. 너의 사명도 괜찮지만 그 이야기가 어떤 것보다 네가 어떤 사람인지 잘 말해줘. 주목받을 만한 이야기야."

"누구나 살면서 이런저런 경험을 해." 그는 말을 이어나갔다.

"하지만 그걸 이야기로 만드는 사람은 많지 않아."

나는 엘리엇의 말에 사로잡힌 나머지 손님들이 자리에 돌아왔다는 사실도 제대로 알아차리지 못했다.

"알렉스, 방금 한 이야기 다시 해봐." 엘리엇이 말했다.

"프로젝트 비용을 어떻게 마련했는지 말해줘."

이야기가 매끄럽게 이어지지 않았다. 하지만 더듬더듬 말했는데도 이야기가 끝날 무렵 자리의 분위기가 바뀌었다.

브래드가 내 이야기에 끼어들었다.

"그거… 대단하네."

그는 남은 시간 동안 나와 대화하면서 이야기와 조언을 들려주었다. 마지막에는 이메일 주소를 알려주며 연락하라고 말했다.

시계를 흘긋 바라보았다. 빨리 출발하지 않으면 끝장이었다. 나는 잠시 양해를 구하고 자리에서 벗어나 학장실 전화번호를 검색했다. 전화를 거는 동안 나는 내가 그토록 배움을 얻고 싶어하던 기업인들과 억만장자들의 모습을 어깨 너머로 바라보았다.

비서가 전화를 받았다. 너무나 다급한 나머지 나도 모르게 말이 튀어나왔다.

"학장님 좀 바꿔줘요."

어쩐 일인지 그녀는 내 말을 들어주었다. 내가 스필버그와 이야기하지 못하게 막았던 영화학과 학장이 아닌 경영학과 학장이 전화를 받았다.

"저는 알렉스 바나얀입니다. 지금 상황을 설명드려야 할 것 같아요. 바로 제 주위에….."

뒤이어 나는 근처에 있는 모든 사람의 이름을 댔다.

"이런 기회가 얼마나 드문지 굳이 말씀드리지 않아도 아실 거예요. 한 시간 후에 회계학 기말 시험이 있는데 제시간에 도착하려면 지금 이 자리를 떠나야 해요. 어떻게 해야 할지 모르겠습니다. 학장님이 결정해주셔야 할 것 같아요. 30초 안에 말씀해 주세요."

학장은 말이 없었다. 30초가 지난 후 아직 거기 계신지 물었다.

"나한테 들었다고 하면 안 돼." 학장은 말했다.

"내일 아침에 교수님한테 샌프란시스코에서 LA로 가는 비행기가 지연되어서 어쩔 수 없이 기말 시험을 못 봤다고 이메일을 보내."

딸깍. 학장은 전화를 끊었다.

자리로 돌아가 보니 식사는 여전히 계속되고 있었다. 테이블에 갈수록 활기가 넘쳐났다. 브래드는 시카고에 있는 그루폰 본사로 나를 초대했다. 잠시 후 리드 호프만이 우리 자리에 들렀다. 시간이 흘러 두 손님이 떠났다. 나는 자리에 앉아 주위를 둘러보며 상황을 받아들였다.

"어이, 거물 친구." 엘리엇이 속삭였다.

"기술업계 실력자들을 인터뷰하고 싶지? 저기 10m 거리에 구글 대표가 있네. 지금이 기회야. 가서 말을 걸어봐. 어디 실력이 어떤지 한 번 보자."

순간 당혹감이 나를 덮쳤다.

"원한다면." 엘리엇은 말했다.

"대상이 저기 있어."

"대개 인터뷰를 요청하기 전에 몇 주 동안 준비해요. 저 사람에 대해 아는 게 없어요. 지금 하는 건 안 좋은 것 같아요."

"해." 엘리엇은 움찔이의 냄새를 맡은 듯했다.

"용기를 내." 그는 계속해서 부추겼다.

"얼마나 잘하는지 보여줘."

나는 움직이지 않았다.

"해보라니까."

그는 마약 딜러처럼 말했다. 말을 할 때마다 그의 어깨가 계속 올라가고 가슴이 넓어졌다. 마치 내가 느끼는 불편을 연료로 삼는 듯했다. 그는 표범 같은 눈으로 나를 꿰뚫어보았다.

"눈앞에 기회가 찾아오면." 엘리엇은 말했다.

"달려들어."

래리 페이지가 의자를 뒤로 밀었다. 다리에 힘이 들어가지 않았다. 페이지가 걸어가기 시작했다. 나는 자리에서 일어나 그를 뒤따라 레스토랑 밖으로 나가서 계단을 내려갔다. 그는 화장실로 들어갔다. 민망했다.

'또 화장실이군….'

화장실 안으로 들어가니 6개의 소변기가 있었다. 래리 페이지는 제일 끝 소변기 앞에 있었다. 나머지 5개는 비어 있었다. 나는 아무 생각 없이 제일 먼 소변기를 골랐다. 소변기 앞에 서서 적당한 말을 생각해내려 애썼다. 그러나 머릿속에는 엘리엇의 목소리밖에 들리지 않았다.

"눈앞에 기회가 찾아오면 달려들어."

페이지는 손을 씻으려고 세면대 쪽으로 향했다. 나는 뒤따라가 다시 가장 먼 세면대 앞에 섰다. 실패할지 모른다고 생각할수록 실제로 더 많이 실패했다.

페이지는 손을 말리고 있었다. 무슨 말이든 해야 했다.

"저기, 래리 페이지 씨죠?"

"네."

머릿속이 하얘졌다. 페이지는 의아하게 나를 바라보더니 밖으로 나갔다. 그걸로 끝이었다.

나는 발을 질질 끌며 엘리엇이 기다리고 있는 테이블로 돌아갔다. 그리고 자리에 털썩 주저앉았다.

"어떻게 됐어?" 그가 물었다.

"어… 그게…"

"아직 배울 게 많군."

모험은 모험심을 가진 사람에게만 일어난다

빌 게이츠의 비서실장은 내게 출판 계약이 필요하다고 말했다. 그래서 나는 출판 계약을 따내는 일에 나섰다. 구글을 통해 기본적인 내용은 금세 파악할 수 있었다. 먼저 제안서를 써서 출판사를 찾아줄 에이전트를 끌어들여야 했다. 내가 읽은 모든 블로그 포스트는 에이전트가 없으면 대형 출판사와 계약할 수 없다고 강조했다. 즉, 에이전트를 구하지 못하면 빌 게이츠와 만날 수 없다.

나는《출판 제안서 쓰는 법 How to Write a Book Proposal》,《베스트셀러 출판 제안서 Bestselling Book Proposals》,《빈틈없는 출판 제안서 Bulletproof Book Proposals》등 출판과 관련된 책을 사서 책상 위에 높이 쌓았다. 그 다음 하나씩 훑어보며 팀 페리스의 이메일 서식에 따라 베스트셀러 저자들에게 조언을 구하는 이메일을 썼다. 놀랍게도 답장이 쇄도했다. 그들은 이메일로 나의 질문에 답해주었고, 전화로 이야기를 해주었으며, 일부는 직접 만나주기까지 했다. 너무나 친절한 그들의 태도는 나를 놀라게 만들었다. 그들은 내가 어떤 난관에 처했는지 알려주었다. 나는 어렸고, 무명이었고, 아무 경험이 없었으며, 성공한 저자들도 계약을 맺기 어려울 만큼 상황이 어려운 가운데 출판 시장에 들어서려 하고 있었다.

이런 이유로 내가 연락한 저술가들은 제안서를 쓸 때나 에이전트에게 말할 때 마케팅 아이디어에 집중하는 것이 대단히 중요하다고 강조했다. 그들은 모든 팩트와 통계를 동원하여 내 책이 팔릴 것임을 증명해야 한다고 말했다. 그렇지 않다면 에이전트가 시간을 낭비할 이유가 없으니 말이다. 우선 어느 에이전트에게 접근할 것인지 정해야 했다.

한 저술가가 내게 그 방법을 알려줬다. 그는 내가 쓰고 싶은 책과 비슷한 책을 20권 사서 감사의 글을 보고 저자가 고마움을 전한 에이전트들의 명단을 만들라고 말했다. 나는 몇 주 동안 다른 저술가들을 도와주는 에이전트들의 명단을 만들어서 어느 에이전트가 가장 좋을지 판단했다.

어느 날 밤, 창고 사무실에 있던 나는 종이 한 장을 꺼내고 두꺼운 검은색 마커의 뚜껑을 벗긴 다음 상단에 이렇게 썼다.

'에이전트가 없으면 빌 게이츠도 없다.'

나는 가장 마음에 드는 사람부터 시작하여 한 명씩 에이전트의 이름을 적고 그 명단을 벽에 붙였다. 그 다음 제안서를 완성한 후 한 번에 두어 명씩 연락을 했다. 2학년이 끝나고 여름이 시작될 무렵 답신이 오기 시작했다.

한 에이전트는 내게 "이런 책은 팔리지 않아요."라고 말했다. 나는 그 에이전트의 이름에 줄을 그었다. 다른 에이전트는 "저희 에이전시와는 맞지 않는 것 같습니다."라고 말했다. 그 에이전트의 이름에도 줄을 그었다.

"클라이언트를 더 둘 생각은 없습니다."

매번 거절당할 때마다 더 마음이 아팠다. 어느 날 내가 무엇을 잘못했는지 고민하던 차에 책상에 둔 휴대폰이 울렸다. 엘리엇이 문자를 보냈다는 알림이었다. 그의 이름을 보자마자 바로 휴대폰을 집어들었다.

LA에 있어… 잠깐 보자.

휴식이 간절하던 나는 바로 산타모니카에 있는 엘리엇의 아파트로 갔다. 도착해 보니 그는 24살 난 동생, 오스틴과 함께 각자 노트북을 들고 소파에 앉아 있었다.

나는 "안녕하세요!"라고 인사했다.

엘리엇은 무덤덤한 눈길로 들뜬 나의 마음을 순식간에 가라앉혔다. 그는 다시 노트북으로 시선을 돌렸다.

그는 "오늘 밤에 유럽으로 가."라고 말했다.

"좋겠네요. 몇 시에 가요?"

"아직 몰라. 방금 결정했어. 비행기표를 찾는 중이야."

'어떻게 이런 방식으로 살지?'

우리 부모님은 여행을 가게 되면 6개월 전에 미리 계획했다. 여행을 갈 때도 아버지는 여권 사본, 비상 연락처, 일정표 사본이 든 두꺼운 봉투를 나눠 주었다.

"같이 가자." 엘리엇이 말했다.

농담이라고 생각했다.

"이번 주말에 무슨 중요한 계획 있어?"

"없어요."

"잘됐네. 같이 가자."

"정말요?"

"그럼. 지금 비행기표 예약해."

"부모님이 허락 안 할 거예요."

"넌 19살이야. 허락을 왜 받아?"

물론, 엘리엇이 우리 엄마를 만난 적이 없으니 하는 말이었다.

"올 거야?" 엘리엇이 나를 압박했다.

"못 가요. 오늘 밤에⋯ 가족들하고 할 일이 있어요."

"알았어. 내일 아침 비행기로 와. 거기서 만나자."

나는 아무 대답도 하지 않았다.

"올 거야?" 그가 다시 물었다.

"〈가격을 맞혀요〉에서 받은 상금을 거의 다 썼어요. 비행기표와 호텔을 예약할 돈이 없어요."

"비행기표만 구하면 나머지는 내가 다 낼게."

더 이상 핑계거리가 없었다.

"좋아." 그가 말했다.

"같이 가는 거야."

아직 마음을 정하지 못했지만 가능성을 차단하고 싶지 않았다. 그래서 나는 그냥 고개를 끄덕였다.

"됐어. 내일 아침 비행기로 와서 런던에서 만나자."

"형을 어떻게 찾아요?"

"도착하면 문자 보내. 주소를 보내줄게. 쉬워. 공항에서 튜브Tube 를 타고 내가 알려준 역에서 내리면 돼."

"튜브가 뭐예요?"

엘리엇이 나를 비웃었다. 그는 오스틴에게 이렇게 말했다.

"런던에서 만나자고 해놓고 수수께끼로 지금 암스테르담에 있다고 알려주는 메모를 남겨두면 정말 웃기겠다. 암스테르담으로 오면 베를린에 있다고 알리고, 그렇게 계속 다른 도시를 돌아다니게 만드는 거야!"

나의 얼굴이 붉어졌다.

"농담이야, 농담." 엘리엇이 말했다.

두 형제는 서로를 보며 폭소를 터트렸다.

나는 안식일 만찬이 열릴 할머니의 집으로 향했다. 차분한 가족 모임과는 거리가 먼 행사였다. 30명의 사촌, 삼촌, 고모가 식탁에 둘러앉아서 서로를 향해 목청껏 소리 지르기 일쑤였다. 그 자리에서 엄마에게 유럽에 간다는 말은 아예 하지 않는 게 좋았다.

식사가 끝났다. 나는 엄마에게 잠깐 작은 방에서 이야기를 하자고 말했다. 나는 문을 닫은 후 엄마에게 엘리엇이라는 형을 알게 되었고, 그 형에게 많은 것을 배우고 싶으며, 첫 만남이 어땠는지 이야기했다.

엄마는 "잘된 일이네."라고 말했다.

뒤이어 나는 내일 런던에서 그를 만나기로 했다고 말했다.

"그게 무슨 말이야? 놀리지 마라. 그 사람이 어떤 사람인지도 모르잖아."

"알아요. 일반인이 아니라 기업계에서 아주 유명한 사람이에요."

엄마는 휴대폰으로 엘리엇을 검색했다. 나는 유명인이라고 말한 게 좋은 생각이 아니었음을 바로 깨달았다.

"이 사진들은 뭐니?"

"그게…."

"집은 어디야? 왜 웹사이트에 무슨 일을 하는지 안 나와?"

"엄마, 몰라서 그래요. 미스터리가 역사를 만드는 거예요."

"미스터리가 역사를 만들어? 미쳤니? 런던까지 갔는데 미스터 미스터리가 거기 없으면 어떡할래? 어디서 잘 거야?"

"도착하면 문자를 보내준다고 했어요."

"도착하면 문자를 보내줘? 정말 미쳤구나! 이런 일로 괜히 기운 빼고 싶지 않다. 가지 마."

"엄마, 저도 생각을 많이 해봤어요. 최악의 경우라고 해봐야 그 사람이 나를 버리는 거예요. 그러면 그냥 다시 돌아오면 돼요. 상금만 낭비한 걸로 끝이라고요. 하지만 최선의 경우에는 그 사람이 저의 멘토가 될 수도 있어요."

"아냐. 최악의 경우는 그 사람이 널 버리지 않는 거야. 같이 있을 때 그 사람이 어떤 행동을 하게 만들지, 어디로 널 데려갈지, 어떤 사람들과 어울리는지 모르잖아."

"엄마, 제 말 좀 들어봐요."

"네가 내 말을 들어! 네 모습을 봐. 어떤 사람을 만났는데 다음 날 런던에서 보자고 했어. 그런데 알았다고 대답해? 우리가 네게 가르친 게 하나도 없니? 상식이 없어? 그 사람이 왜 한 도시에 머물지 않는지 생각이라도 해봤니? 왜 몇 시간 전에 비행기표를 살 것 같니? 무슨 일 때문에 도망치는 것 아냐? 도대체 19살짜리를 데리고 가서 뭘 하겠다는 거야? 속셈이 뭐냐고!"

딱히 대꾸할 말이 떠오르지 않았다. 그러나 내 안의 뭔가가 그래도 상관없다고 말했다.

"엄마, 내가 딴 상금이에요. 내가 내린 결정이고요. 갈 거예요."

엄마의 얼굴이 붉어졌다.

"아침에 다시 이야기하자."

그날 밤, 침실 벽을 통해서 엄마가 울며 할머니에게 전화로 하소연하는 소리가 들렸다.

"도대체 어떻게 해야 할지 모르겠어요." 엄마가 말했다.

"통제가 안 돼요."

다음 날 아침 주방에서 엄마를 만났다. 나는 엄마에게 노트북을 보여주며 런던에 가려면 2시간 안에 비행기표를 사야 한다고 말했다. 시간 압박도 엄마를 설득하지 못했다.

전날 저녁에 했던 이야기가 되풀이되었다. 페르시아계 가족의 경우 흔히 그렇듯이 우리 두 사람의 대화는 곧 서커스로 변했다. 누나와 여동생이 잠옷 차림으로 나타나 즉각 양쪽을 변호하며 서로 고함을 질러댔다. 어리둥절한 얼굴로 등장한 아버지도 목소리를 높이기 시작했다.

"엘리엇이 누구야? 누구냐고!"

그때 초인종이 울리더니 할머니가 오이를 담은 플라스틱 통을 들고 들어와 결정을 내렸는지 물었다. 예약 마감 시간이 15분밖에 남지 않았는데도 엄마는 꿈쩍하지 않았다. 나는 엄마를 많이 사랑하지만 이 일은 스스로 결정해야겠다고 말했다.

엄마가 무슨 말을 하려는 순간 할머니가 끼어들었다.

"그만 됐다." 할머니가 말했다.

"착한 아이야. 보내줘."

주방이 조용해졌다. 엄마는 내 노트북으로 손을 뻗었다. 화면을 보니 엄마는 비행기표를 대신 예약하고 있었다.

감당하기 힘든 일을 시도하라

: 하루 뒤, 런던의 한 루프톱

이런 곳이 실제로 있을 줄은 꿈에도 몰랐다. 수십 아니 수백 명의 늘씬한 미녀들이 비키니 차림으로 주위를 돌아다녔다. 아름다운 몸의 곡선은 동아리 파티에도 끼지 못하는 대학생의 마음을 녹아내리게 만들었다. 그들은 수영장과 데크에서 어깨를 부비며 여름의 밝은 햇빛을 즐겼다. 들리는 소리라고는 웃음소리와 물 첨벙이는 소리 그리고 샴페인 병을 따는 소리뿐이었다. 엘리엇은 내 오른쪽에 있는 풀 체어에 기대어 있었다. 막 수영장에서 나온 터라 머리카락에서 물방울이 뚝뚝 떨어졌다. 오스틴은 그 옆에 앉아 기타줄을 훑어내렸다.

"그러니까." 나는 엘리엇에게 말했다.

"기업가가 된다는 게 이런 거예요?"

"전혀 아냐." 엘리엇이 대답했다.

그는 대학에 입학할 때만 해도 '기업가'라는 말이 무슨 뜻인지 전혀 몰랐다고 말했다. 그 개념을 처음 이해한 것은 대학 1학년 때였다. 당시 그는 기숙사 복도를 걸어가다가 친구 방의 문틈으로 김이 새어나오는 것을 보았다. 안으로 들어간 그는 친구가 기숙사 방을 임시로 설치된 티셔츠 공장으로 바꿔놓은 것을 목격했다.

엘리엇은 "뭐하는 거야?"라고 물었다.

친구는 스크린 인쇄하는 법을 설명했다.

"멋지네." 엘리엇은 말했다.

"누구 밑에서 일하는 건데?"

"누구 밑에서 일하는 거 아냐."

"그게 무슨 뜻이야? 널 고용한 회사가 어디야?"

"회사에 고용된 것도 아냐."

"그럼 돈은 누가 주는데?"

"나한테 티셔츠를 사는 사람들이 주지."

"이해가 안 돼. 회사에 취직한 게 아니라고? 그럼 어떻게…."

"야, 그게 바로 사업이라는 거야. 너도 할 수 있어."

그 사업이라는 게 실은 간단해 보였다. 티셔츠를 만들어서 20달러에 팔기만 하면 되었다. 게다가 상사도 없었다. 엘리엇에게는 꿈같은 일이었다. 딱히 다른 아이디어가 없었기 때문에 엘리엇도 그냥 티셔츠를 만들어야겠다고 생각했다.

그는 친구에게 동업을 제안했다. 그러나 둘은 상자 가득 팔리지 않은 티셔츠만 끌어안은 채 사업을 포기했다. 이듬해 그들은 캠퍼스 주위의 매장들을 위한 마케팅 컨설팅 회사를 만들었다. 그리고 9달 동안 모든 매장에 가서 홍보를 했지만 누구도 컨설팅을 요청하지 않았다.

여름방학 동안 워싱턴 DC에 있는 집으로 돌아간 엘리엇은 아버지가 지역 부동산에 관한 이메일 소식지를 만들었다는 사실을 알게 되었다. 그는 '이 소식지에 들어갈 광고를 팔면 어떨까?'라고 생각했다. 처음에 그의 아버지는 하지 말라고 말렸다. 당시 엘리엇은 두 번이나 사업에 실패한 대학생일 뿐이었다. 그러나 설득 끝에 아버지의 동의를 얻어서 다시 사업에 나설 수 있었다. 그는 지역 신문의 부동산란에 광고를 실은 회사들 중에서 처음 눈에 들어온 회사에 전화를 걸었다.

"안녕하세요. 광고 건으로 연락드렸습니다. 어느 분하고 이야기하면 될까요?"

"죄송하지만 관심 없어요." 딸깍.

엘리엇은 다음 회사에 전화를 걸었다.

"안녕하세요. 광고 담당자가 누구죠?"

"마케팅 이사님인데요."

"그래요. 잠시 통화 좀 할 수 있을까요?"

"죄송하지만 관심 없어요." 딸깍.

엘리엇은 다른 회사에 전화를 걸었다.

"안녕하세요. 마케팅 이사가 누구시죠?"

"스미스 씨인데요."

"잠시 통화 좀 할 수 있을까요?"

"안돼요." 딸깍.

엘리엇은 다시 통화를 시도한다는 메모를 했다.

일주일 후 그는 같은 회사에 전화를 걸어서 최대한 전문가 같은 목소리로 말했다.

"안녕하세요. 스미스 이사님 부탁드립니다."

"잠시만요." 곧 전화가 연결되었다.

3주 동안 이런 식으로 전화를 건 끝에 엘리엇은 마침내 대형 부동산 회사인 존스 랭 라살Jones Lang LaSalle의 워싱턴 DC 지점에서 첫 영업 미팅을 갖게 되었다. 그는 3가지 가격 옵션을 제시하되 첫 번째 옵션은 너무 비싸게, 세 번째 옵션은 매력이 없게 설정하면 사람들이 대개 가운데 옵션을 선택한다는 말을 들은 적이 있었다. 그래서 골드, 실버, 브론즈 패키지를 만들고, 실버 패키지의 경우 10회 게재에 6000달러로 설정했다. 체계적인 근거는 없었다. 그냥 그 정도면 적당해 보였다.

엘리엇은 미팅 장소로 가서 조건을 제시했다. 물론 상대방은 실버 패키지를 선택했다. 문제는 이제부터 뭘 해야 할지 모른다는 것이었다.

"감사합니다." 엘리엇은 전문가 흉내를 내며 말했다.

"그럼 이제부터 저희가 어떻게 해드리면 되겠습니까? 새 고객으로서 바라는 게 있나요?"

"뭐, 대개 그쪽에서 광고 게재 신청서를 보내줍니다만."

엘리엇은 "당연하죠."라고 말했다. 그는 '광고 게재 신청서'라고 노트에 적은 다음 집에 와서 구글로 검색했다. 엘리엇은 여름 내내 전화를 돌려서 3만 달러어치의 광고를 유치했다. 그의 몫은 20%인 6000달러였다. 학교로 돌아온 후에도 그는 매일 아침 5시에 일어나 광고를 유치했다. 덕분에 순전히 경험을 통해 영업 전화의 전문가가 되었다. 광고 수주 금액도 2만 달러, 5만 달러에서 수십만 달러로 늘어났다. 그는 학교를 연이어 휴학하다가 결국에는 자퇴했다. 비스노우 미디어라는 회사를 만들고 사업을 시작한 초기에 광고 수주 금액은 백만 달러에 이르렀다.

"어려울 거 없어." 엘리엇은 풀 체어에서 몸을 일으키며 말했다.

"비즈니스 도서에 나오는 것처럼 복잡하지도 않아. 그렇지?"

나는 고개를 끄덕인 후 모르는 사람에게 전화를 걸 때 너무 긴장해서 할 말을 잊어버리는 경우가 많다고 고백했다.

"생각이 많아서 그래." 그는 말했다.

"친구에게 건다고 생각하고 바로 번호를 눌러서 말을 시작해. 긴장을 이기는 최선의 방법은 즉시 실행하는 거야."

즉시 실행은 엘리엇이 살아가는 방식의 핵심이었다. 엘리엇이 첫 광고를 유치한 지 10년 만에 그와 그의 아버지는 현금 5000만 달러에 비스노우 미디어를 사모펀드에 매각했다.

"그런데요." 나는 손으로 태양을 가리며 엘리엇에게 말했다.

"매일 영업 전화를 하는데 서밋을 시작할 시간을 어떻게 만들었어요?"

그는 "그건 부가 프로젝트로 시작한 거야."라고 말했다.

대학을 중퇴한 엘리엇은 기업계에서 나이가 비슷한 사람을 아무도 몰랐다. 그는 새 친구를 사귈 뿐 아니라 배울 게 있는 사람들과 인맥을 만들고 싶었다. 그래서 잡지에서 이름을 접한 젊은 기업가들에게 전화를 걸어서 "우리끼리 뭉쳐서 주말을 같이 보내면 어떨까요?"라고 물었다.

그렇게 해서 칼리지휴머CollegeHumor, 톰스 슈즈, 스릴리스트Thrillist의 창업자를 비롯한 10여 명의 기업가들이 모였다. 그들은 엘리엇이 대는 비용으로 주말 동안 스키 여행을 떠났다. 엘리엇은 비행기표 값까지 댔다. 물론 엘리엇에게는 사실 그만한 현금이 없었다. 그래서 일단 3만 달러를 신용카드로 결제하고 월말까지 시간을 벌었다.

뒤이어 그는 자신이 가장 잘하는 일을 했다. 즉, 여러 회사에 무작정 전화를 걸어서 20명의 젊은 기업가들이 모이는 컨퍼런스를 후원할 생각이 있는지 물었다. 그들은 그러겠다고 대답했다.

"엄마가 별장 예약을 도와줬고, 나는 차를 몇 대 렌트했지. 거기 도착한 후에는 저절로 모임이 굴러갔어." 엘리엇은 말했다.

"엄마한테 '뭘 대접해야 해? 사과나 그라놀라 바 같은 걸 줘야 해? 어떤 그라놀라 바를 줘? 그라놀라 바는 어떻게 구해?'라고 물었지. 뭘 해야 하는지 전혀 몰랐어. 이후로는 하나의 모토대로 살아가고 있어. '감당하기 힘든 일을 시도하라'는 모토지. 감당하는 방법은 나중에 알아내면 돼."

그는 아이폰을 꺼내 날씨 앱을 열더니 유럽 주요 도시의 날씨를 확인했다.

"파리는 33도네. 안 되겠다. 베를린은 31도네? 여기도 안 되고. 마드리드는 29도. 그래도 더워." 엘리엇은 의자에 기대어 턱을 높이 든 채 올림푸스 산의 제우스처럼 여러 도시들을 훑었다.

"이거다." 그는 말했다.

"바르셀로나: 22도에 화창한 날씨."

그는 다른 앱을 열어서 3명분의 비행기표를 샀다. 잠시 후 우리는 문을 나섰다.

사업은 이렇게 하는 거야

: 8시간 후, 바르셀로나의 나이트클럽

시끄러운 음악소리가 울리는 가운데 7명의 웨이트리스가 한 손에 폭죽, 다른 한 손에 커다란 보드카 병을 들고 우리 앞을 행진했다. 우리 일행은 6명인데 보드카는 7병이었다. 엘리엇은 누가 잔을 건넬 때마다 웃으며 "건배"라고 외쳤다. 그러면 모두가 잔을 비웠고, 엘리엇은 왼쪽에 있는 화분에 술을 부었다.

비행기가 바르셀로나에 착륙한 것은 3시간 전이었다. 엘리엇은 호텔 로비에서 알고 지내던 페루의 미디어 재벌과 우연히 마주쳤다. 그 재벌은 나이트클럽에서 열릴 파티에 우리를 초대했다. 그가 앉은 자리에 도착했을 때 엘리엇은 나를 그의 옆에 앉히고 〈가격을 맞혀요〉 이야기를 해주라고 말했다. 내가 이야기하는 동안 그의 눈길은 다른 곳으로 향했다. 그러자 엘리엇이 끼어들어서 이야기를 이끌었다. 그는 내가 잊었던 웃기는 부분들을 집어넣었다.

이야기가 끝나자 모두가 웃음을 터트렸다. 미디어 재벌은 내게 이메일 주소를 물으며 연락하라고 말했다. 뒤이어 엘리엇은 같은 테이블에 앉은 다른 사람을 가리키며 "알렉스, 저 사람한테도 해줘."라고 말했다. 나는 시키는 대로 했다. 이야기가 끝난 후 엘리엇은 다시 다른 사람을 가리켰다.

"이제 저 사람한테 해줘."

그는 계속 사람들을 가리켰다.

"다시 해 봐. 다시 해 봐."

나중에는 모르는 사람들도 가리키기 시작했다. 상황이 불편할수록 실력이 나아졌다. 이야기를 반복할 때마다 움찔이가 움츠러들었다. 나중에는 거의 그 존재를 느낄 수도 없었다.

"네가 몰랐던 부분이 바로 이거야." 엘리엇은 내게 말했다.

"네가 게임 프로그램에 나가서 사람들이 그 이야기를 좋아한다고 생각했을 거야. 하지만 중요한 건 이야기의 내용이 아니라 이야기를 하는 방식이야."

새벽 2시가 되었다. 나는 엘리엇이 우리 자리에서 다른 사람들과 어울리는 모습을 보았다. 경영학 수업에서는 모르는 사람과 처음 만날 때 격식을 차리라고 가르쳤다. 명함을 교환하고 문자가 아니라 이메일을 보내라는 식이었다. 그런데 엘리엇은 정반대로 행동했다.

그는 자신이 그런 능력을 타고난 것이 아니라고 말했다. 엘리엇은 나와 함께 발코니로 나가면서 어린 시절에는 친구가 별로 없었다고 말했다. 그는 키가 작고 뚱뚱했으며, 학교에 다닐 때 자신이 투명인간 같다고 느꼈다. 못된 아이들은 그를 '난쟁이'라고 불렀다. 또한 그의 성을 비스노우bis-now가 아닌 빅 노즈big-nose라고 발음했다. 그가 안전하다고 느낀 유일한 곳은 테니스장이었다. 그래서 2학년 때 고등학교를 중퇴하고 테니스 아카데미에 들어가기로 결심했다. 대학에 들어가서도 사교 생활은 크게 나아지지 않았다. 대부분의 사람들은 그와 어울리거나 그를 파티에 초대하지 않았다. 겨우 여자친구를 만들었지만 곧 헤어지고 말았다. 엘리엇이 매일 같이 일찍 일어나 모르는 곳에 전화를 하는 걸 여자친구가 이상하게 여겼기 때문이었다. 대학을 그만둔 후에도 사람들과 잘 어울리지 못하는 성격은 그대로 남았다. 인맥 쌓기 행사를 너무 많이 다닌 나머지 신발상자에 명함을 보관해야 할 정도였다. 그러다가 어느 날 저녁, 한 가지 교훈을 얻었다.

엘리엇은 정장을 걸치고 광고주를 만나기 위해 스테이크 식당으로 갔다. 처음 사무실 밖에서 사람을 만나는 것이라 잔뜩 긴장한 상태였다. 광고주는 인사를 하는 그의 모습을 보더니 고개를 흔들었다.

"양복은 벗게. 넥타이도 풀고. 소매를 걷어올려. 일단 앉자고."

엘리엇은 구석에 있는 테이블을 예약했다. 하지만 광고주는 거기 앉지 않겠다며 바bar로 그를 이끌었다.

"여기 치즈 프라이 2인분하고 맥주요."

엘리엇이 말했다.

"오늘 비즈니스 미팅인 줄 알았는데요."

"긴장할 필요 없네. 우선 자네 자신에 대해 말해봐."

두 사람은 이야기를 나누며 서로에게 농담을 던졌다. 알고 보니 두 사람은 공통점이 많았다. 1시간 동안 서로를 알게 된 후 광고주는 맥주를 내려놓으며 말했다.

"좋아. 조건이 뭐지?"

엘리엇은 말했다.

"이런 조건이 있고, 저런 조건이 있어요. 금액은 이렇습니다."

"이 금액으로 이렇게 하고 싶네. 괜찮나?"

"조건을 조금 바꿀 수 있을까요?"

"그럼." 광고주는 말했다.

"이렇게 하면 될까?"

"좋아요."

두 사람은 악수를 나누고 1만 6000달러짜리 계약을 맺었다. 그들은 1시간 동안 더 어울렸다. 자리에서 일어날 때 광고주는 엘리엇을 보며 말했다.

"젊은 친구, 사업은 이렇게 하는 거야."

————

엘리엇과 나는 나이트클럽에서 나와 호텔로 향했다.

"정말 올 줄 몰랐어." 엘리엇은 복도를 걸어가며 내게 말했다.

"네?"

"유럽에 같이 가자고 했을 때 망설였잖아. 그런데 와서 놀랐다고. 왜 마음을 바꿨어?"

"논리적으로 생각해 봤어요." 나는 말했다.

"최선의 경우는 형한테 많은 걸 배우는 거였어요. 최악의 경우는 돈을 조금 잃는 것이었죠. 물론 속이 쓰리겠지만 그래도 인생은 계속되는 거잖아요. 안 그래요?"

엘리엇은 걸음을 멈추고 말없이 나를 바라보더니 다시 발길을 옮겼다. 곧 오스틴까지 방으로 돌아왔다. 우리는 잠자리에 들 준비를 했다. 엘리엇과 오스틴이 각각 침대에서 자고 나는 욕실 싱크대 옆에 펼친 간이침대에서 잤다. 나는 불을 껐다. 잠시 후 엘리엇이 속삭이는 소리가 들렸다.

"알렉스, 자?"

피곤해서 이야기를 할 기분이 아니었다. 그래서 가만히 있었다. 30초 후 그가 오스틴에게 속삭이는 소리가 들렸다.

"오스틴?" 엘리엇은 어둠 속에서 들리는 웃음과 함께 말했다.

침대 시트가 부스럭거렸다.

"쟤 이제 우리 식구야."

7장

인생은 단 한 번뿐이다

"It hit me that you never
know when your life will be
over," Miki said that after
that realization she quit
her job and chased every
interest she had.

"인생이 어떻게 끝날지 알 수 없다는 걸 깨달았어."
미키는 깨달음 이후 직장을 그만두고
하고 싶은 일을 모조리 했다고 말했다.

미키 아그라왈, 전 세계 1위 기능성 팬티 브랜드 〈띵스〉 CEO

"햄튼스Hamptons 이야기를 해줘." 오스틴이 엘리엇을 부추겼다. 우리는 바르셀로나 람블라Rambla 거리에 있는 노천 카페에서 점심을 먹고 있었다. 놀랍게도 아주 좋은 휴식을 취한 기분이 들었다. 엘리엇이 고집을 부려서 우리는 모두 8시간 동안 자고, 아침에 요가를 하고, 두어 시간 일을 한 다음에야 호텔을 나섰다. 엘리엇은 술, 담배를 하지 않았고, 거리를 걸어가는 동안 전화로 회의를 했다. 그의 삶은 겉으로 보기보다 훨씬 균형이 잘 잡혀 있었다.

"아, 햄튼스 이야기?" 엘리엇은 말했다.

"알렉스, 이 이야기 마음에 들 거야."

엘리엇은 대학을 그만둔 지 1년 후 햄튼스에서 테니스대회 단식이 열린다는 이야기를 들었다. 다만 엘리엇 같은 일반인이 참가하려면 4000달러를 자선단체에 기부해야 했다. 그는 워싱턴 DC에 있는 부자 지인과 개인 비행기로 같이 거기에 가고 싶었다.

"돈이 많지 않았지만." 엘리엇은 말했다.

"기부를 하고 테니스대회 단식에 나가기로 마음먹었어. 그러면 큰물에서 놀 수 있으니까. 개인 비행기를 타고 햄튼스에 가서 토너먼트에 참가하면 다들 나를 대단하게 여길 거 아냐. 거기서부터 시작하는 거지."

토너먼트가 열리는 사흘 동안 사람들은 그에게 주말까지 뭘 할 건지 물었다. 그는 햄튼스에 머물려고 했는데(사실 그럴 계획은 없었

다) 잘 곳이 마땅치 않다고 말했다. 당연히 상대는 자기 집에서 며
칠 자고 가라고 권했다.

그러면 엘리엇은 순진한 척 이렇게 대답했다.

"그럼 정말 좋죠! 너무 친절하시네요. 감사합니다."

여행 말미에는 어떤 사람이 엘리엇에게 애스턴 마틴을 빌려줬
다. 엘리엇은 애스턴 마틴을 타고 돌아다녔고, 고급 주택에서 잠을
잤으며, 구단주와 함께 양키스의 경기를 시청했다.

"백팩을 메고 부자 동네를 여행하는 기분이었어." 엘리엇은 내
게 말했다.

"그 속까지 깊이 들어갔지. 햄튼스 여행은 3주짜리 모험이 됐어."

그는 토너먼트에서 골드만 삭스의 임원을 만났다. 그 임원은 회
사가 2회 서밋 행사를 후원하도록 힘써 보겠다고 말했다. 엘리엇
은 행사 웹사이트의 후원 기업 페이지에 골드만 삭스의 로고를 넣
을 수 있다면 현금을 지원하지 않아도 된다고 말했다. 뒤이어 그
는 다른 회사들을 접촉하여 이렇게 말했다.

"빨리 결정하지 않으면 후원 기업 명단에 이름을 올리지 못할
수도 있어요. 저희는 아주 소수의 기업에게 후원을 받는데 얼마
전에 골드만 삭스가 후원하기로 했어요. 그러니 의향이 있다면 진
지하게 고려해 주세요. 저희는 최고의 기업하고만 협력합니다."

이는 빌려온 신뢰성 Borrowed Credibility의 또 다른 예였다. 엘리엇은

골드만 삭스로부터 후원을 받아낸 덕분에 다른 후원 기업들도 확보할 수 있었다. 그 결과 서밋 시리즈가 성공을 거두게 되었다.

"이 이야기의 요점은 돈을 무턱대고 쓸 것이 아니라 투자의 관점에서 판단해야 한다는 거야." 엘리엇은 내게 말했다.

"돈을 들일 때 장기적으로 훨씬 크게 보상을 얻을지 아니면 단기적으로 비용을 상쇄할지 계산해야 해. 생활에 필요한 돈 말고는 전부 투자에 쓸 수 있어."

점심을 먹는 동안 '동력'이라는 단어가 계속 머릿속에 떠올랐다. 어떻게 서밋은 소규모 스키 여행 모임에서 시작하여 클린턴 대통령이 말한 '미국이 받은 선물'이 되었을까? 나는 퍼즐의 조각을 놓친 것 같은 기분이 들었다. 그래서 엘리엇에게 서밋의 초기 시절에 대해 이야기해 달라고 졸랐다.

엘리엇은 첫 서밋 행사를 연 지 두어 해가 지났을 때 팀 페리스가 쓴 《나는 4시간만 일한다》를 읽었다. 이후 그는 모든 물건을 처분하고 비스노우 미디어의 운영에서 손을 뗐다. 그리고 세계 여행을 떠나 니카라과, 텔아비브, 암스테르담 같은 곳들을 오가며 지냈다. 그러다가 부모님을 만나러 워싱턴 DC로 돌아왔을 때 한 파티에서 요시 서전트라는 사람을 만났다. 셰퍼드 페어리 Shepard Fairey 와 함께 오바마 '희망 HOPE' 캠페인을 제작한 사람이었다.

오바마 행정부는 요시에게 젊은 기업가들을 백악관으로 초대해 달라고 요청했다. 엘리엇에게 서밋에 대한 이야기를 들은 요시는 백악관에서 행사를 열어줄 수 있는지 물었다. 엘리엇은 해낼 수 있을지 몰랐지만 일단 할 수 있다고 대답했다. 방법은 차차 알아내면 된다는 생각이었다. 일주일 후 요시로부터 전화가 왔다.

"행사 준비가 되었어요. 금요일입니다."

엘리엇은 "어느 금요일요?"이라고 물었다.

"다음 주 금요일요."

"그건 안 돼요. 제가 다른 곳에….""

"목요일 정오까지 모든 참석자의 이름과 사회보장번호를 알려줘요. 인원은 35명입니다."

"4일 만에 어떻게 다 모아요?"

"백악관이 오라고 하면 가야 한다고 말해요."

그래서 엘리엇은 서밋 행사를 준비하면서 만났던 사람들에게 연락하기 시작했다. 그들은 트위터의 공동 설립자부터 자포스의 대표까지 다른 기업가들도 연결시켜 주었다. 엘리엇은 그들에게 전화를 걸어서 최대한 공식적인 목소리로 말했다.

"안녕하세요. 서밋 시리즈를 주관하는 엘리엇 비스노우입니다. 백악관에서 요청을 받아 이렇게 연락드립니다. 집행실을 대신해서 사람들을 모으고 있는데 이러이러한 분들을 모시고 싶습니다."

요시는 친환경 비누를 만드는 메소드Method의 창립자들도 와야 한다고 말했다. 그래서 엘리엇은 메소드로 전화를 걸었다.

"안녕하세요. 엘리엇 비스노우입니다. 대표님들께 전할 말이 있는데 지금 비서분과 바로 이야기할 수 있을까요?"

잠시 후 비서와 전화가 연결되었다.

"무엇을 도와드릴까요?"

"백악관을 대신하여 말씀드립니다. 다음 주 금요일에 백악관에서 열리는 행사에 두 대표분들이 참석해 주셨으면 합니다."

"말씀은 감사하지만 불가능할 것 같네요. 그날 큰돈을 받고 강연을 하기로 예정되어 있거든요."

"저기요." 엘리엇은 목소리를 낮추며 말했다.

"백악관에서 오라고 하면 가야 해요." 그는 이 말을 내세워 그들이 강연을 취소하게 만들었다.

백악관 행사가 열리기 며칠 전, 엘리엇은 자신이 짐작한 것과 달리 고위급 인사들이 참석하지 않는다는 사실을 알게 되었다. 새로 사귄 기업가 친구들 앞에서 바보가 되지 않기 위해 엘리엇은 백악관의 다른 부서들에 전화를 걸었다. 그리고 이 '특별한' 행사에 해당 부서는 초청받지 못했다는 말을 전했다. 물론 그들은 반사적으로 초청해 달라고 요구했다. 엘리엇은 그들에게 말했다.

"들으셨는지 모르겠지만 미국의 주요 청년 기업가들이 모두 참석할 겁니다. 중요한 사람들도 모두 초청받았고요."

이 작전은 성공했다. 경기부양책을 기획한 사람들, 국가경제위원회 직원들, 환경정책팀이 모두 행사에 참석했다. 심지어 람 이매뉴얼 비서실장이 요시에게 전화를 걸어서 왜 자기를 초청하지 않았냐고 소리치는 일까지 있었다.

행사가 대성공을 거두면서 서밋에 대한 말이 퍼지기 시작했다. 나중에는 클린턴 재단에서 엘리엇에게 전화를 걸어서 기금 마련 행사를 주최해 달라고 요청하기도 했다.

이후 서밋 팀은 워싱턴 DC에서 열릴 다른 행사를 기획했다. 참석 인원은 750명이었다. 그 다음 행사는 카리브해를 일주하는 크루즈 여객선에서 1000명이 참석한 가운데 열렸다. 행사의 인기는 계속 높아졌다. 그 다음 행사 장소는 레이크 타호의 스키 리조트였다. 이제 엘리엇은 유타 주 이든에 있는 산을 사서 서밋 공동체의 본거지로 삼을 계획이다.

"요시에게 '못할 거 같아요.'라거나 '한 달 후에 해요.'라고 말할 수도 있었어." 엘리엇은 내게 말했다.

"결국 요시는 금요일에 하길 원했고, 우리는 거기에 응했지. 실패할 가능성이 있더라도 일단 저질러야 해. 모든 게 완벽하게 맞아 떨어지는 경우는 없어. 기회가 보이면 달려들어야 해."

성공한 사람들은 기하급수적인 삶을 산다

: 4일 후, 뉴욕시

"지금 내가 너한테 말하려는 건." 엘리엇은 내게 말했다.

"이 세상에서 99%의 사람들은 이해하지 못할 거야."

일주일 내내 처음으로 단 둘이 있게 된 때였다. 엘리엇은 오스틴에게 나와 따로 이야기를 나누고 싶다고 말했다. 우리는 해 질 무렵 루프트톱 라운지에 서서 맨해튼의 스카이라인을 바라보고 있었다.

"대다수 사람들은 선형적인 삶을 살아." 그는 말을 이어나갔다.

"대학에 가고, 인턴 생활을 하고, 졸업하고, 취직하고, 승진하고, 해마다 휴가 갈 돈을 모으고, 다음 승진 때까지 일하고, 평생 그렇게 살지. 천천히, 예상 가능한 단계를 밟아."

"성공한 사람들은 그렇게 살지 않아. 그들은 기하급수적인 삶을 살아. 단계를 하나씩 밟는 게 아니라 건너뛰지. 사람들은 마땅한 준비를 하고 오랜 경험을 쌓아야 스스로 일어서서 진정으로 원하는 것을 얻을 수 있다고 말해. 우리 사회는 꿈을 이루려면 x, y, z가 필요하다는 거짓말을 가르쳐. 헛소리야. 기하급수적인 삶을 살기 위해 허락을 받아야 하는 유일한 사람은 자기 자신이야."

"때로 기하급수적인 삶이 저절로 이뤄지기도 해. 신동으로 태어난 경우가 그렇지. 하지만 나나 너 같은 사람들은 스스로 쟁취해야 해. 세상을 바꾸고 싶다면 말이야. 의욕, 모험, 성공이 가득한 삶을 살고 싶어도 마찬가지야. 기하급수적인 삶을 좇아서 모든 걸 걸고 붙잡아야 해.”

나는 넋이 나간 눈길로 그를 바라보며 고개를 끄덕였다.

“그런 삶을 원해?” 그가 물었다.

온몸의 세포가 “네.”라고 소리치는 듯했다.

엘리엇은 나의 대답을 기다리지 않았다.

“좋아, 요점을 말할게.” 그는 말했다.

“넌 큰 실수를 저지르고 있어.”

“네?”

“영원히 19살에 머무를 수 없어. 게임 프로그램 상금으로 평생 살지는 못해. 쓸데없는 인터뷰를 하는 데 모든 시간을 들이지 마. 언젠가는 발돋움을 해야 할 때가 있어. 넌 준비가 된 것 같아. 사명을 그만두고 나하고 같이 일하자.”

나는 대답하지 않았다.

“야.” 그가 말했다.

“네가 말하는 사명은 좋아. 그걸 폄훼할 생각은 없어. 하지만 그게 경력이 되진 않아. 덕분에 지금까지 오긴 했지. 원하는 걸 얻었으니 축하할 일이긴 해. 길을 잃었다가 이제는 방향감각을 얻었잖아. 이제 다음 단계로 나아갈 때야. 글로는 돈을 못 벌어. 사업을 해야 해. 너한테 우선입장권을 줄게. 대기줄에서 빠져나와서 앞으로 와. 이제 경기에 뛰어들 시간이 됐어."

"생각 좀 해봐도 돼요?"

"생각할 게 뭐 있어? 급여는 네가 생각하던 것보다 훨씬 많이 줄게. 네가 알아야 될 것보다 훨씬 많이 가르쳐 줄게. 네가 몰랐던 수많은 곳으로 데려가 줄게."

"너무 좋을 것 같아요." 나는 신중하게 단어를 고르며 말했다.

"하지만 나한테는 사명이 정말 중요한 거라서…."

"알았어. 인터뷰하고 싶은 사람의 명단을 이메일로 보내. 모두 다 만나게 해줄게. 내용을 정리하는 건 대필 작가한테 맡기면 돼. 다음 주부터 내 밑에서 일해."

엘리엇이 나의 대답을 기다렸지만 할 말이 떠오르지 않았다.

"이 기회를 잡지 않으면." 그는 말했다.

"평생 가장 큰 실수를 저지르는 거야. 다시 누가 이런 기회를 주겠니? 사다리를 오를 필요도 없어. 내가 꼭대기까지 올려줄게. 기숙사 방에서 네가 꿈꾸던 모든 걸 지금 주겠다니까? 인터뷰는 그만하고, 사명을 포기해. 나하고 같이 일해. 어때?"

하고 싶은 일의 우선순위 정하기

: 하루 후, 유타 주 이든

황금색 들판과 오랜 나무집들이 렌터카의 차창 밖으로 지나갔다. 엘리엇은 인구가 600명에 불과한 이든이라는 곳에 살았다. 그의 제안을 받아들이면 솔트 레이크 시티에서 2차선 도로로 1시간을 달려야 하는 이곳이 나의 새 집이 될 것이었다.

'나는 오두막 체질이 아닌데….'

'하지만 제안을 거절하는 건 미친 짓이야. 엘리엇과 같이 일하면 모든 게 바뀔 거야.'

오늘은 금요일이었고, 엘리엇은 주말까지 답을 달라고 했다. 나는 조금 더 가다가 모퉁이를 돌아서 긴 진입로로 들어섰다. 거대한 저택 크기의 통나무 오두막이 눈에 들어왔다. 이 오두막은 반짝이는 호수 옆에 무성한 상록수와 우뚝 솟은 산들을 배경으로 서 있었다. 잔디밭이 축구장만 했다. 여기가 엘리엇의 집이었다.

우리는 오늘 아침 뉴욕에서 다른 비행기로 출발했다. 집안으로 들어서니 넓은 거실에 엘리엇이 있었다.

"그림 같은 집이네요." 엘리엇은 미소를 지었다.

"앞으로 우리가 산에 지을 집은 더 멋질 거야."

그는 이 오두막이 자신과 10여 명의 직원들이 살면서 서밋 행사를 진행하는 임시 숙소에 불과하다고 설명했다. 주말에 100명이 참가하는 행사가 열릴 예정이었다. 참가자들은 몇 킬로미터 거리에 있는 작은 오두막에 머물 것이었다. 북쪽으로 16km 떨어진 파우더Powder 산을 매입하는 절차는 아직 진행 중이었다. 엘리엇은 그 기슭에 기업가들을 위한 유토피아를 건설하려 했다.

엘리엇은 "밥부터 먹고 편하게 있어."라고 말했다. 그는 내가 대답하기도 전에 자리를 떠나 다른 손님들을 맞았다.

주방으로 가보니 너무나 매력적인 냄새가 풍겼다. 우리 학교 학생 식당에는 다시 발을 들이고 싶지 않을 정도였다. 3명의 셰프들이 스크램블 에그, 계란 후라이, 수란, 베이컨, 블루베리 팬케이크, 캐러멜 프렌치 토스트를 쟁반이 넘치도록 담아내고 있었다. 커다란 그릇에는 치아chia 푸딩, 베리 파르페, 올리브 오일과 히말라야 소금을 뿌린 으깬 아보카도가 담겨 있었다. 긴 카운터에는 베이글과 빵, 홈메이드 시나몬 롤이 놓여 있었다. 다른 카운터에는 이웃 농장에서 가져온 신선한 과일과 채소가 놓여 있었다. 정말로 에덴동산에 온 것 같았다. 나는 접시 가득 음식을 담아서 혼자 먹고 있는 사람 옆에 앉았다.

그는 장발에 팔까지 내려오는 문신을 하고 있었다. 우리는 몇 분 만에 오랫동안 알던 사이처럼 이야기를 나누게 되었다. 그는 상어들이 돌아다니는 해변에서 서핑을 한 이야기를 들려주었다. 우리의 대화는 남은 시간 내내 계속되었다. 우리는 서로의 연락처를 나누며 LA에서 다시 만나기로 약속했다. 나중에 알고 보니 그는 인기 록밴드, 인큐버스Incubus의 리드 싱어였다.

다른 사람이 우리 테이블로 왔다. MTV의 〈TRL〉을 진행하던 사람이었다. 뒤이어 오바마 대통령의 경제 자문 중 한 사람이 우리 테이블에 앉았다.

'그냥 아침을 먹는 자리에서 이런 사람들을 만나다니….'

엘리엇이 2층 난간에서 내려다보고 있었다. 그는 나를 가리키며 "내가 제일 좋아하는 대학 중퇴생이 저기 있네요!"라고 소리쳤다. 너무 민망했다. 머릿속에서 할머니의 목소리가 메아리쳤다.

'주네 만.'

밖으로 나가 그날의 프로그램을 적은 칠판을 보니 기분이 조금 나아졌다. 요가, 등산, 승마, 산악 자전거 타기, 배구, 프리스비 날리기, 명상, ATV 타기, 스카이다이빙 등 다양한 프로그램이 있었다. 야생 전문가에게 생존 교육을 받거나 전국 백일장에서 우승한 시인에게 창작 수업을 받을 수도 있었다. 나는 배구 경기가 열리는 곳으로 달려갔다. 우리 팀원 중 한 명은 1년 전 생물학 수업시간에 시청한 테드 강연 영상에 나온 신경과학자였다. 배구 경기 후에는 트램폴린으로 향했다. 거기서 미스 USA 2009 우승자와 같이 트램폴린 위를 뛰었다. 그 다음에는 명상장으로 갔다. 내 왼쪽에는 전직 NFL 선수가, 오른쪽에는 원주민 무당이 앉았다. 나는 오후 내내 호그와트에서 첫날을 보내는 해리 포터처럼 사방을 돌아다녔다.

엘리엇은 내가 혼자 있는 걸 볼 때마다 어깨동무를 하며 다른 사람을 소개해 주었다. 나는 영감을 안기는 핀볼 기계 안의 핀볼처럼 여기저기 돌아다니며 순식간에 엄청난 점수를 올렸다.

이곳의 모든 것이 다른 어떤 곳보다 더 많은 것처럼 보였다. 사람들은 더 활기찼고, 그들의 웃음은 더 잘 전염되었고, 그들의 커리어는 더 다채로웠고, 그들의 이야기는 더 흥미로웠다. 하늘조차 더 파랗게 보였다. 기숙사 방에 누워 있을 때는 질식할 것 같았는데 여기서는 숨통이 트였다.

천천히 해가 지는 동안 우리는 저녁을 먹으러 오두막 안으로 들어갔다. 거실은 이미 고급 식당으로 바뀌어 있었다. 전형적인 호화 식당과는 달랐다. 폴 번얀이 리츠 칼튼을 운영한다면 만들 법한 식당이었다. 반짝이는 와인잔이 투박한 유리병 옆에 놓여 있었다. 수백 개의 양초가 긴 피크닉 테이블을 따라 줄지어 있었다. 내 머리 위에는 웅장한 샹들리에가 벽에 걸린 무스 머리와 흑곰 가죽을 비췄다. 나는 3명과 동시에 대화를 나누는 여성의 맞은편에 앉았다. 그녀의 활력이 너무나 인상적이어서 나도 모르게 그녀를 물끄러미 바라보게 되었다.

"거기." 그녀가 말했다.

"나는 미키 아그라왈이야."

그녀는 나와 주먹을 맞부딪힌 후 주위 사람들을 소개했다.

"여기는 내 친구 제시와 벤이고, 여기는 내 남자친구 앤드류야."

나는 그들에게 인사를 했다. 곧바로 미키의 말이 쏟아졌다.

"알렉스, 말도 안 되는 이야기 들어볼래? 제시하고는 10년 전에 센트럴 파크에서 축구를 하다가 처음 만났어. 그때 제시는 전화로 교재를 팔아서 1권 당 25센트를 벌었지. 나는 제시한테 너는 그런 일을 하기에는 너무 똑똑하니까 다른 일을 하라고 다그쳤어. 우리는 잠시 어울리다가 그 후로 다시 만난 적이 없어. 그런데 오늘 만나 보니 글쎄 나이키의 이사가 되었더라고."

마치 자신이 이룬 것처럼 미키의 얼굴이 환해졌다.

"벤, 알렉스한테 네 이야기를 들려줘!" 벤이 와인잔을 내려놓는 사이에 미키는 이미 자신이 이야기를 시작했다.

"이것도 엄청난 이야기야. 벤은 대학 시절에 친구들과 슬럼프에서 벗어나려고 죽기 전에 하고 싶은 100가지 일을 적었어. 그리고 밴을 한 대 사서 전국을 여행하며 그 일들을 하나씩 했지. 거기에 더해서 하나씩 소원을 풀 때마다 다른 사람도 꿈을 이루도록 도왔어. 벤, 해봐! 알렉스한테 네가 한 일을 이야기해 줘!"

벤은 오바마 대통령과 야구를 하고, 프로 축구 경기에서 나체로 달리고, 출산을 도와주고, 라스베가스로 가서 블랙에 25만 달러를 건 이야기를 들려주었다.

그의 모험은 몇 년 동안 이어졌으며 나중에는 MTV에서 〈묻힌 삶The Buried Life〉이라는 리얼리티 프로그램으로 방영되었다. 그의 이야기를 담은 책은 베스트셀러가 되었다. 벤이 꿈을 좇는 일이 얼마나 보람찬지 이야기할수록 엘리엇이 내게 꿈을 접으라고 말한 것이 자꾸 생각났다.

"나는 대학을 졸업한 후 벤과 거의 정반대로 살았어." 미키가 말했다.

"월가에서 일했는데 정말 싫었지."

나는 "왜 싫어하게 되었어요?"라고 물었다.

그녀는 "911 때문이었어."이라고 말했다.

미키는 북쪽 타워에 비행기가 충돌할 무렵 세계무역센터 중정에서 열리는 아침 회의에 참석할 예정이었다.

"평생." 그녀가 말했다.

"그날이 유일하게 자명종 소리에도 깨지 않고 자다가 회의 시간에 늦은 날이었어."

비극적 죽음을 맞은 수천 명 중에는 미키의 동료도 2명 있었다.

"인생이 어떻게 끝날지 알 수 없다는 걸 깨달았어." 그녀는 말했다.

"나를 위한 삶이 아니라 다른 사람을 위한 삶을 사느라 시간을 낭비하는 게 멍청한 짓이라는 생각이 들었어.”

내 몸이 줄다리기의 줄이 된 느낌이었다. 엘리엇의 제안이 한쪽에서 나를 당겼고, 미키와 벤이 다른 쪽에서 나를 당겼다.

미키는 깨달음 이후 직장을 그만두고 하고 싶은 일을 모조리 했다고 말했다. 그 과정에서 프로 축구팀에 들어갔고, 영화 시나리오를 썼고, 뉴욕 웨스트 빌리지에 유기농 글루텐 프리 피자 가게를 열었다. 지금은 여성 속옷 회사인 띵스THINX를 운영하고 있으며, 《멋진 일을 하라 Do Cool Shit》라는 책을 쓰고 있다.

“알렉스! 네 차례야!” 미키가 말했다.

“이야기, 시작!”

그들은 나의 〈가격을 맞혀요〉 이야기를 들으며 웃음을 터트리고, 환호성을 지르고, 나와 손바닥을 마주쳤다. 미키는 사명을 위해 다음으로 뭘 할 건지 물었다. 나는 출판 계약을 맺어서 빌 게이츠와 만날 수 있도록 에이전트를 찾을 거라고 말했다.

“지금까지는.” 나는 말했다.

“내가 찾은 모든 에이전트가 거절했어요.”

“그럼 우리 에이전트를 소개해 줄게.” 벤이 말했다.

“우리 에이전트한테도 이야기해 볼게.” 미키가 말했다.

“아마 좋아할 거야!”

“정말요? 그러면 진짜 좋을 거⋯.”

포크로 유리잔을 두드리는 소리가 허공을 갈랐다.

엘리엇이 앞에 서서 건배사를 하려는 중이었다.

"여기 서밋에서는…." 그는 말했다.

"작은 전통이 있습니다. 저녁을 먹기 전에 잠시 셰프와 음식 그리고 무엇보다 우리 각자에게 감사하는 시간을 가집시다. 이든에 오신 걸 환영합니다!"

우리는 환호하며 잔을 마주쳤다. 엘리엇은 특히 한 사람에게 고마움을 전하고 싶다고 말했다. 바로 팀 페리스였다.

엘리엇은 페리스 쪽으로 잔을 내밀었다. 알고 보니 페리스는 우리 테이블과 가까운 테이블에 앉아 있었다. 엘리엇은 팀이 종일 책상에 앉아 있어야 성공하는 것은 아니라는 사실을 처음 가르쳐준 사람이라고 말했다. 여행을 하고, 모험을 떠나고, 정신을 확장하는 동안에도 일을 할 수 있었다.

"팀은…." 엘리엇은 말했다.

"삶을 다시 상상하는 법을 가르쳐줬습니다."

수많은 시선이 페리스에게 집중되었다.

"팀을 위하여!" 엘리엇이 소리쳤다.

"팀을 위하여!" 다른 사람들도 같이 소리쳤다.

"팀이 제 마음에 특별한 자리를 차지한 것처럼."

엘리엇은 말을 이어나갔다.

"비슷한 자리를 차지하기 시작한 다른 사람이 있습니다. 제가 처음 시작할 때 무작정 팀에게 이메일을 보낸 것처럼 이 사람도 제게 무작정 이메일을 보냈죠."

얼굴로 열기가 올라오는 게 느껴졌다. 엘리엇은 나보다 더 〈가격을 맞혀요〉 이야기를 잘 들려주었다. 그리고는 나를 향해 잔을 내밀었다.

"우리가 서밋에서 축복하는 창의성이 바로 그런 겁니다. 우리가 여기서 북돋으려는 힘이 바로 그런 겁니다. 제가 알렉스 바나얀을 받아들이고 우리 공동체의 새 구성원으로 자랑스럽게 환영하는 이유가 바로 거기에 있습니다. 알렉스를 위하여!"

———

금요일에는 핀볼이 된 기분이었다면 토요일에는 자석이 된 기분이었다.

"엘리엇이 어제 저녁에 말한 사람이 너야?"

"〈가격을 맞혀요〉에서 우승한 사람이 너야?"

"엘리엇하고는 얼마나 오래 알고 지냈어?"

"두 사람 친척이야?"

"무슨 프로젝트를 진행하고 있어?"

"내가 도와줄 방법이 있을까?"

엘리엇은 나를 신세계로 이끌었을 뿐 아니라 모든 문을 활짝 열어주었다.

'이게 내가 항상 원하던 거야.' 나는 생각했다.

'엘리엇과 일하면 내가 찾아갈 필요가 없어. 사람들이 알아서 도와주겠다고 하잖아. 하지만 그의 제안을 받아들이면 사명도 없어.'

일요일 아침, 나는 식탁에 혼자 앉았다. 너무 혼란스러워서 입맛이 없었다. 뉴욕에서 엘리엇이 한 말들이 머릿속에서 맴돌았다.

'이 기회를 잡지 않으면 평생 가장 큰 실수를 저지르는 거야.'

그의 제안을 생각할 때마다 이면의 위협이 생생하게 느껴졌다. 그의 말투와 날카로운 시선은 "거절하면 우리 사이는 끝이야."라고 말하고 있었다. 그러면 이든도, 멘토도 없어지는 것이었다.

몇 시간 안에 집으로 돌아가는 비행기를 타야 했다. 그러나 여전히 어떤 대답을 해야 할지 알지 못했다.

"피곤한가 봐?" 한 참석자가 커피잔을 손으로 감싸 쥐고 내 옆에 앉았다.

나는 "약간요."라고 말했다.

그 남자는 큰 키에 부드러운 인상을 풍겼다. 나중에 밝혀질 이유에 따라 원래 이름 대신 댄 밥콕이라는 가명으로 그를 부르도록 하겠다. 나는 간절히 고민을 해결하고 싶었다. 그래서 댄에게 머릿속에서 벌어지는 줄다리기를 바로 털어놓았다.

"어떻게 하는 게 좋을까요?"

"누구도 어떻게 하는지 말해줄 순 없어." 댄은 말했다.

"힘든 결정이지. 올바른 답을 아는 유일한 사람은 너뿐이야. 다만 내가 도움이 되는 방법을 알려줄게."

댄은 노트를 꺼내더니 2장을 찢어서 내게 건넸다.

"나는 7년 동안 워런 버핏을 위해 일했어." 그는 말했다.

"그가 가르쳐 준 모든 것 중에서 이게 가장 도움이 되었어."

나는 주머니에서 펜을 꺼냈다.

"첫 번째 종이에." 댄은 말했다.

"앞으로 12달 동안 이루고 싶은 25가지 일을 적어."

나는 가족이나 건강과 관련된 일, 엘리엇과 일하기, 사명 이루기, 여행하고 싶은 곳, 읽고 싶은 책 등을 적었다.

"그중에서 앞으로 3달 동안 5가지만 할 수 있다면 뭘 고를거야?" 댄은 말했다.

나는 5가지 항목에 동그라미를 쳤다. 댄은 그 5가지 항목을 두 번째 종이에 옮겨 적고 목록에서 지우라고 말했다.

"이제 2가지 목록이 있어." 그는 말했다.

"5가지 일을 적은 목록 위에 '우선순위 목록'이라고 적어."

나는 시키는 대로 했다.

"됐어." 그는 말했다.

"이제 20가지 일을 적은 목록 위에 '기피 목록'이라고 적어."

"네?"

"그게 버핏 씨의 비법이야." 댄은 말했다.

"가장 중요한 5가지 일을 해내는 열쇠는 나머지 20가지 일을 기피하는 거야."

나는 5가지 일을 적은 목록에 이어 20가지 일을 적은 목록을 바라보았다.

"무슨 말인지 알겠어요." 나는 말했다.

"하지만 기피 목록에도 정말 하고 싶은 일들이 있어요."

"선택해야 해." 댄은 말했다.

"20가지 일을 잘하든지 혹은 5가지 일을 아주 잘하든지 선택하는 거지. 대다수 사람들은 하고 싶은 일이 너무 많아서 하나도 제대로 하지 못해. 내가 버핏 씨에게 배운 게 있다면 기피 명단이 세계적인 수준에 이르는 비법이라는 거야."

"성공은…." 그는 말을 이어나갔다.

"하고 싶은 일의 우선순위를 정하는 데서 이뤄져."

———————

더플백에 넣은 모든 셔츠가 바르셀로나에서 보낸 하루를, 모든 바지가 뉴욕에서 보낸 밤을 상기시켰다. 나는 렌터카를 타고 엘리 엇의 오두막으로 향했다. 그는 문가에서 한 손님과 잡담을 나누고 있었다. 잠시 후 대화를 마친 엘리엇이 내게로 왔다.

"주말 잘 보냈어?" 그가 물었다.

"정말 재미있었어요." 나는 말했다.

"너무 감사해요. 그리고…. 결정을 내렸어요."

엘리엇의 얼굴에 함박미소가 퍼져 나갔다.

"서밋이 좋아요." 나는 말했다.

"지금까지 형 같은 멘토를 만난 적도 없어요. 하지만 두 가지 일을 어중간하게 하면서 살고 싶지는 않아요. 한 가지라도 제대로 해야 해요. 그건 사명을 이루는 거예요."

그는 입을 꽉 다물고 화를 누르려는 듯 천천히 고개를 숙였다.

"너, 엄청난 실수를 하는 거야." 그가 말했다.

그는 갑자기 말을 끊고 침묵했다. 그리고 심호흡을 하더니 어깨 를 늘어뜨렸다.

"그렇게 해야겠다면." 그는 말했다.

"결정한 대로 해야지. 그런 결정을 내리다니 대단하다."

그는 내 어깨에 손을 얹었다.

"그리고." 그는 말을 이어나갔다.

"언제든 네 집처럼 생각하고 찾아와. 사랑한다."

아마존을 따라 해서는 아마존을 이길 수 없다

다음 날, 나는 완전히 새로 태어난 기분을 느끼며 창고 사무실로 돌아갔다. 나는 벽에 붙어 있는 종이에 시선을 고정했다. 거기에는 '에이전트가 없으면 빌 게이츠도 없다.'라고 적혀 있었다. 지금 내게 더없이 중요한 말이었다.

출판 에이전트가 없으면 출판 계약을 맺을 수 없었다. 출판 계약을 맺지 못하면 빌 게이츠에게 갈 수 없었다. 이 여정을 시작한 이래 줄곧 빌 게이츠의 조언이 나의 성배가 될 것이라고 생각했다. 그를 만나지 못하면 사명을 완수한 것이 아니었다.

나는 책상에 앉아 이메일을 확인했다. 물론 에이전트가 되어달라는 요청을 거절하는 다른 이메일이 와 있었다. 나는 펜의 뚜껑을 벗기고 그 사람의 이름을 명단에서 지웠다. 이제 명단에 있는 20명 중 19명이 지워진 상태였다.

나는 책상 위에 쌓아 놓은 출판 관련 책들을 바라보았다. 지금까지 그 책들에 나온 내용을 그대로 따랐다. 베스트셀러 저자들이

하라고 한 일들도 전부 했다.

'그런데 왜 안 되는 걸까?'

마지막 거절은 이전과 달리 그렇게 아프지는 않았다. 그 사람의 이름에 줄을 긋고 있자니 이 명단을 활용한다는 아이디어 자체에 줄을 긋는 기분이 들었다. 더 이상 이 명단은 필요 없었다. 이제 내게는 미키와 벤이 있었다. 나는 미키에게 전화를 걸어서 지난 제안이 여전히 유효한지 물었다.

"농담하는 거야?" 그녀는 말했다.

"당연하지! 우리 에이전트가 널 마음에 들어 할 거야. 뉴욕으로 와!"

"언제…."

"지금 당장 비행기표 예약해. 호텔은 예약할 필요 없어. 우리 집에 남는 방이 있어."

벤에게 전화해 보니 그도 자신의 에이전트와 만날 자리를 마련해 주겠다고 말했다.

나는 뉴욕행 비행기표를 샀다. 다음 날 공항으로 가기 전에 창고 사무실 벽에 붙어 있던 에이전트들의 명단을 뜯어서 쓰레기통에 버리려다가 멈췄다. 이유는 알 수 없었지만 내 안의 뭔가가 그러지 말라고 말렸다. 그래서 명단을 접어서 주머니에 넣었다.

JFK 공항에 도착한 후 택시를 타고 바로 웨스트 빌리지에 있는 미키의 글루텐 프리 피자 가게로 갔다. 미키는 내가 더플백을 놓자마자 바로 본론으로 들어갔다.

"지금까지 어떤 에이전트들과 이야기했어?"

그제서야 명단을 버리면 안 되는 이유를 알았다. 나는 주머니에서 명단을 꺼냈다. 미키는 제일 위에 있는 이름을 가리켰다.

"왜 이 사람 이름만 안 지워졌어?"

"그 사람이 내가 가장 원하는 에이전트거든요. 〈뉴욕타임스〉 베스트셀러를 23권이나 진행한 사람이에요. 샌프란시스코에 사무실이 있는데 주요 출판사들하고 대형 계약을 잘 맺어요. 게다가…."

"알았어. 그런데 왜 이름이 지워지지 않았어?"

"그녀의 고객인 한 작가와 이야기를 했어요. 소개를 부탁했는데 연락할 생각도 하지 말라고 하더라고요. 자기도 첫 책을 낼 때는 계약을 해주지 않았고, 팀 페리스도 첫 책을 낼 때는 계약을 해주지 않았대요. 더 작은 에이전시하고도 미팅조차 못했는데 나를 만나주겠어요? 나는 낙관적인 편이지만 망상에 빠지지는 않아요."

미키는 "안 된 일을 아쉬워 할 시간이 없어."라고 말했다.

그녀는 내 팔을 잡고 문쪽으로 끌어당겼다.

"가자, 지금 당장!" 그녀는 말했다.

"저녁 손님들 오기 전에 1시간 정도가 남았어."

미키는 나를 이끌고 맨해튼의 거리를 지나갔다. 우리는 사람들

사이를 요리조리 피해갔고, 교차로를 달려서 건넜으며, 경적을 울리는 차를 피해 뛰었다. 에이전트의 사무실이 있는 건물에 도착했을 때 미키는 정문을 열어젖히고 프론트 데스크를 그냥 지나쳐서 빠르게 복도를 걸었다. 머리를 올려 빗은 비서가 벌떡 일어나 허공에서 팔을 휘저었다.

"미키! 기다려요! 약속을 안 잡았잖아요!"

미키는 말 그대로 에이전트의 사무실 문을 박차더니 나를 밀어넣었다. 그녀의 에이전트는 전화기를 귀에 댄 채 어수선한 책상 앞에 앉아 있었다. 그녀는 깜짝 놀란 표정을 지었다. 종이가 사방에 흩어져 있었다. 바닥에는 책들이 쌓여 있었다.

"지금 하는 일 멈춰요." 미키는 그녀에게 말했다.

"10분만 이야기해요."

에이전트는 전화기에 무슨 말인가를 중얼거린 후 전화를 끊었다.

"알렉스, 앉아." 미키는 소파를 가리키며 말했다.

"네 책에 대한 이야기를 해줘."

나는 다른 작가들이 해준 조언대로 내가 아는 모든 팩트와 통계, 마케팅 아이디어를 동원하여 책을 홍보했다. 내가 가진 모든 열정을 쏟아부었다. 미팅이 끝날 무렵 미키는 에이전트에게 같이 일해야 한다고 말했고, 에이전트는 고개를 끄덕였다.

"아주 좋네요!" 그녀는 말했다.

"제안서를 보내줘요. 읽어보고 최대한 빨리 연락할게요."

나는 밝은 얼굴로 건물 밖으로 나왔다. 뉴욕시의 거리는 여느 때처럼 시끄러웠지만, 그 순간만큼은 소음이 잦아드는 듯 느껴졌다.

"동생, 잘 해봐!" 미키는 소리쳤다. 그녀는 이미 한 구역의 반을 지나 바삐 걸어가고 있었다. 나는 그녀를 따라잡기 위해 뛰었다.

"정말 고마워요." 나는 그녀의 뒤를 따르며 말했다.

"고맙긴." 그녀는 말했다.

"나도 어렸을 때 30대의 기업가들이 나를 거둬주고 같은 일을 해줬어. 세상은 그렇게 돌아가는 거야. 서로 베푸는 거지."

———

이틀 날에도 베풂은 계속 이어졌다. 나는 안내를 받아 세계적인 에이전시인 윌리엄 모리스 인데버_{William Morris Endeavor}의 반짝이는 타일 복도를 지났다. 복도에서 지나치는 모든 사람들이 이 미팅을 벤이 주선했다는 사실을 아는 것처럼 느껴졌다. 몇 달 전에 벤의 책이 〈뉴욕타임스〉 베스트셀러에 올랐다. 그래서 굳이 문을 걸어 찰 필요가 없었다.

벤의 에이전트는 자리에서 일어나 따뜻하게 나를 맞았다. 그녀의 사무실은 넓었으며, 스카이라인이 두루 보였다. 우리는 소파에 같이 앉았다. 나는 그녀에게 책의 내용을 소개했다. 미키의 에이전트를 대상으로 이미 성공했기 때문에 나의 접근법은 더욱 과감해졌다. 나는 더 많은 통계와 팩트를 제시하고 마케팅 아이디어에 더 초점을 맞췄다. 나의 이야기는 1시간 넘게 이어졌다. 이야기가 끝난 후 그녀는 내게 제안서를 보내달라고 말했다. 미팅이 아주 잘 진행된 것 같았다.

다음 날, 나는 승리감에 도취된 채 비행기를 타고 LA로 돌아왔다. 창고 사무실로 들어서니 책상 위에 높이 쌓인 책들이 보였다. 나는 하키 선수가 스탠리컵에 입 맞추듯 그 책들에 입 맞추고 싶었다. 일주일 동안 나는 벤과 미키의 에이전트에게 후속 이메일을 보냈다. 미키의 에이전트에게서는 답신이 없었다. 벤의 에이전트는 며칠 후 전화를 걸어왔다.

"알렉스, 만나서 반가웠어요. 책 내용은 좋아요. 하지만…."

언제나 '하지만'이 붙었다.

"…제가 맡기에는 적당하지 않은 것 같네요. 대신 맡아줄 다른 에이전트를 소개해 줄게요."

그녀는 윌리엄 모리스에서 같이 일하는 동료 에이전트를 소개해 주었다. 나는 그녀에게 전화를 걸어서 책 내용을 소개했다. 그랬더니 어떤 이유인지 모르지만 바로 진행하자는 대답이 돌아왔다. 나는 전화기를 묵음으로 돌리고 크게 환호했다. 빌 게이츠에게 가는 길을 막았던 벽돌 벽을 다이나마이트로 날려버린 기분이었다. 다이나마이트는 계속 터졌다. 바로 다음 날, 내가 알던 다른 작가가 윌리엄 모리스에서 일하는 다른 에이전트를 소개해 주었다. 이번에도 역시 해보자는 답변을 들었다.

나는 두 에이전트를 만나기 위해 뉴욕행 비행기표를 예약했다. 미키의 에이전트가 아직 응답하지 않은 이유는 알 수 없었다. 하지만 그쪽도 계약이 보장된 것처럼 보였다. 어느 쪽이든 이제는 내가 결정할 차례였다.

며칠 후 나는 뉴욕의 한 지하철역에서 거리로 나왔다. 따스한 여름 햇빛이 얼굴에 느껴졌다. 나는 주머니에서 휴대폰을 꺼내 연락이 왔는지 확인했다. 윌리엄 모리스의 에이전트 중 한 명이 다른 한 명까지 대표하여 보낸 이메일이 있었다. 그 내용은 근본적으로 '아쉽지만 제안을 철회한다'는 것이었다.

두 에이전트는 신참이었다. 그들은 모두 내게 계약을 제안했기 때문에 상사를 찾아가 어떻게 해야 할지 물었던 모양이었다. 상사가 내린 결정은 둘 다 제안을 철회하라는 것이었다. 그는 나의 책이 그럴 가치가 없다고 판단했다.

다리에 힘이 풀렸다. 지금까지 나 자신이 이토록 무가치하게 느껴진 적이 없었다. 그 순간 명단에 적었던 19명의 에이전트뿐 아니라 막 업계에 들어온 두 에이전트들이 보기에도 내가 무가치하다면 미키의 에이전트도 애초에 나와 계약할 생각이 없었다는 사실을 깨달았다. 그녀는 나와 일하고 싶어서가 아니라 단지 미키 때문에 나를 친절하게 대했을 뿐이었다. 나는 아무 것도 아니었다. 나는 쓸모없는 사람, 답변할 가치도 없는 사람이었다.

완전히 낙심한 채 미키의 아파트로 간 나는 에이전트 명단을 꺼내서 상단에 적은 글귀를 보았다.

'에이전트가 없으면 빌 게이츠도 없다.'

나는 종이를 구겨서 벽을 향해 던져버렸다.

한 시간 후, 여전히 소파에 축 처져 있는데 전화기가 울렸다. 전화를 받을 기분이 아니었다. 화면을 흘긋 보니 전화를 건 사람은 내 친구 브랜든이었다. 나는 전화를 받아서 모든 일을 털어놓으며 하소연을 하기 시작했다.

"정말 안 됐다." 그가 말했다.

"앞으로 어떻게 할 생각이야?"

"할 수 있는 게 없어. 작가들이 하라는 건 다 했어. 책에 나온 일들도 전부 했어. 이제 남은 게 없어."

브랜든은 잠시 침묵하다가 말했다.

"다른 방법을 써보는 게 어때? 오래 전에 책에서 읽은 내용이 있어. 어떤 책인지도 몰라. 틀릴 수도 있지만 그 교훈은 중요해."

"도와주려는 건 알겠는데 지금 책 이야기를 들을 기분이 아냐."

"이건 들어봐야 해."

나는 짜증스런 소리를 냈다.

"잠시만 들어봐." 브랜든이 말했다.

"2000년 무렵 일어난 일이야. 그때 인터넷 붐이 일어났고, 아마
존이 다른 전자상거래 업체들을 죽이고 있었지. 처음에 월마트 경
영진은 크게 신경 쓰지 않았어. 그러다가 아마존이 월마트의 매출
까지 잠식하기 시작했지. 월마트 경영진은 당황했어. 그들은 비상
회의를 소집하고, 신규 인력을 고용하고, 기존 인력을 해고했어.
또 갈수록 엔지니어들을 늘리고, 웹사이트를 만드는 데 돈을 쏟아
부었어. 하지만 어떤 방법도 도움이 되지 않았어. 그래서 그들은
더 아마존처럼 되는 데 집중했지. 아마존의 전략을 모방하고, 기술
을 복제하고, 더 많은 돈을 썼어. 그래도 변한 건 하나도 없었어."

"야, 그게 지금 나하고 무슨 관계가 있어?"

"들어보라니까." 브랜든은 말했다.

"어느 날 월마트에 새 임원이 취임했어. 그녀는 주위를 둘러보
고 무슨 일이 벌어지고 있는지 파악했지. 다음 날 그녀는 사무실
에 배너를 걸었어. 얼마 후 월마트의 주가가 급등했어. 그 배너에
적힌 내용은 '아마존을 따라 해서는 아마존을 이길 수 없다.'였어."

브랜든은 내가 내용을 이해하도록 잠시 말을 멈췄다.

"이제 알겠어?" 그는 말했다.

"넌 월마트야."

"뭐?"

"에이전트를 찾기 시작한 후로 네가 한 건 다른 사람들의 전략을 모방한 것뿐이었어. 네가 팀 페리스만큼 능력이 있는 것처럼 에이전트들에게 책을 홍보했지. 하지만 네게는 팀 페리스만한 기반이 없어. 그만한 신뢰성도 없어. 네가 처한 상황은 완전히 달라. 팀 페리스를 따라 해서는 팀 페리스를 이길 수 없어."

젠장…. 맞는 말이었다. 기숙사 방 침대에 누워 있던 이래 나는 성공한 사람들이 걸었던 길을 공부하는 데 집착했다. 이는 학습에는 좋은 접근법이었다. 그러나 그렇게 해서 모든 문제를 해결할 수는 없었다. 다른 사람의 방식을 그대로 모방한다고 해서 같은 성공을 거둘 것이라고 기대할 수는 없는 일이었다. 그들은 그게 자신의 방식이었기 때문에 성공한 것이었다. 그들은 자신의 강점과 환경에 맞는 방식을 썼다. 나는 한 번도 내면을 들여다보고 나의 강점이나 환경을 살핀 적이 없었다. 나만의 방식이란 어떤 의미일까? 다른 사람들이 성공한 비결을 공부해야 할 때도 있지만 자신의 고유성에 전념해야 하는 때도 있다. 그러기 위해서는 자신을 자신답게 만드는 것이 무엇인지 알아야 한다.

그날 밤, 잠이 오지 않았다. 나는 브랜든이 한 말을 생각하며 자꾸만 몸을 뒤척였다.

'아마존을 따라 해서는 아마존을 이길 수 없다….'

시간은 계속 흘러갔다. 어떤 것도 마음을 안정시키지 못했다. 결국 새벽 3시에 침대에서 일어나 방 구석으로 걸어갔다. 구겨진 에이전트 명단이 거기 있었다. 나는 명단을 펼쳐서 제일 위에 있는 이름을 바라보았다. 그녀의 사무실은 샌프란시스코에 있었다.

'그래, 어차피 잃을 것도 없잖아.'

나는 노트북을 열어서 그녀에게 이메일을 쓰기 시작했다. 이번에는 다른 에이전트들에게 했던 말을 그대로 하지 않고 그저 내가 사명의 가치를 믿는 이유만 썼다. 나는 출판업계에 질렸고, 관행을 따르는 데 지쳤다고 말했다. 나는 나의 이야기를 들려준 후 여러 문단에 걸쳐 우리 두 사람이 세상을 바꿀 수 있음을 설명했다. 제목란에는 '새벽 3시, 의식의 흐름을 따라 드리는 글'이라고 적었다. 다시 읽어보니 십대의 연애편지 같았지만 그래도 그냥 보냈다.

답신은 애초에 기대하지 않았다. 그런데 하루 후 답신이 왔다. 거기에는 '전화 주세요.'라고 적혀 있었다. 나는 전화를 걸었고, 그녀는 바로 에이전트가 되어주겠다고 말했다.

8장

소원 브로커

I'd always thought "vanity" and "ego" were bad. But Tony did, without any shame or hesitation. His face was as emotionless as ever.

나는 항상 '허영심'과 '자만심'이 나쁘다고 생각했다.
그런데 토니는 전혀 주저하거나 부끄러워하지 않았다.
그의 얼굴은 언제나 그렇듯 표정이 없었다.

토니 셰이, 세계 최대 온라인 신발 쇼핑몰 〈자포스〉 CEO

나는 미키의 옷장에 넣어둔 더플백을 꺼내 짐을 싸기 시작했다.

"기다려!" 미키가 말했다.

"어디 가? 지금은 가면 안 돼."

"집에 가는 비행기가 두어 시간 뒤에 출발해요." 나는 말했다.

"가면 안 된다니까. 비행기 시간을 바꿔. 아그라팔루자agrapalooza 를 놓치면 안 돼!"

아그라팔루자는 미키가 뉴저지에 있는 친구의 집에서 여는 여름캠프 분위기의 코스튬 파티였다.

"나도 가고 싶어요." 나는 말했다.

"하지만 못 갈 것 같아요."

출판 에이전트와 이야기를 나눈 후 나는 제안서를 완전히 다시 써야 한다는 사실을 알게 되었다. 그래서 최대한 빨리 끝내고 싶었다.

"동생, 비행기 시간 바꿔. 두 번 다시 말 안 해."

다음 날 아침, 나는 미키의 친구 집 소파에서 잠을 깼다. 창문을 통해 뉴저지의 햇빛이 쏟아졌다. 거실 맞은편에는 미키가 대머리에 네이비 블루 자포스 티셔츠를 걸친 남자와 이야기를 나누고 있었다. 나는 눈곱을 뗐다. 크리스마스 아침에 산타클로스를 보는 기분이었다. 겨우 3m 거리에 자포스 대표인 토니 셰이가 서 있었다.

'심호흡…. 심호흡….'

엘리엇은 좋아하는 사람의 친구가 될 수도 있고, 팬이 될 수도 있지만 둘 다 될 수는 없다고 말했다. 그래서 나는 어떻게 나를 소개할지 생각하며 침착한 모습을 유지하려 애썼다. 하지만 할 말을 너무 많이 생각하다 보니 아무 말도 하지 못하고 말았다.

나는 미닫이 유리문을 열고 밖으로 나갔다. 정원이 너무 넓어서 사람들이 타고 다닐 골프 카트까지 있었다. 파티가 시작된 후 나는 2인 3각 경주에서 비틀거리며 달렸고, 달걀 던지기 게임에서 2등을 했다. 다음 게임이 시작되기 전에 나를 비롯한 몇 명이 간식을 먹으러 테라스로 향했다. 우리가 커다란 오렌지색 우산 아래 서 있을 때 토니 셰이가 지나갔다. 모두가, 특히 나는 그를 흘긋 바라보지 않을 수 없었다.

몇 분 후, 토니가 다시 우리 쪽으로 왔다. 그는 이번에는 멈춰서서 우리와 어울렸다. 그는 한 손에 클립보드를, 다른 한 손에 매직펜을 들고 있었다.

"소원이 뭔가요?" 그는 내 오른쪽에 있는 사람에게 물었다.

"네?" 그 남자는 되물었다.

토니는 클립보드를 넘겼다. 위쪽에 '소원 목록'이라고 적혀 있었다.

"몰랐어요?" 토니는 말했다.

"오늘 저는 소원을 들어주는 요정입니다."

너무 태연하게 말해서 조금 시간이 지나서야 농담임을 알 수 있었다. 나중에 미키는 내게 토미의 얼굴은 돌, 눈은 유리로 된 것 같다고 말했다. 그만큼 표정이 일정하고 흐트러지지 않았다.

"순간이동을 하고 싶어요." 내 오른쪽에 있는 사람은 말했다.

"알았어요." 토니는 대꾸했다.

"전체 거리의 85%만큼 순간이동 시켜드리죠."

그는 클립보드의 아래쪽을 가리켰다. 거기에는 '소원 성취 시 15%의 수수료를 뗍니다.'라고 적혀 있었다.

"나는 요정이라기보다." 토니는 말했다.

"'소원 브로커'에 가까워요. 요정도 먹고 살아야죠."

그는 몸을 돌려서 내게 소원을 물었다. 나는 호감을 사려고 웃기는 소원을 떠올리려 애썼다. 그러나 한편으로는 머릿속에 가장 먼저 떠오른 소원을 말하고 싶었다.

'그런 걸 말해도 될까? 날 불쾌하게 여길지 몰라. 미키가 화를 내면 어쩌지? 게다가….'

다행히 나는 무슨 일이 일어나고 있는지 깨달았다. 움찔이가 '논리'의 탈을 쓴 것이었다. 나는 정신을 차리고 힘을 내어 말했다.

"하루 동안 자포스의 대표가 되고 싶어요."

토니는 대꾸하지 않았다. 클립보드에 소원을 적지도 않았다. 그냥 나를 바라보기만 했다.

"그러니까." 나는 해명에 나섰다.

"하루 동안 당신을 따라다니면서 어떤 일을 하는지 보고 싶어요."

"날 따라다니고 싶다고?"

나는 고개를 끄덕였다. 토니는 잠시 생각했다.

"알았어…. 안 될 것 없지." 그는 말했다.

"언제 하고 싶어?"

"조금 있으면 20살 생일이니까 그때로 하면 어떨까요?"

"좋아. 생일이니까 이틀로 하자."

———

저녁을 먹은 후 두어 시간이 지나 코스튬 파티가 시작될 무렵이었다. 나는 주방을 지나다가 테디 베어 복장을 한 토니를 보았다. 그는 아시프 맨드비와 한창 대화를 나누고 있었다. 〈더 데일리 쇼 위드 존 스튜어트The Daily Show with Jon Stewart〉에 '중동 수석 특파원'으로 출연하는 그는 시골사람 차림이었다. 아시프가 책을 쓰고 있다는 말이 들렸다. 그는 토니에게 마케팅을 위한 조언을 구했다. 나는 그쪽으로 가서 대화에 참여했다.

"많은 전술을 활용할 수 있어요." 토니는 말했다.

"하지만 책을 쓰는 동기가 무엇인지 알기 전에는 무엇이 가장 효과적일지 파악하기 힘들어요. 목표가 무엇인가요?"

아시프는 미간을 찌푸렸다.

"대다수 사람들은 어떤 일을 왜 하는지 자문하지 않아요." 토니는 말했다.

"자문할 때도 자신에게 거짓말을 하죠.《딜리버링 해피니스》를 쓸 때 분명히 내 마음 깊은 곳에서는 허영심과 자만심이 작용하고 있었어요. 부모님한테 자기 책이 〈뉴욕타임스〉 베스트셀러 1위에 올랐다는 소식을 전하는 건 기분 좋은 일이죠. 그게 한 가지 동기일 수 있어요. 다른 동기는…."

그 말을 들으니 충격과 혼란이 동시에 찾아왔다. 나는 항상 '허영심'과 '자만심'이 나쁘다고 생각했다. 그런 단어로 나 자신을 설명할 생각은 한 번도 한 적이 없었다. 그런데 토니는 전혀 주저하거나 부끄러워하지 않았다. 그의 얼굴은 언제나 그렇듯 표정이 없었다.

"자만심이 딱히 건강한 건 아니에요." 토니는 말을 이었다.

"하지만 자만심이 있는데도 없다고 자신을 속이는 게 더 나빠요. 마케팅 전술을 생각하기 전에 이면에서 어떤 동기가 작용하는지 알아야 해요. 동기를 좋다거나 나쁘다고 재단하지 말아요. 그냥 왜 그 일을 하는지 자문하세요. 최종 목표를 알면 올바른 전술을 선택하기가 쉬워집니다."

토니는 베스트셀러를 쓰고 싶다는 허영심이 다소 작용한다고 해서 젊은 기업가들을 북돋고 싶다거나 강력한 기업 문화를 창출하는 법을 가르치고 싶다는 다른 동기가 약화되는 것은 아니라고 설명했다. 이런 욕망들은 공존하는 것이었다.

대화가 이어지면서 더 많은 사람들이 주방에 모여 그의 이야기를 들었다. 나는 잠시 지금의 상황을 머릿속으로 음미했다. 나는 꼬리가 달려 있고 카우보이 모자를 쓴 카멜레온 카우보이, 랭고Rango 복장을 한 채 테디 베어 복장을 한 토니가 시골사람 복장을 한 아시프에게 하는 출판에 대한 조언을 듣고 있었다.

"책을 낸 후 3개월 동안이 가장 중요해요." 토니는 말했다.

"나의 최종 목표 중 하나는 책을 베스트셀러로 만드는 것이었어요. 그래서 3개월 동안 비즈니스 컨퍼런스, 강연 등 가는 곳마다 책 이야기를 했어요. 또 RV를 사서 외부에 책 표지 사진을 입힌 다음 3개월 동안 계속 돌아다녔죠. 그 3개월은 내 인생에서 가장 힘든 기간 중 하나였어요." 토니는 목소리를 낮추며 말했다.

"낮에는 강연을 하고 밤에는 이동을 했죠. 씨앗을 퍼트리기 위해 할 수 있는 일은 전부 했어요. 그래도 한 번에 모든 곳을 갈 수는 없었죠. 그래서 직접 가지 못하는 행사나 컨퍼런스에는 나의 메시지가 사람들에게 닿기를 바라며 책을 보냈어요."

"솔직히." 그는 말을 이었다.

"그 책들을 누가 읽기는 했는지도 몰라요. 세상에 어떤 변화를 일으켰는지도 모르고요."

'말하고 싶다….'

하지만 엘리엇의 말이 귓가에 울렸다.

'멍청한 짓 하지 마. 말하면 널 계속 팬으로만 보게 될 거야.'

그러나 그 순간, 나는 나답게 행동해야 한다는 생각이 들었다.

"토니." 나는 말했다.

"대학 1학년 때 당신이 책을 보낸 한 비즈니스 컨퍼런스에서 자원봉사를 했어요. 그 전에는 당신 이름을 들어본 적이 없었고, 자포스가 뭘 하는 회사인지도 몰랐어요. 그래도 행사 주최 측에서 책을 나눠주길래 받아가지고 집으로 갔죠. 몇 달 후 내 삶에서 가장 힘든 시기를 보낼 때 당신의 책을 집어 들었다가 다시 내려놓지 못했어요. 주말 내내 다 읽어버렸어요. 당신이 꿈을 좇은 이야기를 읽으니 나도 할 수 있겠다는 생각이 들었어요."

"당신이 그 비즈니스 컨퍼런스에 책을 보내지 않았다면…."

말을 이어가는 나의 목소리가 떨렸다.

"지금 하는 일을 하지 못했을 거예요. 토니, 당신의 책은 내 인생을 바꿨어요."

주방에 있던 모든 사람이 얼어붙은 듯 서 있었다.

토니는 조용히 나를 바라보기만 했다. 그러나 부드러워지는 그의 표정과 촉촉해지는 눈가는 그 어떤 말보다 많은 것을 말해주었다.

자포스 CEO와 같이 다니는 행운을 얻다

: 2주 후, 라스베가스 시내

나는 UPS 상자를 찢어서 열고 네이비 블루 자포스 셔츠를 꺼냈다. 그 셔츠는 다른 사람들에게는 단지 천조각에 불과했지만 내게는 슈퍼맨의 망토 같았다.

나는 토니가 숙소로 마련해 준 한 아파트에서 막 일어난 참이었다. 나는 셔츠를 입고, 백팩을 멘 후 1층으로 내려갔다. 거기에는 자포스에서 보낸 차가 기다리고 있었다. 차는 출발한 지 10분 만에 자포스 본부에 도착했다.

안으로 들어서니 안내 데스크 위에 놓인 팝콘 기계, 소파 옆에 있는 댄스 댄스 레볼루션Dance Dance Revolution 게임기, 벽에 스테이플로 박힌 수백 개의 잘린 넥타이가 보였다. 한 직원이 로비보다 더 화려하게 장식한 책상들이 있는 사무실로 나를 안내했다. 한 줄은 수많은 생일 축하용 띠로 덮여 있었고, 다른 줄에는 크리스마스 전구들이 반짝였다. 또 다른 줄에는 3m 높이의 해적 모양 풍선이 있었다. 열대 우림 분위기로 꾸며진 부분의 한 어질러진 책상 앞에 토니가 앉아 있었다. 노트북 앞에 웅크리고 있던 그는 나를 보자 의자에 앉으라고 손짓했다.

나는 아침 인사를 했다. 그러자 직원이 내쪽으로 몸을 기울이면서 속삭였다.

"5시간 정도 인사가 늦었어요. 4시에 일어나셨거든요."

토니는 노트북을 닫고 자리에서 일어서더니 따라오라는 손짓을 했다. 우리는 카펫이 깔린 복도를 지난 첫 회의가 열리는 곳으로 향했다. 나는 검은 가죽구두를 신고 내딛는 그의 절도 있는 발걸음을 조금 뒤에서 따라갔다. 나의 발걸음이 대단히 소심하게 느껴졌다. 토니가 아무리 친절하게 대해줘도 여전히 나는 여기 있을 자격이 없다는 생각이 들었다. 마음 한구석에는 아주 사소한 잘못만 저질러도 그가 나를 집으로 돌려보낼 것이라는 불안이 있었다.

우리는 회의실에 도착했다. 나는 뒤쪽에 있는 의자를 발견하고 그쪽으로 걸어갔다. 토니는 그런 나를 보더니 손을 내저으며 그의 옆자리를 가리켰다. 다음 회의를 위해 다른 회의실에 갔을 때도 그는 다시 옆에 앉으라고 손짓했다. 그 다음 회의에서도 그랬다. 오후에 4번째 회의를 할 때는 그가 가리키지 않아도 내가 알아서 그의 옆에 앉았다.

토니는 한 유통업체 대표와 점심 미팅을 가졌다. 식사를 마친후 나는 복도로 나서는 두 사람을 따라갔다. 토니는 어깨 너머로 고개를 돌리며 "어떻게 생각해?"라고 물었다. 나는 더듬거리며 대답했다. 그는 아무 대꾸도 하지 않았다. 그저 고개를 끄덕이며 듣기만 했다. 다음 회의가 끝난 후 그는 다시 고개를 뒤로 젖히며 "어떻게 생각해?"라고 물었다. 그는 이후로도 거듭 나의 의견을 요청했다.

바깥이 어두워지기 시작했다. 사무실이 텅 비었다. 마지막 회의를 끝내고 나올 때 토니는 다시 내 생각을 물었다. 이번에는 고개를 돌릴 필요가 없었다. 내가 뒤쪽이 아니라 바로 옆에 있었기 때문이다.

다음 날 아침, 나는 자포스 티셔츠를 걸치고 토니의 운전기사가 대기하고 있는 1층으로 내려갔다. 우리는 시내를 가로질러 2000명을 수용할 수 있는 강당으로 향했다. 토니가 전사 회의를 열 곳이었다. 그는 이미 2시간 전에 도착해 있었다.

나는 강당에 도착한 후 오전 내내 무대 뒤에서 토니가 리허설을 하는 모습을 지켜봤다. 그의 프레젠테이션은 기업식 기조연설과 고등학교식 응원이 뒤섞인 형태였다. 몇 시간 후 조명이 희미해지고 막이 열렸다. 나는 토니의 아버지와 함께 앞줄에 앉아 모든 것이 전개되는 과정을 지켜봤다.

행사 말미에 내가 강당 밖으로 나가려 할 때 한 직원이 나를 붙잡았다. 그는 내가 어제 오후에 토니를 따라다니는 걸 봤다고 말했다. 또한 자포스에서 몇 년 동안 일했는데 토니와 같이 다녀보는 게 자기의 큰 꿈 중 하나라고 덧붙였다. 그는 내가 어떻게 행운을 얻었는지 물었다. 그의 눈빛은 새로운 것이 아니었다. 다른 자포스 직원들도 어제 그런 눈빛으로 나를 바라보았다. 자기도 나처럼 되고 싶다는 눈빛 말이다.

그날 저녁 나는 토니에게 작별인사를 하면서 지난 이틀 동안 고마웠다고 말했다.

"그리고 이상하게 들릴지 모르겠지만." 나는 말했다.

"다른 직원들한테도 이런 기회를 주면 어떨까요?"

토니는 멍하니 나를 바라보며 말했다.

"그러고 싶지만 누구도 요청한 적이 없어."

진실은 더 깊은 곳에 있다

: 2주 후, 창고 사무실

나는 사무실을 서성이며 책상 위에 놓아둔 휴대폰을 흘긋거렸다. 전화를 해야 했지만 할 수 없었다. 머릿속에 지난 기억이 떠올랐다.

"학교 그만둘 거야?" 엘리엇이 물었다.

"네?"

"학교 그만둘 거냐고."

엘리엇한테는 절대 이야기하고 싶지 않았다. 그러나 그가 유일하게 이야기할 수 있는 사람이라는 생각도 들었다. 나는 휴대폰을 집어 들었다.

"어이, 무슨 일이야?"

"엘리엇, 도움이 필요해요."

나는 출판 에이전트가 책을 홍보할 이상적인 시기가 다음 달이라고 말했으며, 그때까지 제안서를 다시 써야 한다고 이야기했다. 문제는 2학년 새 학기가 일주일 후에 시작된다는 것이었다.

"그래서 문제가 뭔데?" 엘리엇이 물었다.

"이번 학기에 학교로 돌아가면 과제와 시험 때문에 제때 제안서를 마무리하지 못할 거예요. 그래서 어떻게 해야 할지는 아는데 도저히 부모님께 학교를 그만두겠다고 말할 엄두가 안 나요."

"야, 너 절대 학교 그만두면 안 돼."

'잠깐… 뭐라고?'

"똑똑한 사람은 누구도 중퇴하지 않아." 그는 말을 이어나갔다.

"그건 속설에 불과해. 빌 게이츠와 마크 저커버그는 네가 아는 것과 달리 학교를 중퇴한 게 아냐. 조사를 좀 해봐. 그럼 무슨 말인지 알게 될 거야."

전화를 끊은 후 책장을 훑어서 아직 열어보지 않은 《페이스북 효과 The Facebook Effect》를 꺼냈다. 페이스북의 초창기 이야기를 담아서 호평 받은 책이었다. 52페이지에 내가 찾던 부분이 나왔다.

　마크 저커버그는 2학년에 올라가기 전 여름 동안 팔로 알토에서 몇 가지 부가 프로젝트를 실행하고 있었다. 그중 하나가 7개월 전에 문을 연 페이스북이라는 웹사이트였다. 그는 늦여름에 멘토인 숀 파커를 불러내 조언을 구했다.

　"이게 정말로 계속될 거라고 생각해요?" 저커버그는 물었다.

　"한때의 유행으로 사라지지 않을까요?"

　페이스북의 회원이 거의 20만에 이르렀을 때도 저커버그는 그 미래를 의심했다. 나는 실마리를 감지했지만 그게 무엇인지 몰랐다. 노트북을 꺼내 더 깊이 파고들었다. 몇 시간 동안 유튜브에서 저커버그의 인터뷰를 본 끝에 마침내 더 많은 빛을 밝혀주는 영상을 찾았다.

　2학년에 올라가기 몇 주 전, 저커버그는 페이스북의 창업 자금을 마련하기 위해 창업투자자인 피터 틸을 만났다. 틸은 저커버그에게 학교를 중퇴할 것이냐고 물었다. 저커버그는 아니라고 대답했다. 실제로 2학년이 시작되면 학교로 돌아갈 계획이었다.

　새 학기가 시작되기 직전에 저커버그의 동창으로서 페이스북을 같이 만든 더스틴 모스코비츠가 보다 실용적인 방법을 찾아냈다. 모스코비츠는 저커버그에게 말했다.

　"앞으로 회원이 많이 늘어날 것이고 서버도 많이 늘려야 해. 그런데 사이트를 운영할 사람이 없어. 이대로는 힘들어. 학교를 다니면서 페이스북까지 병행하는 건 무리야. 그러니까 한 학기만 휴학하고 사이트를 안정시킨 다음에 봄 학기에 복학하면 어떨까?"

엘리엇이 말한 게 바로 이것이었다. 나는 〈소셜 네트워크The Social Network〉를 본 이후 줄곧 저커버그가 학교를 그만두고, 하늘을 향해 중지를 세우고, 결코 뒤돌아보지 않은 반항아라고 생각했다. 영화에서는 그가 페이스북의 미래를 의심하는 모습이 나오지 않았다. 한 학기를 쉬어야 할지 신중하게 따지는 모습도 나오지 않았다.

오랫동안 나는 마크 저커버그를 '대학 중퇴자'로 소개한 기사들을 읽었다. 그래서 학교를 떠나기로 한 결정이 단호하게 이뤄졌을 것이라고 짐작했다. 기사와 영화는 모든 일을 흑백으로 그린다. 그러나 실은 모든 것이 회색이다. 전체 이야기를 알고 싶다면 더 깊이 파고들어야 한다. 기사나 트윗에만 의존해서는 안 된다. 회색의 진실은 140자와 맞지 않는다.

나는 빌 게이츠에 대한 책을 집어 들었다. 93페이지에 같은 이야기가 나왔다. 게이츠도 충동적으로 학교를 그만둔 것이 아니었다. 마이크로소프트에 전념하기 위해 2학년 때 한 학기를 쉬었을 뿐이었다. 그러다가 사업의 동력이 제대로 살아나지 않자 학교로 돌아갔다. 이 일은 누구도 이야기하지 않는다. 게이츠는 다음 해에 한 학기를 쉬었고, 마이크로소프트가 성장하면서 다시 한 번 더 휴학했다.

어쩌면 위험을 감수하는 데 있어서 가장 어려운 부분은 감수 여부가 아니라 시기일지 모른다. 어느 정도로 동력이 확보되어야 학교를 떠나는 것이 정당화될지 가늠하거나 언제가 일을 그만둘 적기일지 가늠하기는 어렵다. 중대한 결정이 명확한 판단 하에 내려지는 경우는 드물다. 시간이 지난 후에야 명확하게 보일 뿐이다. 우리가 할 수 있는 최선은 한 번에 한 걸음씩 신중하게 나아가는 것이다.

학교를 그만두는 건 거북했지만 한 학기만 휴학하는 건 타당해 보였다. 나는 학교로 가서 상담원과 이야기를 나눴다. 그녀는 '휴학 신청서'라고 적힌 밝은 녹색의 양식을 건넸다. 복학은 7년 안에 아무 때나 가능했다.

나는 희소식을 전하기 위해 부모님에게 달려갔다.

————

"휴학을 한다고?" 엄마가 소리쳤다.

"미쳤니?"

엄마는 주방에서 토마토를 썰고 있었다.

"엄마, 엄마가 생각하는 만큼 그렇게 큰일은 아냐."

"아냐. 네가 생각하는 것보다 큰일이야. 난 널 알아. 네가 너 자신을 아는 것보다 더 오래 널 알았어. 넌 한 번 학교를 떠나면 절대 돌아가지 않을 거야."

"엄마, 이건 그냥…."

"안 돼! 내 아들은 절대 대학을 중퇴할 수 없어!"

"중퇴가 아니라니까." 나는 녹색 양식을 흔들며 말했다.

"휴학이에요."

엄마는 토마토를 더 세게 썰었다.

"엄마, 날 믿어요. 엘리엇이…."

"그럴 줄 알았다! 엘리엇이 뒤에서 부추긴 거야!"

"엘리엇하고 아무 상관없어요. 학교에 다니는 건 좋은데…"

"그럼 왜 그만두려는 건데?"

"출판 계약을 따내야 하니까요. 계약만 따내면 빌 게이츠를 만날 수 있어요. 그러면 그게 전환점이 되어서 내가 인터뷰하고 싶은 다른 사람들도 만나줄 거예요. 이 일은 무조건 해야 해요."

"일이 안 되면 어떡할래? 애초에 안 되는 일이라는 걸 모르는 거면 어떡할래? 계속 시도하다가 뒤늦게 포기하고 복학하려는데 학교에서 안 받아주면 어떡할래?"

나는 유예 기간이 7년이라고 설명했다. 엄마는 어금니를 꽉 다문 채 나를 노려보다가 휙 가버렸다.

나는 내 방으로 가서 문을 세게 닫았다. 침대에 쓰러지자마자 내 안에서 의심의 목소리가 들렸다.

'엄마 말이 맞으면 어쩌지?'

엄마와 말다툼을 하고 나면 원래는 할머니에게 전화를 걸었다. 그러나 이제는 절대 그럴 수 없었다. 생각할수록 속이 불편했다.

'주네 만.'

할머니에게 절대 학교를 그만두지 않겠다고 맹세했다. 어떻게 그 약속을 깰 수 있을까? 하지만 약속을 지키려면 내가 하고 싶은 일을 할 수 없었다. 할머니와 약속할 때는 내 삶이 어디로 나아갈지 몰랐다.

서밋에서 댄 밥콕이 해준 조언이 머릿속에 떠올랐다.

"성공은 하고 싶은 일의 우선순위를 정하는 데서 이뤄져."

'하지만 어떻게 우선순위를 정하지?'

'물론 가족이 제일 중요하다. 그러나 이제는 남을 위한 삶을 중단하고 나를 위한 삶을 살아야 하지 않을까?'

갈등이 나를 괴롭혔다. 나는 불안과 혼란에 휩싸여 엘리엇에게 전화를 걸었다. 그는 더없이 직설적으로 말했다.

"나도 부모님하고 같은 일을 겪었어." 그는 말했다.

"학교가 어떻게 모두에게 맞는 곳이지?'라는 생각이 들었어. 오래 전에 들었던 카니예의 노래에 이런 가사가 나와."

> 사람들에게 학업을 끝내고 내 일을 시작했다고 말했지.
>
> 그들은 '졸업한 거야?'라고 물었어.
>
> 아냐, 내가 그만두기로 결정한 거야.

"학교는 다닐 만큼 다녔어." 엘리엇은 말했다.

"이제는 네가 하고 싶은 일을 해야 해. 학교를 그만둘 때가 됐어."

―――――

다음 주 내내 나는 부모님과 같이 거실에 앉아서 나의 결정을 받아들이도록 설득에 나섰다. 이윽고 휴학계를 제출할 수 있는 마지막 날이 되었다. 마감까지 남은 시간은 3시간이었다. 나는 휴학계에 서명하고 학교로 갈 준비를 마쳤다.

침대 위에 놓인 녹색 양식을 바라볼수록 두려움이 밀려왔다. 엘리엇의 조언이 도움을 주기는 했지만 그와 나눈 20분의 통화는 엄마와 함께 한 20년에 비하면 아무 것도 아니었다. 마음 한구석에서는 엄마가 옳을지도 모른다는 생각이 들었다. 10년 후 나는 책도 내지 못하고, 대학 졸업장도 없이 망상에 빠져 사는 신세가 될 수도 있었다. 7년 동안의 유예기간이 있고, 엘리엇은 걱정하지 말라고 말했지만 여전히 인생 최대의 실수를 저지르는 것 같은 기분이었다.

신발끈을 매고 있을 때 초인종이 울렸다. 나는 휴학계를 주머니에 넣고, 차 키를 든 후 문으로 향했다. 손잡이를 돌려서 문을 열었다. 할머니였다. 할머니는 계단에 서서 몸을 떨며 눈물을 흘리고 있었다.

막다른 길일지라도 사명은 계속된다

나는 창고 사무실에 틀어박혀서 최대한 빨리 출판 제안서를 고쳐 썼다. 친구들과 연락을 끊었다. 가족들도 만나지 않았다. 잠은 3시간밖에 자지 않았다. 눈을 감으면 뇌리에 박힌 것처럼 같은 이미지가 계속 떠올랐다. 그것은 눈물을 흘리고 있는 할머니의 얼굴이었다.

치 루는 야후 쇼핑을 만들 때 하루 두세 시간밖에 자지 않았다고 말했다. 솔직히 그게 가능한지 의심스러웠다. 하지만 이제는 가능하다는 사실을 알게 되었다.

에이전트는 제안서를 다시 쓰려면 30일 정도가 걸릴 것이라고 말했다. 나는 8일 만에 끝냈다. 막다른 곳에 몰리면 숨은 능력까지 발휘하게 되는 법이다. 나는 에이전트에게 140페이지짜리 제안서를 이메일로 보냈다. 그리고 그녀가 마법을 발휘해 주기를 기도했다. 휴학계를 제출한 지 11일 후 나는 출판 계약을 맺었다.

———————

　나는 바로 부모님께 그 소식을 알렸다. 그러나 아무리 사소한 일도 축하해주던 아버지마저 흐릿한 미소만 지을 뿐이었다. 내가 학교를 그만둔 충격이 아직 가시지 않은 게 분명했다. 나와 같이 흥분해 줄 다른 사람이 필요했다. 나는 엘리엇에게 전화를 걸었다.

　"설마." 그는 말했다.

　"그럴 리가 없어. 거짓말하지 마."

　"정말이에요."

　"세상에. 해냈구나! 성공했어! 동생, 넌 슈퍼스타야!"

　엘리엇이 그렇게 말한 적은 처음이었다.

　"말도 안 돼!" 그는 말을 이어나갔다.

　"이제 어떻게 할 거야?"

　"빌 게이츠와 인터뷰를 할 거예요."

　"대단해! 얼마나 오래 인터뷰할 수 있을 것 같아? 그의 사무실에서 할 거야? 아니면 그의 집에서 할 수 있을까? 둘만 일대일로 하는 거야? 아니면 홍보 담당자들이 같이 있는 거야?"

　"아직 비서실장한테 출판 계약이 됐다는 말도 하지 않았어요."

"됐어." 엘리엇은 말했다.

"완벽한 이메일을 보내야 해."

우리는 한 시간 동안 전화로 이메일의 내용을 논의했다. 인터뷰를 직접적으로 요청하는 내용은 넣지 않았다. 내가 왜 이메일을 보내는지 굳이 언급하지 않아도 분명하게 드러났기 때문이다. 발신 버튼을 누르기 전에 불과 2년 전, 기숙사 침대에 누워서 빌 게이츠에게 배움을 얻을 수 있다면 어떨지 상상하던 기억을 떠올렸다. 마침내 그 꿈이 이뤄지려 하고 있었다.

하루 후, 비서실장의 답장이 도착했다는 메시지가 화면에 떠올랐다. 성가대가 창고 사무실로 들어와 '할렐루야!'를 불러주는 듯했다. 엘리엇에게 전화를 걸어서 내용을 같이 읽을까 하는 생각이 들었다. 하지만 도저히 참을 수 없었다. 나는 이메일을 열었다.

좋은 소식이네요. 축하해요!

나머지 내용을 찾아 화면을 아래로 내렸다. 하지만 그게 전부였다. 나의 이메일 전략은 명백히 실패했다. 그래도 물러설 수 없었다. 비서실장에게 다시 이메일을 보냈다.

일주일이 지났다. 아무 답변이 없었다. 나는 이메일을 보지 못했을 거라고 자신을 다독이며 세 번째 이메일을 보냈다.

다시 일주일이 지났다. 여전히 아무 답변이 없었다. 나는 그 침묵의 의미를 받아들이기 시작했다. 그의 답은 '안 된다.'였다. 단지 안 된다는 선에서 그치는 것이 아니라 아예 연락조차 하지 않았다.

———

나는 출판사에 빌 게이츠와 인터뷰를 할 수 있다고 장담했다. 하지만 이제는 불가능하다는 사실이 밝혀졌다. 에이전트는 뭐라고 할까? 휴학계를 내면 빌 게이츠와 인터뷰할 수 있다고 말했는데 부모님한테는 어떻게 설명해야 하지? 나는 가족과 에이전트에게 실망을 안겼고, 출판사와 한 약속을 지킬 수 없었다. 그야말로 못난 짓 3관왕이 되고 말았다. 나는 창고 사무실에서 대안을 찾는데 골몰했다.

'좋아…. 빌 게이츠와는 인터뷰할 수 없어…. 빌 클린턴과의 인터뷰를 시도해 볼까? 엘리엇이 그와 아는 사이잖아? 만약 그것도 안 되면 워런 버핏과의 인터뷰를 시도해 봐야지. 댄이 도와줄 거야. 게다가 버핏은 게이츠와 친하니까 다리를 놓아줄지 몰라. 그러면 굳이 비서실장을 통하지 않아도 돼.'

이미 이전에 인터뷰를 요청한 사람들이었지만 그때는 뭘 어떻게 해야 할지 몰랐다. 이제는 약간 경험이 있었다. 다음 단계를 구상할수록 기분이 더 나아졌다.

'서밋에서 만난 친구가 오프라 밑에서 일해. 오프라와도 연락할 수 있어. 또 다른 친구는 저커버그 밑에서 일해. 어쩌면 다리를 놓아줄 수 있을 거야. 엘리엇은 레이디 가가의 매니저와 친구야. 분명 인터뷰가 성사될 거야.'

나는 레이디 가가, 워런 버핏, 빌 클린턴, 오프라 윈프리, 마크 저커버그의 사진을 내려받아서 한 페이지에 모았다. 그리고 10여 장을 출력해서 책상 옆, 벽, 침대 위, 자동차 대시보드에 붙였다.

돌이켜 보면 당시 나는 내게 일어나는 변화를 감지하고 있었다. 학교를 떠난 나는 완전히 혼자가 된 기분이었다. 주위 모든 사람에게 내세웠던 꿈이 무너지고 있었다. 거짓말쟁이가 되는 게 너무 두려웠고, 실패자로 보이는 게 너무 창피했다. 체면을 살릴 수 있는 일이라면 무엇이든 해야 했다. 아이러니하게도 이런 절박한 처지가 더 많은 거짓말을 하고 더 많은 실패를 겪게 만들었다.

"아주 순조로워요!" 나는 전화로 엘리엇에게 말했다.

"빌 게이츠의 비서실장이 조만간 답신을 보낼 거예요. 지금 일이 너무 잘 풀려서 나머지 인터뷰도 같이 준비하는 게 좋을 거 같아요. 레이디 가가의 매니저를 좀 소개해 줄래요? 버핏의 손자를 안다고 했죠? 클린턴의 비서도 알죠?"

엘리엇에게 거짓말을 하려니 마음이 불편했다. 한 시간 후 엘리엇은 레이디 가가의 매니저에게 나를 소개하는 이메일을 보냈다. 덕분에 기분이 한결 나아졌다. 나는 인터뷰를 요청했고, 매니저는 답신을 보냈다. 거절이었다.

엘리엇은 빌 클린턴의 사무실에도 연락했다. 다시 거절당했다.

엘리엇은 나를 워런 버핏의 손자에게 소개해 주었다. 역시 막다른 길이었다.

서밋에서 사귄 친구가 나를 버핏의 아들이 참석하는 파티에 데려갔다. 도움이 되지 않았다.

서밋에서 사귄 다른 친구가 나를 버핏의 사업 파트너 중 한 명에게 소개해 주었다. 이번에도 답은 '안 된다.'였다.

서밋에서 사귄 또 다른 친구가 나를 오프라의 홍보팀에 소개해 주었다. 그들은 사명에 대한 나의 설명을 듣고 마음에 든다며 오프라에게 편지를 써보라고 말했다. 내가 쓴 편지는 홍보팀 1차 직급에게 전달되어 승인을 얻었다. 2차, 3차 직급도 승인해 주었다. 덕분에 마침내 오프라의 책상에 올랐지만 그녀의 답은 거절이었다. 실패에 대한 두려움이 목을 조여왔다. 그나마 아직 최강의 패가 남아 있다는 사실을 알기에 질식을 면할 수 있었다.

이제 댄에게 연락할 때였다. 댄은 워런 버핏에게 접근하는 당연한 경로처럼 보였다. 서밋에서 아침을 먹으며 기피 목록에 대한 이야기를 나눈 후 우리는 친구가 되었고, 매주 통화를 했다. 하지만 내가 버핏의 이름을 언급할 때마다 댄은 불편한 기색을 보였다. 이전 상사를 최대한 보호하려는 태도였다. 그래서 엘리엇을 통하는 편이 더 쉬울 것 같다고 판단했다. 그러나 이제는 댄이 유일한 희망이었다. 나는 댄에게 전화를 걸어서 원하는 말을 있는 그대로 하는 대신 이렇게 말했다.

"보고 싶어요! 언제 만날 수 있어요?"

그는 내게 주말에 샌프란시스코로 와서 요트에서 같이 시간을 보내자고 제안했다. 나는 바로 수락했다.

며칠 후, 나는 샌프란시스코에 도착했다. 내가 탄 택시는 댄이 사는 요트가 있는 안개 낀 선착장에 도착했다. 댄은 내가 더플백을 내려놓기도 전에 커다란 곰처럼 나를 껴안았다. 그는 내 더플백을 안으로 던져 넣고 바로 나를 데리고 나갔다. 우리는 샌프란시스코 베이에서 푸짐한 저녁을 먹은 후 그가 좋아하는 카페에서 라이브 음악을 들었다. 다음 날 아침, 우리는 공원의 경사진 풀밭에서 원반을 던지며 놀았다. 댄은 이틀 동안 가족처럼 나를 데리고 다니며 샌프란시스코를 구경시켜 주었다.

같이 있는 동안 나는 한 번도 버핏의 이름을 언급하지 않았다. 댄과 나의 사이가 가까워지는 만큼 나를 버핏에게 소개해 줄 가능성이 높아지기를 바랐다. 마치 새 고객을 소개받으려는 영업사원이 된 기분이었다. 친구를 상대로 그런 일을 하려니 마음이 영 불편했다.

이제 남은 시간이 별로 없었다. 샌프란시스코에서 보내는 마지막 날 아침, 나는 잠에서 깨어나 시계를 확인했다. 공항으로 가기 전까지 2시간이 남아 있었다. 나는 댄과 여자친구가 있는 갑판으로 향했다. 두 사람은 커피잔을 들고 금문교를 바라보고 있었다.

나는 그들과 잠시 이야기를 나눈 후 다시 시계를 보았다. 떠나야 하는 시간까지 30분밖에 남아 있지 않았다. 그런데도 아직 버핏에게 나를 소개해 달라는 말을 꺼내지 못했다.

"댄, 이것 좀 봐줄래요?"

나는 노트북을 꺼내 그에게 건넸다. 화면에 뜬 내용이 내가 워런 버핏에게 쓴 편지라는 사실을 알자 댄의 눈이 가늘어졌다.

"알렉스." 그가 말했다.

"이거…. 아주 좋은데. 버핏 씨가 마음에 들어할 거야."

나는 아무 말도 하지 않았다. 그저 댄이 버핏에게 연락해서 일을 진행해 보자며 이 침묵을 메워주기를 바랐다. 댄은 편지를 다 읽고 조금 있다가 고개를 들었다.

"이거 말이야." 댄은 말했다.

나는 앞으로 몸을 기울였다.

"2부를 복사해서…." 그가 말했다.

"1부는 버핏 씨 사무실로, 다른 1부는 버핏 씨 자택으로 보내."

댄의 여자친구는 커피잔을 내려놓고 "나도 읽어보자."라며 노트북으로 손을 뻗었다. 그녀는 편지를 다 읽은 후 댄을 바라보았다.

"아주 잘 썼네. 자기가 그냥 버핏 씨한테 바로 보내주면 안 돼?"

"그러면 정말 좋을 것 같아요." 나는 말했다.

댄의 눈길이 노트북에서 여자친구를 거쳐 내게로 향했다.

그는 잠시 침묵하다가 이렇게 말했다.

"알았어. 알렉스, 나한테 이 편지를 이메일로 보내주면 내가 전해줄게."

댄의 여자친구는 그의 뺨에 입맞춤했다.

"만약 승낙이 안 되면." 그는 말을 이었다.

"내가 너하고 같이 오마하로 가서 직접 말해줄게! 알렉스, 한번 해보자. 곧 인터뷰를 하게 될 거야."

Tim Ferriss

Steven Spielberg

Lady Gaga

Quincy Jones

Larry King

Maya Angelou

Warren Buffett

Bill Gates

Pitbull

Steve Wozniak

Maya Angelou

장애물을
뚫어라

9장

그들에게 필요한 것이
무엇인지를 찾아라

No one wanted to meet with
a young guy with no credibility,
trying to sell them stocks.
So Buffett changed his
approach — he began calling
up businesspeople and made
them feel he could save them
money on their taxes.

누구도 주식을 팔려고 접근하는 무명의 젊은이를 만나주려 하지 않았다.
그래서 버핏은 접근법을 바꿨다. 바로 기업인들에게 전화를 걸어서
세금을 아낄 방법이 있는 것처럼 말하는 것이었다.

워런 버핏, 20세기를 대표하는 전설적인 투자의 귀재

내가 요트를 떠나기 전에 댄은 내게 만약 버핏에게 편지를 보내서 바로 허락을 얻어도 아직 인터뷰 준비가 되어 있지 않다는 점을 지적했다. 그래서 나는 발신을 보류하고 자료를 조사하러 집으로 돌아갔다.

나는 많은 사람들이 버핏에 대해 아는 사실들을 이미 알았다. 그는 역사상 가장 성공한 투자자이자 미국의 2대 부호였다. 그런데도 뉴욕에서 살며 월가에 거대한 사무실을 두지 않았다. 그는 네브라스카 주 오마하에서 태어났으며, 지금도 거기서 자신의 회사인 버크셔 해서웨이를 운영한다. 전 세계에서 수만 명이 버크셔 해서웨이 주주총회에 참석하기 위해 해마다 오마하로 모여드는 모습을 텔레비전에서 본 적이 있다. 주주들은 그를 존경했으며, 심지어 사랑했다. 창고 사무실로 가서 800페이지짜리 전기의 표지에 있는 버핏의 얼굴을 보자 거대한 가족의 일원이 되는 듯한 느낌이 들었다.

그의 부드러운 주름살과 숱이 많은 눈썹을 바라보니 따스한 기운이 느껴졌다. 그의 눈은 중서부 사람들의 매력으로 반짝이는 듯했다. 그의 사진은 오래 바라볼수록 살아 움직이는 것 같은 기분이 들었다. 버핏은 나를 보고 웃고, 윙크하고, 손을 흔들며 "알렉스, 들어와!"라고 말했다.

나는 책을 책상에 내려놓고 행복하게 책장을 넘기기 시작했다.

댄이 인터뷰를 도와줄 것이라는 사실을 알기에 아무 부담이 없었다. 책을 읽는 게 너무 재미있어서 시간 가는 줄 모를 지경이었다. 어떤 것을 배우면서 이런 느낌을 받은 적은 처음이었다. 대학에서 온갖 시험과 과제에 시달렸고, 책을 읽는 것은 약을 먹는 일 같았다. 그러나 지금은 와인을 마시는 기분이었다. 나는 낮에는 그의 전기를 읽었고, 저녁에는 그에 대한 오디오북을 들었으며, 밤에는 그에 대한 유튜브 비디오를 보며 귀중한 조언들을 받아들였다.

"대학생들에게 내 나이가 되었을 때 자기를 사랑해 주기를 바라는 사람들이 자기를 사랑해 준다면 성공한 인생이라고 이야기합니다."

"재능과 노력이 아무리 대단해도 시간이 필요한 일들이 있어요. 9명의 여성을 임신시켜서 한 달 만에 아이를 얻을 수는 없어요."

"나는 거의 매일 그냥 앉아서 생각하는 데 고집스레 많은 시간을 할애합니다. 미국 기업계에서는 아주 드문 일이죠…. 그래서 나는 대다수 기업인들보다 더 많이 읽고 생각하며 충동적인 결정을 덜 합니다."

나는 금융을 잘 모르고 거기에 관심을 가진 적도 없다. 그러나 버핏이 금융을 설명하는 방식은 나를 완전히 사로잡았다.

> "월가에서 부자가 되는 비결을 알려드리죠. 다른 사람들이 무서워할 때 탐욕을 부리고, 다른 사람들이 탐욕을 부릴 때 무서워하려고 해보세요."

> "주식시장은 스트라이크가 없는 경기예요. 모든 공에 방망이를 휘두를 필요가 없습니다. 원하는 공이 올 때까지 기다릴 수 있어요. 투자 책임자들이 직면한 문제는 팬들이 '휘둘러, 멍청아!'라고 소리친다는 겁니다."

> "나는 사업이 너무 좋아서 바보도 운영 가능한 기업의 주식을 사려고 노력합니다. 조만간 정말로 바보가 운영하게 될 테니까요."

나는 800페이지짜리 전기를 다 읽자마자 다른 전기를 펼쳤다. 나중에는 버핏을 다룬 15권의 책이 책상 위에 놓였지만 여전히 충분치 않았다. 나는 6살 때 집집이 찾아가 껌을 팔던 것부터 현재 버크셔 해서웨이가 세계에서 5번째로 높은 가치를 지니는 회사로서 코카콜라, IBM, 아메리칸 익스프레스 같은 기업에 투자했을 뿐 아니라 하인즈, 가이코GEICO, 시즈 캔디See's Candies, 듀라셀, 프루트 오브 더 룸Fruit of the Loom, 데어리 퀸Dairy Queen 같은 기업을 직접 소유하고 있다는 것까지 그에 대해 알 수 있는 모든 것을 알았다. 버핏의 경험과 지혜를 접할수록 더 그가 친근한 할아버지처럼 느껴졌다.

내가 가장 좋아하는 이야기는 그가 내 나이일 때로 거슬러 올라간다. 내 친구들 중 일부는 그와 비슷한 상황에 처해 있었다. 친구들의 고민에 대한 답을 워런 할아버지는 알고 있었다.

커리어를 위해 장기적으로 투자하라

내 친구 코윈과 워런 버핏을 같은 문장에 담을 줄은 꿈에도 몰랐다. 영화에 대한 코윈의 열정은 갈수록 뜨거워졌다. 그의 관심사는 금융과 한참 거리가 멀었다. 다만 그에게는 아무 반응이 없는 감독들과 만나는 방법에 대한 조언이 필요했다. 나는 그에게 워런 할아버지가 한 일을 말해주었다.

버핏은 링컨 주에 있는 네브라스카 대학을 졸업한 후 주식중개인으로 일했다. 기본적으로 주식을 파는 게 일이었다. 문제는 오마하에서 활동하는 기업인들과 만나려고 시도할 때마다 매번 거절당한다는 것이었다. 누구도 주식을 팔려고 접근하는 무명의 젊은

이를 만나주려 하지 않았다. 그래서 버핏은 접근법을 바꿨다. 바로 기업인들에게 전화를 걸어서 세금을 아낄 방법이 있는 것처럼 말하는 것이었다. 그러자 이전과 달리 만나자는 답변이 돌아왔다. 그렇게 버핏은 만남의 자리를 얻어냈다.

"그게 핵심이야." 나는 코윈에게 말했다.

"사람들은 네가 바라는 이유로는 만나주지 않아. 그렇다고 해서 절대 만나주지 않는 건 아냐. 접근할 수 있는 다른 방향을 찾아. 그들에게 필요한 것이 무엇인지 파악해서 그걸 입구로 활용해."

내 친구 안드레는 음악 산업에 종사하고 싶어했다. 그는 음반사에서 높은 급여를 받는 일자리를 노려야 할지 아니면 유명 작곡가 밑에서 무보수로 일하는 것이 나을지 고민했다. 나는 안드레에게 고민할 일이 아니라고 말했다.

버핏은 주식중개인으로 일할 때 능력을 향상하기 위해 경영대학원에 들어가기로 마음먹었다. 그는 콜럼비아 대학 경영대학원에 지원했다. 가치투자의 아버지로 알려진 월가의 전설, 벤저민 그레이엄이 교수로 있는 곳이었기 때문이다. 버핏은 그의 강의를 들은 후 그를 자신의 멘토로 삼았다.

버핏은 경영대학원을 졸업할 무렵 다른 동기들처럼 고액의 연봉을 주는 회사에 들어가는 것이 아니라 그레이엄 밑에서 일하기로 결정했다. 그러나 그레이엄은 버핏의 요청을 거절했다. 심지어 버핏이 무보수로 일하겠다고 하는데도 마찬가지였다.

결국 버핏은 오마하로 돌아가 다시 주식중개인으로 일했다. 그래도 그레이엄에게 계속 편지를 보냈고, 뉴욕으로 찾아가기도 했다. 버핏의 말에 따르면 2년 동안 '귀찮게 군' 후에야 마침내 그레이엄은 그에게 일자리를 주었다.

그 무렵 버핏은 결혼하여 아이까지 있었다. 그런데도 최대한 빨리 일을 시작하기 위해 바로 뉴욕으로 날아갔다. 그는 심지어 월급을 받는지도 묻지 않았다. 그는 그레이엄의 사무실 바깥에 있는 책상에 앉아서 스승에게 직접 투자를 배웠다. 2년 후 그레이엄이 은퇴하고 사무실 문을 닫자 버핏은 자신의 투자 펀드를 만들기 위해 오마하로 돌아갔다. 그레이엄은 새로 돈을 맡길 곳을 찾는 오랜 고객들에게 버핏을 소개했다.

버핏은 장기 가치투자자로 유명하다. 이 이야기는 그가 자신의 경력도 같은 방식으로 대한다는 사실을 말해준다. 그는 경영대학원을 졸업했을 때 고액의 연봉을 받는 일자리를 얻어서 단기적으로 훨씬 많은 돈을 벌 수 있었다. 그러나 그레이엄 밑에서 무보수로 일하겠다고 제의하면서 장기적으로 훨씬 많은 돈을 벌 수 있는 준비를 했다. 돈을 최대한 많이 받으려 애쓰는 것이 아니라 배움과 전문성 그리고 인맥을 얻을 수 있는 길을 선택한 것이다.

"엘리엇이 나한테 한 말과 같아." 나는 말했다.

"한 길은 선형적인 삶으로 이어지고, 다른 길은 기하급수적 삶으로 이어지지."

때로 내 친구들 중에는 아예 고민이 없는 경우도 있었다. 금융계에서 일하고 싶어하는 라이언은 그저 워런 할아버지처럼 되는 방법을 알고 싶어했다. 나는 각주를 읽는 것이 답이라고 말했다.

버핏이 투자 펀드를 만든 후 한 저술가가 인터뷰를 하고 싶다며 연락을 했다. 그 저술가는 상장사들에 대해 까다로운 질문을 던졌다. 버핏은 자신이 방금 읽은 연차 보고서에 답이 있다고 대답했다. 저술가는 연차 보고서를 읽고 나서 버핏에게 전화를 걸어 답이 없다고 불평했다.

"자세히 읽지 않았군요." 버핏은 말했다.

"각주 14번을 보세요."

물론 거기에 답이 있었다.

저술가는 깜짝 놀랐다.

"이 이야기는 짧지만…" 나는 라이언에게 말했다.

"그 교훈은 엄청나. 나는 그게 버핏이 성공할 수 있었던 커다란 비결 중 하나라고 생각해. 다른 사람들이 모두 보고서를 대충 훑을 때 버핏은 세부 내용을 꼼꼼하게 확인하고, 더 깊이 파고들고, 모든 단어를 살펴서 단서를 찾았어. 타고난 천재여야만 각주를 읽을 수 있는 건 아냐. 선택의 문제지. 오랜 시간을 들이고, 더 멀리 나아가고, 다른 사람들은 하려 하지 않는 일을 하겠다는 선택 말이야. 버핏이 각주까지 읽은 것은 일을 넘어서 삶에 임하는 태도를 말해줘."

곧 내 친구들도 워런 할아버지를 좋아하게 되었다. 더 많은 이야기를 친구들에게 들려줄수록 그가 더 친숙하게 느껴졌다. 마침내 나는 댄에게 다시 연락할 준비가 되었다.

나는 버핏에게 보내는 편지를 다시 썼다. 내가 얼마나 관심이 많은지 보여주려고 그에 대해 아는 사실들을 최대한 많이 편지에 담았다. 댄은 이메일로 받은 편지를 마지막으로 검토한 후 완벽하다고 말했다.

댄에게 편지를 출력할지 아니면 손으로 옮겨 쓰는 게 나은지 묻자 그는 "둘 다!"라고 대답했다. 나는 그 말대로 한 다음 한 부는 버핏의 사무실로, 다른 한 부는 버핏의 집으로 보냈다. 또한 버핏에게 직접 전달할 수 있도록 댄에게도 이메일로 다시 보냈다.

이틀 후 댄이 전화를 걸어와 "네 편지를 버핏 씨의 개인 이메일로 보냈어."라고 말했다. 이 행복한 소식과 함께 내 인생에서 가장 비참했던 6개월이 시작되었다.

무작정 우물에 뛰어들지 마라

: 2주 후, 창고 사무실

발신 **워런 버핏 비서**

수신 **알렉스 바나얀**

제목 **버핏 씨에게 보낸 편지**

___

안녕하세요.
당신의 편지에 대한 버핏 씨의 답신을 첨부하였습니다.

나는 첨부 파일을 열었다. 내가 보낸 편지의 하단에 담청색 잉크로 휘갈겨 쓴 두 줄의 답신이 있었다. 내 편지가 너무 마음에 들어서 바로 답신을 쓰고 비서에게 그대로 스캔해서 나에게 이메일로 보내라고 말한 모양이었다. 하지만 스캔 상태가 좋지 않아서 단어를 알아볼 수 없었다. 할 수 없이 버핏의 비서에게 이메일을 보내서 내용이 무엇인지 물었다. 짐작으로는 "알렉스, 이 편지를 쓰기 위해 몇 달 동안 자료를 조사한 것 같군! 아주 인상적이네. 자네의 사명을 도와주고 싶어. 비서에게 연락해서 다음 주에 인터뷰 할 시간을 찾아보면 어떨까?" 같은 내용이었다.

5분 후 비서가 답장을 보냈다.

발신 워런 버핏 비서

수신 알렉스 바나얀

제목 버핏 씨에게 보낸 편지

그 내용은 아래와 같습니다.

알렉스, 내 삶의 모든 측면은 이미 여러 번 다뤄졌네. 인터뷰 요청을 전부 받아들이기에는 할 일이 너무 많아.

그는 손가락만 움직여서 나의 요청을 거절했지만 주먹을 휘둘러서 후려친 느낌이었다.

나는 댄에게 전화를 걸었다.

"좋은 기회라고 생각했는데, 다 된 일이라고 생각했는데…. 뭘 잘못한 걸까요?"

"알렉스, 네가 이해해야 해. 우리가 상대하는 사람은 워런 버핏이야. 하루에도 수백 건의 인터뷰 요청이 들어올 거야. 이걸 부정적으로 보면 안 돼. 직접 답신을 썼다는 건 네가 마음에 들었다는 뜻이야. 나는 버핏 씨를 알아. 아무한테나 답신을 써주는 사람이 아냐."

나는 이제 뭘 해야 할지 물었다.

"끈기를 가져야 해." 댄은 말했다.

"샌더스 대령은 KFC를 시작할 때 1009번이나 거절당했어. 너는 이제 한 번 거절당했을 뿐이야. 버핏 씨는 널 시험하고 있어. 얼마나 간절히 원하는지 확인하려는 거야."

나는 전화를 끊자마자 10개의 격언을 출력하여 벽에 붙였다.

"끈기란 누구나 아는 미덕이지만 실제로 힘을 발휘한다. 성공하는 사람은 다른 모든 사람이 포기한 후에도 계속 나아가는 사람이다. 끈기는 두뇌, 가문, 인맥보다 더 중요하다. 끈질기게 나아가라! 부서질 때까지 문을 두드려라!"
– 제리 와인트라웁

"활기와 끈기가 모든 것을 지배한다."
– 벤저민 프랭클린

"성공하는 가장 확실한 방법은 항상 한 번만 더 시도하는 것이다."
– 토머스 에디슨

"절대 포기하지 않는 사람은 이길 수 없다."
– 베이브 루스

"나의 성공은 운이 아니라 끈기 덕분이다."

– 에스티 로더

"내가 아주 똑똑해서가 아니라 단지 문제를 더 오래 붙잡고 있었기 때문이다."

– 알베르트 아인슈타인

"충분히 오래 매달리면 원하는 일은 무엇이든 이룰 수 있다."

– 헬렌 켈러

"지옥을 지난다면 계속 나아가라."

– 윈스턴 처칠

"세상 어떤 것도 끈기를 대신할 수 없다."

– 캘빈 쿨리지

나는 댄의 도움을 받아 버핏에게 두 번째 편지를 써서 보냈다. 일주일이 지나도록 아무 응답이 없었다. 나는 비서에게 이메일을 보내서 편지가 전달되었는지 물었다.

발신 **워런 버핏 비서**

수신 **알렉스 바나얀**

제목 **회신: 버핏 씨에게 보낸 편지**

버핏 씨가 두 번째 편지를 받았습니다. 답변은 전과 같습니다. 도움이 되지 못해 죄송합니다.

퍽. 팀 페리스를 인터뷰할 때도 주먹으로 맞은 것 같은 기분이 들었다. 그러나 이번에 받은 충격에 비하면 아이들 장난에 불과했다. 되돌아보면 버핏이 잘못한 것은 하나도 없었다. 그는 내게 아무 것도 빚지지 않았다. 하지만 당시에는 생각을 분명하게 하지 못했다. 게다가 댄은 계속 내게 끈기를 발휘하라고 상기시켰다.

다음 날 아침 5시에 자명종이 울렸다. 나는 운동화 끈을 묶고 어두운 거리로 나섰다. 헤드폰에서는 '아이 오브 더 타이거 Eye of the Tiger'가 울려 퍼졌다. 나는 버핏이 끝에 있다고 상상하면서 거리를 내달렸다. 이것은 나와 그의 대결과 같았다. 그가 나를 만나고 싶어하지 않는 것보다 더 나는 그를 만나고 싶어했다.

이것이 영화라면 이 대목은 내가 거리를 달리고, 나무들이 녹색에서 오렌지색으로 변하고, 잎들이 떨어지고, 눈이 쌓이는 몇 달 동안의 몽타주로 보여질 것이다. 나는 버핏에 대한 책을 더 읽었고, 유튜브에서 더 많은 인터뷰를 보았고, 더 많은 오디오북을 들었다. 뭔가 놓친 부분이 있는 게 분명했다. 버핏은 14번 각주에서 답을 찾았다. 나는 1014번 각주를 읽고 있었다.

나도 모르는 사이에 1월이 되었다. 곧 USC의 봄 학기가 시작되는 시기였다. 나는 주저하지 않고 한 학기를 더 휴학했다. 나는 버핏에 대해 더 많이 조사했고, 더 일찍 일어났으며, 더 빨리 달렸다. 인정하기 어렵지만 더 이상 버핏과의 인터뷰를 위한 일만은 아니었다. 사람들이 모두 틀렸다는 것을 증명하기 위한 일이었다. 나를 그저 친구로만 본다는 모든 여자아이들, 내가 투명인간이 된 것처럼 느끼게 만든 모든 인기 많은 아이들, 나를 받아주지 않은 모든 모임의 구성원들 모두 말이다.

나는 버핏에게 세 번째 편지를 보냈다.

아무 답신이 없었다. 획- 턱에 잽이 날아왔다.

네 번째 편지. 팍- 눈두덩에 훅이 꽂혔다.

슈거 레이는 내게 이런 상황에 대해 미리 경고했다.

"계속 싸워야 해. 앞으로 힘든 상황이 올 거야. 거절도 당할 거야. 그래도 계속 밀어붙여야 해."

나는 매주 수요일 아침에 버핏의 비서에게 전화를 걸어서 버핏이 마음을 바꿨는지 물었다. 답은 언제나 아니라는 것이었다.

나는 다섯 번째 편지를 보냈다. 딱- 코뼈에 금이 갔다.

여섯 번째 편지. 퍽- 이빨이 날아갔다.

나는 2월에 내가 얼마나 간절히 바라는지 버핏이 알아주기를 바라면서 더 자세한 편지를 썼다.

> 발신 **워런 버핏 비서**
>
> 수신 **알렉스 바나얀**
>
> 제목 **버핏 씨에게 보낸 편지**
>
> ───────────────────────────
>
> 안녕하세요.
>
> 버핏 씨가 2월 5일에 귀하가 보낸 편지를 읽었습니다. 아쉽지만 인터뷰는 할 수 없을 것 같습니다. 앞서 답신을 보낸 이후 요청이 더 많이 들어왔고 버핏 씨의 일정이 더없이 빡빡합니다.

퍽, 퍽, 퍽. 나는 피를 토하며 몸을 웅크렸다.

이 시점에서 나의 코너에 남은 유일한 사람은 댄뿐인 것처럼 느껴졌다. 그의 우정만이 희망의 불씨를 계속 살려주었다.

"버핏에게 직접 전화를 걸어주면 안 돼요?"

"알렉스, 날 믿지?"

"당연하죠."

"그럼 내가 물고기를 구해주는 것보다 낚시하는 법을 가르쳐

주는 게 낫다는 건 믿어야 해. 버핏 씨에게 내가 전화하는 건 쉬워. 네가 스스로 승낙을 얻는 법을 배우는 게 중요해. 다음 번 편지에서는 창의성을 더 발휘해 봐."

댄은 빌 클린턴을 만나고 싶어하던 친구 이야기를 들려주었다. 그는 클린턴의 비서에게 요청을 거절당한 후 'AskBillClinton.com'이라는 도메인을 사들였다. 그리고 클린턴에게 편지를 써서 해당 도메인을 선물로 주겠다고 제안했다. 결국 클린턴의 비서실은 두 사람이 만날 자리를 마련했다.

댄은 버핏에게도 같은 방법을 써보라고 권했다. 그래서 나는 'AskWarrenBuffett.com'을 사고 코윈과 함께 첫 페이지에 나올 유튜브 동영상을 찍었다. 그 다음 버핏에게 전 세계의 학생들을 가르치는 경로로 이 웹사이트를 활용할 수 있다고 설명하는 편지를 썼다.

> 발신 **워런 버핏 비서**
>
> 수신 **알렉스 바나얀**
>
> 제목 **회신: 버핏 씨에게 보낸 편지**
>
> ───────────────────────────────
>
> 알렉스, 답장이 지체되어서 미안하네. 버핏 씨가 직접 쓴 답장을 첨부하였습니다.

'이럴 줄 알았다. 이럴 줄 알았다고! 끈기가 답이었어!'

버핏은 첫 번째 편지 이후로 직접 답장을 쓴 적이 없었다. 댄의 조언이 통한 게 분명했다.

나는 첨부파일을 열었다.

> 알렉스, 나와 내 친구들은 이미 오랫동안 자네가 말한 아이디어에 대해 상의했네. 대부분이 조언하고 나 또한 동의한 결론은 그렇게 하지 않는 것이네. 직접 글을 쓰는 방식을 고수하는 이유이기도 하네.
>
> — 워런 버핏

이제 어떻게 해야 알지 알 수 없었다.

"네가 놓친 게 뭔지 알아?" 댄은 내게 말했다.

"문지기를 구슬리는 데 충분한 시간을 들이지 않은 거야. 비서에게 꽃을 보내 봐."

"좀 과한 거 아닐까요?"

"내가 오랫동안 알던 사람이야. 아마 좋아할 거야."

나는 내키지 않았지만 그래도 꽃을 주문했다. 꽃과 함께 나의 전화를 받아주고 편지를 전해줘서 감사하다는 글을 동봉했다.

발신 워런 버핏 비서

수신 알렉스 바나얀

제목 꽃 잘 받았어요.

알렉스, 예쁜 꽃과 다정한 글을 보내줘서 고마워요. 그동안 연락하지 못해서 미안해요. 하지만 연차총회 일로 너무 바빠요. 그래도 당신이 보내준 꽃 덕분에 그날 하루가 행복했어요. 내가 정말 감사히 생각한 다는 걸 알아줬으면 좋겠어요.

나는 댄에게 전화했다.

"봤지? 그렇게 하면 돼!" 그는 말했다.

"다음에는 뭘 해야 할까? 버핏 씨의 비서를 직접 만나야 해. 바쁘다고 그러지? 그러니까 네가 가서 심부름을 하겠다고 제안하는 편지를 써. 봉투에 발송물을 넣는 일이든, 커피를 사오는 일이든 필요한 건 뭐든지 해. 그렇게 널 알게 되면 바로 인터뷰를 하게 해줄 거야. 참, 이번엔 신발 한 쪽에 편지를 붙여 봐. 그 신발을 잘 포장하고 상자에는 '문 안으로 한 발을 넣으며'라고 써."

"지금…. 농담하는 거죠?"

"아냐. 농담인 줄 알도록 '문 안으로 한 발을 넣으며'라는 내용을 큰 글자로 써."

"아무래도 신발을 보내는 건 좀 지나친 것 같아요."

"아냐. 신발이 핵심이야. 날 믿어."

불편한 생각이 들었지만 언쟁을 벌이고 싶지 않았다. 댄은 나의 유일한 생명줄이었다. 나는 구세군 매장에 가서 검은색 가죽 신발을 산 다음 댄이 말한 대로 편지를 붙여서 보냈다.

발신 워런 버핏 비서

수신 알렉스 바나얀

제목 (없음)

알렉스, 제의는 고맙지만 지금은 그럴 필요도, 자리도 없어요. 버핏 씨는 당신의 끈기를 높게 평가해요. 하지만 일정이 넘쳐서 당신을 만나는 건 불가능합니다. 그렇게 노력한 게 당신이 처음은 아니지만 한 번도 응한 적이 없어요. 이번 거절을 받아줬으면 좋겠어요. 더 이상은 정말 답장을 할 수 없거든요. 당분간 나를 도와주는 최선의 방법은 방해받지 않고 일에 집중할 수 있도록 해주는 거예요. 이해해 주기 바랍니다.

"댄, 제발 도와줘요. 버핏에게 직접 전화 좀 해주면 안 될까요?"

"할 수 있지." 댄은 말했다.

"하지만 그러면 너한테 좋은 멘토가 될 수 없어. 이제 겨우 아홉 번째 거절에 불과하잖아. 아직 끝까지 간 게 아냐."

다른 대안들을 생각하던 중 아이디어가 떠올랐다. 엘리엇이 무작정 햄튼스로 가는 비행기에 올라서 원하는 대로 일이 풀릴 것이라고 믿었던 것처럼 나도 무작정 오마하로 가면 어떨까? 슈퍼마켓이나 식당에서 버핏과 우연히 마주치면 어떨까?

댄은 좋은 아이디어라고 말했다. 나는 비행기표를 검색하면서 엘리엇이 얼마나 자랑스럽게 여길지 생각했다. 그가 내게 가르쳐 준 방식이었기 때문이다. 나는 그에게 전화를 걸었다. 그런데 그는 내가 들려주는 계획을 듣더니 잠시 아무 말도 하지 않았다.

엘리엇은 "넌 지금 일을 망치고 있어."라고 말했다.

"무슨 말을 하는 거예요? 종일 버핏과의 인터뷰에 매달리고 있어요. 이보다 더 열심히 노력할 순 없어요."

"그게 문제야. 비즈니스는 사격이 아냐. 하나의 표적에 집착한다고 해서 되는 게 아니라고. 최대한 많은 표적을 노려서 어느 게 맞는지 봐야 해. 빌 게이츠와의 인터뷰를 마지막으로 추진한 게 언제야?"

"몇 달 전이요."

"레이디 가가와의 인터뷰를 마지막으로 추진한 게 언제야?"

"몇 달 전이요."

"버핏과의 인터뷰를 마지막으로 추진한 게 언제야?"

"그건 매일 추진하고 있어요!"

"그게 문제라니까! 파이프라인을 만들어서 다른 표적도 같이 노려야 해. 비즈니스는 사격이 아냐."

엘리엇은 전화를 끊었다.

그가 무슨 말을 하려는지 이해했다. 하지만 맞는 말 같지 않았다. 댄은 내게 기피 목록을 가르치면서 "성공은 하고 싶은 일의 우선순위를 정하는 데서 이뤄진다"고 말했다. 내가 읽은 모든 비즈니스 도서들도 끈기를 발휘하라고 말했다. 버핏을 개인적으로 아는 댄은 한 번 해보라고 말했다.

엘리엇이 나의 멘토라고 해서 항상 옳은 건 아니었다. 나는 비행기표를 예약했다.

: 이틀 후, 오마하 공항

터미널은 쥐 죽은 듯 조용했다. 자정을 넘긴 시간이었고, 나의 더플백은 무겁게 어깨를 짓눌렀다. 그 안에는 킨들과 함께 버핏에 대한 10권의 양장본 책이 있었다. 책을 가져온 게 인터뷰를 할 가능성을 1%라도 높여준다면 그만한 가치가 있었다.

나는 텅 빈 통로를 터벅터벅 걸었다. 내 발소리의 메아리만이

고요를 깨트렸다. 정면에 네브라스카 대학을 홍보하는 포스터가
보였다. 크게 인쇄한 버핏의 졸업사진 아래에 '1951'이라고 적혀
있었다. 당시 그는 21살이었다. 졸업사진 속의 그는 특별한 구석
이 없었다. 그저 평범한 사람처럼 보일 뿐이었다. 나는 왜 한 사람
에게 몇 가지 질문을 하려고 지난 6개월 동안 죽을 고생을 하고
매번 좌절을 겪은 것일까?

공항을 나오니 거센 바람이 코트를 뚫고 지나갔다. 눈이 내리고
있었다. 택시 승강장으로 가는 동안 숨을 들이마실 때마다 냉기가
폐로 파고들었다. 택시가 한 대 멈춰 섰다. 앞범퍼가 떨어져 나가
고 없었다. 차 안에서 3달 묵힌 빅맥 냄새가 났다.

"항상 이렇게 추워요?" 나는 차에 오르며 기사에게 물었다.

"오마하에는 처음 온 모양이네요?"

"어떻게 알았어요?"

그는 웃었다.

"뭘 모르는 모양이네."

그는 옆자리에 있던 신문을 뒤로 던져 내 얼굴을 맞혔다. 신문
에는 오늘 밤 30년 이래 최악의 눈폭풍이 불 것이라는 기사가 실
려 있었다.

택시는 적막한 고속도로를 달리다가 갑자기 흔들리기 시작했
다. 위에서 기관총을 쏘아대는 듯한 소리가 났다. 눈이 우박으로

변한 것이었다. 20분 동안 소음과 함께 달린 택시는 모텔 6의 입구에 멈췄다. 로비의 전등이 깜박거리고 있었다.

나는 체크인을 한 후 엘리베이터로 향했다. 근처에 여자 2명이 겨우 몸을 가린 옷차림으로 벽에 기대어 있었다. 둘 다 손톱이 아주 길었고, 머리도 노출된 허리춤까지 늘어질 정도였다. 그들은 눈썹을 추켜올리며 나를 바라보았다. 나도 모르게 몸이 굳어졌다. 나는 급히 엘리베이터 버튼을 눌렀다.

엘리베이터 문이 열리자 몇 주 동안 목욕을 하지 않은 사람에게서 날 법한 강렬하고 불쾌한 냄새가 풍겼다. 창백한 얼굴에 충혈된 눈을 한 남자가 안에 타고 있었다. 그는 한 손으로는 목을 긁고, 다른 한 손을 내 쪽으로 내밀며 비틀거렸다.

나는 방에 들어가 문을 잠갔다. 방 안도 바깥만큼 춥게 느껴졌다. 히터가 고장 난 상태였다. 혹시 문을 연 식당이나 슈퍼마켓이 근처에 있는지 프론트 데스크에 물어보니 폭풍 때문에 전부 영업을 하지 않는다는 대답이 돌아왔다. 아래층에 있는 자판기도 고장나 있었다. 나는 포기하고 화장실 세면대에서 받은 물과 비행기에서 받은 땅콩으로 저녁을 때웠다.

가방에서 버핏과 관련된 책들을 꺼내는 동안 문득 이런 생각이 들었다.

'이렇게 폭풍이 부는데 어떻게 버핏과 우연히 마주치지?'

여기서 도대체 뭘 할 생각이었을까? 오마하까지 오면 의욕이 솟아날 것 같았다. 하지만 텅 빈 방을 둘러보니 버핏이 보낸 모든 거절의 글들이 벽에 붙어 있는 느낌이었다. 순간 그 어느 때보다 외로운 기분이 들었다.

나는 휴대폰을 꺼내서 페이스북을 훑었다. 내 친구 케빈과 안드레가 파티에서 같이 웃고 있는 사진, 누나와 여동생이 단골 식당에서 저녁을 먹는 사진이 올라와 있었다. 대학에 들어간 첫날부터 반했던 여자아이가 올린 100여 장의 사진이 들어간 앨범도 보였다. 나는 그 사진들을 차례로 확인했다. 그녀는 호주에서 유학하는 중이었다. 그녀가 따스한 햇볕 아래 해변에서 웃고 있는 모습을 보니 내가 얼마나 춥고 비참한 상황에 처해 있는지 느껴졌다.

최악인 부분은 내가 이런 상황을 자초했다는 것이었다. 모두가 나의 선택이었다. 학교를 계속 다닐 수도 있었고, 유학을 가서 인생을 즐길 수도 있었다. 그런데 그 모든 것을 버렸다.

'고작 이런 처지가 되려고?'

나는 휴대폰을 베개로 내던지고 침대에 쓰러졌다. 침대보가 얼음장 같았다. 나는 바닥에 누우며 무릎을 감싸 안았다. 몸을 웅크린 채 지난 6개월 동안 당했던 모든 거절을 떠올렸다.

머릿속에서 온갖 생각이 휘몰아칠 때 바퀴벌레 한 마리가 카페트 위를 기어와 내 얼굴 근처로 다가왔다. 벽에 난 구멍을 향해 기

어가는 바퀴벌레의 모습이 희미해졌다. 눈물이 빰을 타고 흘러내
렸다.

슈가 레이는 내게 숨겨진 저수지에 대해 이야기했다. 하지만 나
는 슈가 레이가 아니었다. 내게는 숨겨진 저수지가 없었다.

나는 고갈된 상태였다.

10장

좌절하지 말고
새로운 방식으로 재설정하라

Kamen decided to create
a competition called FIRST,
which treats scientists
like celebrities and turns
high school engineering
into a sport.

카멘은 퍼스트(FIRST)라는 대회를 만들기로 결정했다. 과학자들을 연예인처럼
부각시키고, 고등학교 공학 수업을 스포츠로 만드는 대회였다.

딘 카멘. 제2의 에디슨으로 불리는 천재 발명가

나는 며칠 후 빈손으로 오마하를 떠났다. 일주일 내내 창고 사무실에 발을 들여놓지 않았다. 책도 집어들지 않았고, 이메일도 일체 보내지 않았다. 그냥 멍하니 앉아서 공허감에 빠져들었다.

소파에 늘어져서 텔레비전 채널을 돌리고 있을 때 스테판 바이츠에게 전화가 왔다. 그는 나를 치 루와 연결해 준 내부자였다.

"믿기 힘든 일이 일어났어." 그는 말했다.

"방금 딘 카멘에게 인터뷰 허락을 받아냈어."

"딘…. 누구요?"

나는 계속 텔레비전 채널을 바꿨다.

"딘 카멘은 나의 영웅이야." 스테판은 말했다.

"부탁인데 어떤 사람인지 알아보고 나한테 전화해."

나는 며칠이 지나서야 구글로 '딘 카멘'을 검색했다. 세그웨이를 타는 그의 사진이 나타났다. 설명란에는 그가 발명했다는 내용이 나와 있었다. 뒤이어 나는 그가 슬링샷Slingshot 정수기, 약물 주입 펌프, 인슐린 펌프, 수술용 세척 펌프, 아이봇iBot 전기 휠체어를 만들었다는 내용을 읽었다. 딘 카멘이 바이오닉 의수를 소개하는 테드 강연도 보았다. 이 영상은 이미 100만 번 이상의 조회수를 기록하고 있었다. 그는 전미기술상National Medal of Technology을 받았고, 발명가 명예의 전당에 헌액되었으며, 400건이 넘는 특허를 보유하고 있었다.

뒤이어 접한 말은 나를 의자에서 바로 앉게 만들었다. 바로 '개구리에게 입맞추기'였다. 이 말은 그가 엔지니어들을 북돋기 위해 공주와 개구리의 동화에서 빌려온 것이었다. 그 내용은 이랬다. 개구리들로 가득한 연못을 상상해 보라. 각 개구리는 문제를 해결하는 다른 방식을 나타낸다. 카멘은 엔지니어들에게 계속 개구리에게 입을 맞추면 결국에는 하나가 공주로 변신할 것이라고 말했다. 지금까지 수십 마리의 개구리에게 입을 맞췄고, 쓸쓸한 입맛밖에 남지 않았다고 해도 계속 하다 보면 마침내 공주를 찾게 된다는 것이었다.

'하지만 모든 개구리에게 입을 맞췄는데도 공주가 나타나지 않으면 어떻게 해?'

뒤이어 나는 생각했다.

'버핏과의 인터뷰를 계속 추진해야 할지 포기해야 할지 말해줄 사람이 있다면 바로 딘 카멘이야.'

원대한 일을 이루고 싶다면 실패를 각오하라

: 2주 후, 뉴햄프셔 주 맨체스터

아인슈타인을 그린 커다란 그림이 사무실을 뒤덮었다. 오크로 만든 거대한 책장은 두꺼운 책들로 가득했다. 내가 의자에 앉은 후 카멘은 맞은편에 앉아 진한 색깔의 차를 마셨다. 데님 셔츠를 청바지 안으로 집어넣은 옷차림이었다. 오후 3시밖에 되지 않았지만 그의 얼굴은 이미 20시간 동안 일한 듯한 느낌을 주었다.

"그러면." 카멘은 말했다.

"무슨 이야기를 할까?"

한편으로는 버핏과의 인터뷰를 추진하다가 겪은 일들을 이야기하고 조언을 구하고 싶었다. 하지만 그만두었다. 상담을 하는 자리가 아니었다. 대신 나는 사명을 시작한 이유를 말했다. 이야기가 끝나자 그는 서글프게 웃었다.

"성공하는 방법에 대한 통찰을 얻을 수 있을 것이라는 생각에 나를 찾아오는 젊은이들이 많아." 그는 생각에 잠겨 시선을 위로 향하며 말했다.

"어떤 일을 제대로 해낼 확률이 100분의 1이라고 치자. 그 일을 100번 이상 할 의지가 있다면 결국에는 제대로 해낼 가능성에 접근하기 시작한 거야. 운 덕분이라고 해도 좋고, 끈기 덕분이라고 해도 좋아. 할 수 있는 모든 노력을 기울이면 결국 해낼 수 있어."

"그래도 막히는 지점이 있잖아요." 나는 말했다.

"제가 지금 그런 상황인데, 모든 개구리한테 입을 맞췄다는 느낌이 들 때가 있어요. 연못에 있는 모든 개구리한테 입을 맞췄는데도 공주가 나타나지 않아요."

카멘을 내 쪽으로 몸을 기울였다.

"더 끔찍한 이야기를 해보자." 그는 말했다.

"모든 개구리한테 입을 맞췄는데 얼굴에 난 사마귀밖에 얻은 게 없는 거야. 그러면 이런 생각이 들지. '모든 개구리한테 입을 맞췄지만 해결책을 얻지 못했어. 다음에 입을 맞출 개구리가 어디 있는지도 몰라.'"

"그러다가…." 그는 말을 이어나갔다.

"이런 생각이 들지. '이런 상황이 된 건 정말 커다란 문제를 다루고 있기 때문이야. 처음부터 힘들 거라는 걸 알았잖아. 지금까지 수많은 노력과 시간을 들였는데 이제 와서 포기하는 건 나약하기 때문이야. 비전과 용기를 잃었기 때문이야. 곧 답이 나올 거야. 지금 포기하는 유일한 이유는 겁쟁이라서 그래.'"

"그러다가…." 그는 말을 이어나갔다.

"이런 생각도 들지. '계속 해보려는 이유가 뭐지? 멍청하고, 실수로부터 배우지 못하고, 자존심이 강하고, 변하지 않으려 하고, 무조건 버티려 들어서 그래. 그래 봐야 시간 낭비, 돈 낭비, 에너지 낭비, 인생 낭비일 뿐이야. 제정신이라면 이제 포기해야 할 때라는 걸 알아야 해.'"

"그걸 어떻게 판단하죠?" 나는 물었다.

"계속 싸울지 아니면 포기할지 어떻게 결정해요?"

그는 "가장 끔찍하고 나쁜 대답을 해야 할 것 같네."라고 대답
했다.

나는 몸을 앞으로 기울였다. 카멘은 위를 바라보며 심호흡을 한
다음 나를 똑바로 바라보았다.

"나도 몰라."

'세상에서 가장 똑똑한 사람 중 한 명과 이야기하려고 수천 킬
로미터를 여행했는데 그 답이 "나도 몰라."라고?'

"나도 그 문제로 밤에 잠을 못 이뤄." 카멘이 부드럽게 말했다.

"내게는 가장 성가신 문제지. 계속 나아가도 답을 얻지 못하면
끝내는 멈추게 돼."

"어느 지점에서 멈추나요?" 나는 물었다.

"그렇게 하기로 결정할 때지. 애초에 그 문제에는 답이 없어."

카멘은 내가 짜증이 났다는 걸 알아차렸다.

"이봐." 그는 말했다.

"나는 여기서 지도를 그려 주려는 게 아냐. 앞으로 어떤 일이
생길지 말해주려는 거지. 루이스와 클라크가 만든 지도를 주면 여
기서 서해안까지 쉽게 갈 수 있겠지. 그래서 모두가 루이스와 클
라크라는 이름을 기억하고, 그들의 지도를 보고 두 번째로 탐험을
한 사람들은 누구도 기억하지 않는 거야."

"이 정도의 불확실성과 실패를 감당할 수 없다면." 그는 말을 이

어나갔다.

"루이스와 클라크가 지도를 그려주기를 기다려. 그러면 그들의 뒤를 잘 따라간 사람 중 한 명이 될 수 있어. 하지만 혁신가들이 한 일을 하고 싶다면 그들처럼 실패하고, 동상에 걸리고, 이해받지 못할 각오를 해야 해. 그런 각오가 되어 있지 않아도 괜찮아. 그냥 안 하면 돼. 세상에는 다른 사람들이 대신 채울 자리들이 많아. 하지만 정말로 하고 싶다면, 정말로 원대한 일을 이루고 싶다면 생각보다 훨씬 오래 걸리고, 예상보다 훨씬 많은 비용이 들 뿐 아니라 고통스럽고, 창피하고, 짜증스런 실패로 가득할 것이라는 각오를 해야 해. 죽기 전까지는 계속 장애물을 헤쳐나가야 해."

"내가 장애물을 헤쳐나간다고 해요." 나는 말했다.

"최소한 어떤 개구리에게 입을 맞춰야 할지 몇 가지 조언이나 점검 목록을 말해줄 수 있나요?"

"알았어." 카멘은 말했다.

"중요한 건 이거야. 무한한 실패의 방식을 모조리 소진하기보다 불가능하다는 사실을 증명하는 게 나아."

그는 수많은 개구리에게 입을 맞췄지만 진전이 없을 때 한 걸음 물러서서 지금 하는 일이 정말 불가능한지 따진다고 설명했다.

'열역학이나 뉴턴 물리학 혹은 다른 근본적인 법칙에 어긋나는 것일까?'라고 말이다.

"시간 낭비를 하고 있다는 걸 아는 건 좋은 일이야." 카멘은 말했다.

"도저히 문제를 해결할 길이 없다는 확신이 들면 포기해도 겁쟁이가 된 기분이 들지 않아."

'기자들은 자주 버핏과 인터뷰를 한다. 당연히 가능한 일이다.'

"계속 개구리와 입을 맞추는데도…." 그는 말을 이어나갔다.

"비슷한 결과밖에 나오지 않으면 '더 이상 운에 기대지 않겠어. 복권을 계속 사지 않을 거야.'라고 결심하는 지점이 있어야 해. 나는 '끈기는 좋은 것'이고 '겁쟁이가 되지 말라'고 항상 말하지만 안 되는 일을 억지로 밀어붙이는 건 멍청한 짓이야.

물론 수십억 마리의 개구리가 있을 수 있지만 그 종류는 10가지에 지나지 않을 수도 있어. 이게 두 번째 조언이야. 이 종류의 개구리와 저 종류의 개구리에게 입을 맞춰야지 모든 개구리에게 입을 맞추려고 하면 안 돼. 우선 얼마나 많은 종류의 개구리가 있는지 파악한 다음 각 종류별로 입을 맞출 방법을 찾아야 해."

카멘은 말을 멈추고 양손가락을 서로 두드렸다.

"경계를 재설정하는 일은." 그는 말했다.

"때로 혁신적인 해법을 만들 통찰을 안겨줘."

그는 미국의 공립학교에서 과학과 기술 교육이 제대로 이뤄지지 않던 시절의 이야기를 들려줬다. 대다수 사람들은 그것이 교육적 위기라고 생각했다. 그래서 교육과정을 갱신하고, 더 많은 교사를 채용하는 기존 방식으로 문제를 해결하려 노력했다. 그러나 아무 효과가 없었다. 카멘은 문제를 다른 방식으로 제기하면 어떨지 생각했다. 만약 그것이 교육적 위기가 아니라 문화적 위기라면 어떨까? 이렇게 문제를 재설정하자 새로운 개구리들이 나타났다. 카멘은 퍼스트FIRST라는 대회를 만들기로 결정했다. 과학자들을 연예인처럼 부각시키고, 고등학교 공학 수업을 스포츠로 만드는 대회였다. 현재 퍼스트는 전국에서 새로운 현상으로 떠올라 수많은 학생들의 삶에 영향을 끼치고 있다.

"문제가 반복되는 데서 좌절하지 말고…" 카멘은 말했다.

"다른 해법으로 처리할 수 있는 새로운 방식으로 재설정해."

'다른 해법이라….'

나는 지금까지 버핏과 일대일 인터뷰를 하는 데만 골몰했다. 하지만 문제를 재설정하면 어떨까? 방식이나 장소와 무관하게 버핏에게 몇 가지 질문에 대한 답변만 얻을 수 있다면 어떨까? 이렇게 문제를 바라보자 아직 입을 맞추지 않은 개구리가 보였다.

운에 기대기보다는 최대한 빨리 경력을 쌓아라

: 3주 후, 네브래스카 주 오마하

너무 추워서 얼린 바늘이 뺨을 뚫는 느낌이었다. 행사장에 들어가기 위한 줄이 구역을 따라 길게 늘어졌다. 우리는 새벽 4시부터 3시간째 줄을 서고 있었다. 다시 나와 오마하의 대결이었다. 다만 이번에는 지원군이 있었다.

내 친구들을 데려왔기 때문이다. 라이언은 나의 숫자 담당이었다. 사실 지금 라이언은 계산에 그다지 관심이 없었다. 스카프를 머리에 두르고 잔뜩 몸을 웅크린 채 떨고 있는 그의 모습은 미이라처럼 보였다. 나는 버핏이 나의 질문에 대답할 확률을 물어보면서 그에게 기운을 불어넣으려 애썼다. 그러나 그는 "너무… 추워서… 생각이… 안 나."라고 웅얼거릴 뿐이었다.

브랜든도 있었다. 그는 책을 얼굴에 바짝 대고 휴대폰을 머리 위로 들어서 조명으로 썼다. 그는 15분 동안 꼼짝하지 않았다. 책에 빠져든 것인지 꽁꽁 얼어버린 것인지 분간할 수 없었다. 물론 케빈은 가만히 있지 않았다. 그는 주위를 뛰어다니며 우리의 사기를 북돋으려고 웃는 얼굴로 그라놀라 바를 나눠주었다.

안드레는 그라놀라 바를 먹을 시간이 없었다. 그는 챕스틱 ChapStick을 입술에 바른 뒤 약간 뒤에 선 여자에게 수작을 걸었다. 아직 해도 떠오르지 않았는데 그는 벌써 전화번호를 따려 하고 있었다.

코원은 너무 지쳐서 날씨가 아무리 추워도 상관하지 않았다. 플

란넬 재킷을 이불처럼 덮고 인도에 누워 있는 그의 모습은 아직 잠자리에서 일어나지 않은 것 같았다. 물론 우리는 네이비 씰이라기보다 덤 앤 더머에 더 가까울지 몰랐다. 그래도 그들은 나의 친구였다.

우리 앞에 있는 사람이 뒤로 돌아보며 말을 걸었다.

"주주가 된 지는 얼마나 됐어요?"

우리 중 누구도 주주가 아니었다. 그래서 어떻게 대답해야 할지 몰랐다. 다행히 코윈이 구원에 나섰다. 그는 몸을 일으키며 축 처진 바지를 끌어올렸다.

"사실은요." 그는 하늘을 가리키며 말했다.

"우리는 버핏 씨 사무실에서 개인적으로 초대받았어요."

나는 억지로 웃음을 참았다. 코윈의 말이 맞기는 했지만 나머지 99%의 이야기를 빠트렸기 때문이다.

몇 달 전, 버핏의 비서는 버크셔 해서웨이의 주주총회에 참석할 수 있는 입장권을 받겠냐고 제안했다. 거듭 요청을 거절한 게 마음에 걸렸던 모양이었다. 어쨌든 대단히 친절한 제안이었다. 주주총회 입장권은 버핏이 여는 슈퍼볼의 입장권과 같았다. 원래는 주주나 기자만 총회장으로 들어갈 수 있었다. 당시 나는 그냥 총회장에 앉아만 있는 게 무슨 의미가 있는지 몰랐다. 하지만 딘 카멘과 이야기를 나눈 후 다시 그녀에게 전화를 걸어서 아직도 입장권을 받을 수 있는지 물었다.

"당연하지. 바로 보내줄게."

"감사합니다. 그런데 혹시 몇 장 더 주실 수 있어요?"

"그럼. 몇 장이나 필요해?"

"어…. 6장요?"

"그 정도면 가능할 것 같아."

"정말 고맙습니다. 다시 확인하고 싶어서 말인데, 질의응답 시간에 버핏 씨한테 질문을 할 수 있는 거죠?"

"알렉스, 무슨 생각하는지 알아. 맞아. 질문할 수 있어. 하지만 30명에서 40명만 기회를 얻는다는 걸 명심해. 참석자는 3만 명이야. 질문자는 추첨으로 뽑아. 완전 무작위지. 그러니까 낙관적인 건 좋은데 너무 바라지는 말아."

'뭐, 나는 헛된 희망을 품는 데는 도가 텄으니까.'

행사장 문이 열리면서 앞쪽에서 환호성이 터져 나왔다. 수천 명이 서로를 밀치며 달리기 시작했다. 사람들은 팔을 내저었고, 허공에서 가죽 노트를 흔들었다.

"실례합니다! 실례해요!"

마치 비즈니스 캐주얼 차림으로 황소 달리기 축제를 벌이는 것 같았다. 나는 친구들과 함께 인파 속으로 뛰어들었다. 안드레는 계단을 뛰어내려갔고, 코원은 난간을 타고 미끄러졌으며, 케빈은 의자 위로 넘어갔다. 마침내 앞줄까지 나아간 우리는 무대 근처에 있는 6개의 자리를 차지했다.

행사장은 엄청나게 넓었다. 나는 고개를 뒤로 젖히고 제일 위쪽, 적어도 6층 높이나 되는 자리들을 둘러보았다. 이 수많은 자리들이 워런 버핏에게 질문을 하고 싶어하는 사람들로 채워질 것이라는 생각이 머릿속을 떠나지 않았다. 나의 바로 앞에는 우뚝 솟은 검은 커튼과 그 위로 3대의 거대한 스크린을 갖춘 대형 무대가 있었다. 무대 중앙에는 2개의 의자만 놓인 테이블이 있었다. 버핏 회장과 찰리 멍거 부회장이 앉을 의자였다.

내게는 높은 희망이 있었지만 계획은 없었다. 그저 때가 되면 친구들과 내가 방법을 찾을 것이라고 생각했다. 〈가격을 맞혀요〉에서 내가 배운 게 있다면 언제나 방법은 있다는 것이었다.

이제는 낭비할 시간이 없었다. 나는 '1번 구역'이라고 적힌 표지를 포착했다. 그 앞에 사람들이 줄을 서 있었다.

"라이언." 나는 소리쳤다.

"저기로 같이 가자!"

1번 구역에서는 한 자원봉사자가 황금색 종이를 나눠주고 있었다. 사람들은 그 종이를 추첨함에 넣었다. 추첨함 왼쪽에는 검은색 마이크 스탠드가 있었다. 라이언과 나는 줄 뒤로 달려갔다. 우리 차례가 되었을 때 자원봉사자는 2장의 응모권을 주었다.

"저기, 하나 물어봐도 돼요?" 나는 그녀에게 처음 참석했다며 추첨이 어떻게 이뤄지는지 물었다.

그녀는 신분증을 보여주고 응모권을 받아서 추첨함에 넣으면 된다고 말했다.

"총회가 시작되기 직전에 추첨을 해요." 그녀는 설명했다.

"순전히 운으로 결정되죠. 확률이 1000분의 1이라 운이 좋아야 뽑힐 거예요."

라이언과 나는 옆으로 빠져서 2번 구역을 찾았다. 더 먼 곳에 3번 구역이 있었다. 3층에 보이는 작은 점들은 8번, 9번, 10번, 11번, 12번 구역일 것이었다.

"이리 와." 나는 라이언을 잡아끌며 말했다.

우리는 2번 구역으로 달려가 자원봉사자에게 더 많은 질문을 했다. 그렇게 얻은 정보들을 조합하면 유리한 방법을 찾을 수 있을 것 같았다. 그러나 우리가 얻은 것은 똑같은 대답이었다.

3번 구역. 4번 구역. 5번 구역.

나는 최대한 많은 자원봉사자들을 상대로 6개월 동안 버핏에게 편지를 보낸 이야기와 지금 친구들과 같이 온 이유를 말해주었다. 그래도 돌아오는 것은 똑같은 대답뿐이었다. 그러다가 한 명이 나를 구석으로 데려갔다.

"내가 말했다고 하면 안 돼요." 그녀는 말했다.

"작년 행사 때 보니까 모든 구역이 같은 확률로 뽑히는 게 아니더라고요."

"그게 무슨 말이에요?"

그녀의 설명에 따르면 모든 응모권을 하나의 추첨함에 넣는 게 아니었다. 응모권을 구역별로 모아서 10여 개의 별도 추첨함을 만든다는 것이었다. 무대에 가까운 추첨함에는 수천 장의 응모권이 모였다. 반면 무대에서 먼, 높은 곳에 있는 추첨함에는 소수의 응모권밖에 모이지 않았다.

"그거 완전 말 된다." 라이언이 말했다.

"앞에 앉는 사람들은 아마 질문을 하고 싶어할 거야. 뒤에 앉는 사람들은 주목받는 걸 원치 않을 거고."

뇌의 모든 프로세서가 한꺼번에 작동하는 것처럼 라이언의 얼굴이 밝아졌다. 그는 눈을 가늘게 뜨고 행사장을 훑었다.

"여기는 3000명, 저기는 1000명, 저기는 500명, 저기는 100명 정도인 것 같아. 그러니까…."

그는 잠시 말을 멈췄다. 그의 눈 속에서 숫자들이 번쩍거렸다. 갑자기 그가 소리쳤다.

"8번 구역이야!"

우리는 행사장 앞으로 달려가 친구들에게 따라오라고 소리친 다음 최상층으로 향했다. 8번 구역에 도착한 우리는 응모권을 받아서 추첨함에 넣었다. 약 20분 후 자원봉사자들이 당첨자를 뽑기 시작했다.

목구멍이 죄어왔다. 친구들도 나만큼 긴장한 듯 보였다. 우리 모두는 이것이 워런 버핏에게 질문할 수 있는 나의 마지막 희망임을 알고 있었다. 자원봉사자들이 당첨자를 발표했다. 비록 확률은 1000분의 1이었지만 우리 6명 중에서 4명이 당첨되었다.

———

행사장의 조명이 희미해졌다. 주위에 둘러앉은 사람들을 살피는 동안 불안한 기운에 다리가 움찔거렸다. 정장을 입은 한 부류의 사람들이 노트와 노트북 위로 몸을 웅크리고 있었다. 다른 부류는 머핀과 커피를 들고 의자에 기대어 버핏이 여는 슈퍼볼을 관람할 준비를 하고 있었다. 줄을 서는 동안 사람들은 버크셔 해서웨이 주주총회가 너무나 중요해서 일 년 전부터 달력에 표시를 해둔다고 말했다. 수십 년 동안 해마다 참석하는 사람들도 있었다.

무대 위의 거대한 스크린에서 버핏과 멍거가 〈댄싱 위드 더 스타즈Dancing with the Stars〉의 심사위원으로 나오는 애니메이션이 상영되자 청중석이 조용해졌다. 버핏은 참가자들에게 계속 0점을 줬고, 멍거는 지루한 나머지 친구들과 휴대폰으로 낱말풀이 게임을 했다. 진행자가 그들에게 출연자들보다 더 잘할 수 있는지 묻자 멍거는 이렇게 소리쳤다.

"물어봐 줘서 고맙군!"

두 사람은 의자에서 벌떡 일어나 여름 동안 인기를 끈 한국 노래, '강남스타일'에 맞춰 춤을 췄다. 청중석에서 폭소가 터졌다. 스피커에서 '오, 오, 오… 오빠 강남스타일!'이라는 가사가 울려 퍼졌지만 환호성에 가려 거의 들리지 않았다.

뒤이어 버핏이 〈브레이킹 배드Breaking Bad〉의 세트에 등장한 영상이 나왔다. 다만 그는 마약이 아니라 자신이 가장 좋아하는 땅콩 사탕을 놓고 월터 화이트를 상대했다. 그 다음에는 버핏이 존 스튜어트, 아놀드 슈왈제네거와 차례로 등장하는 영상이 상영되었다. 그러다가 화면이 어두워졌다. 나는 이제 본격적인 행사가 시작될 모양이라고 생각했다. 하지만 아니었다. 천장에서 디스코 볼이 내려오더니 빨간색과 파란색 조명이 나이트클럽처럼 행사장을 비추는 가운데 'Y. M. C. A'가 울려 퍼졌다. 다만 철자가 버크서 해서웨이의 주식 기호인 'B. R. K. A'로 바뀌어 있었다. 청중들은 'B. R. K. A'가 세상에서 가장 좋아하는 글자인 것처럼 노래를 불렀다. 뒤이어 치어리더들이 통로를 따라 행진했다.

버핏과 멍거가 무대 오른쪽에서 등장하여 춤을 추며 'B. R. K. A!'를 소리쳤다. 행사장에 작은 지진이라도 일어난 듯 환호성이

터졌다. 통로 왼쪽에 앉은 코윈은 이 혼돈의 한복판에서 엉덩이를 돌리며 치어리더들 쪽으로 다가갔다. 그는 한 치어리더가 건넨 응원도구를 머리 위로 흔들며 마치 신혼여행 첫날밤인 것처럼 같이 노래를 불렀다. 버핏은 의자에 앉아 마이크 쪽으로 몸을 기울였다.

"휴! 힘드네요!"

그는 버크셔의 실적을 발표하고 앞줄에 앉은 이사진을 소개하며 주주총회를 시작했다.

"좋아요." 버핏이 소리쳤다.

"이제 질문을 받아봅시다."

나는 질의응답이 행사의 거의 전부라는 사실을 알았다. 버핏과 멍거의 테이블에는 낮게 쌓인 종이와 두 잔의 물, 두 캔의 체리 코크, 한 상자의 시즈 캔디 땅콩 사탕이 있었다. 무대 왼쪽에는 〈포춘〉, CNBC, 〈뉴욕타임스〉에서 나온 3명의 금융 전문 기자들이, 오른쪽에는 3명의 금융 애널리스트들이 앉아 있었다.

질의응답은 이렇게 진행되었다. 먼저 한 기자가 S&P 지수와 대비하여 버크셔의 실적에 대해 질문했다. 뒤이어 한 애널리스트가 한 자회사의 경쟁력에 대해 질문했다. 버핏은 능숙하게 답변한 후 농담으로 마무리했다. 그는 땅콩 사탕을 입에 넣고는 멍거에게 혹시 보탤 말이 있는지 물었다. 멍거는 대개 "없다"고 바로 대답하고 넘어갔다. 뒤이어 점조명이 1번 구역을 비췄다. 1번 구역의 당첨자는 버크셔의 실적과 관련하여 가장 걱정되는 점이 무엇인지 물었다.

이런 방식으로 계속 질의응답이 이어졌다. 기자, 애널리스트, 2번 구역, 기자, 애널리스트, 3번 구역으로 돌아가면서 말이다. 라이언은 우리가 첫 질문을 하기 전까지 약 1시간이 남았다고 계산했다. 우리는 모두 준비를 하기 위해 매점 구역으로 달려갔다.

"이게 버핏에게 할 주요 질문들이야." 나는 주머니에서 질문지를 꺼내며 말했다.

"안드레, 네가 제일 먼저 당첨되었으니까 설득에 대한 질문을 해. 그 다음은 나고, 브랜든이 세 번째야. 너는 자금 확보에 대한 질문을 해. 코윈, 너는 네 번째로 가치투자에 대해 질문해. 질문할 때 꼭…"

"야." 코윈이 불쑥 말했다.

"누구 남는 허리띠 있는 사람?"

대꾸할 필요가 없었지만 그래도 해야 했다.

"허리띠를 여분으로 갖고 다니는 사람이 어딨어?"

그는 어깨를 으쓱했다.

"잠깐." 나는 말했다.

"너 혹시 허리띠 깜박한 거 아냐?"

"걱정하지 마, 친구. 내가 알아서 할게."

나는 우리가 얼마나 우스꽝스럽게 보이는지 신경 쓰지 않으려 애썼다. 카키 바지를 입고, 단정한 머리를 한 사람들 속에서 안드레는 가슴 위로 셔츠 단추를 잠그지 않았고, 브랜든과 케빈은 후디를 입고 있었으며, 코윈은 3주 동안 편집실에 틀어박혀 있었던 것 같은 꼴을 하고 있었다. 나는 토이 셰이 자포스 티셔츠와 함께 행운을 위해 〈가격을 맞혀요〉 때 입었던 속옷을 입고 있었다.

나는 가장 아끼는 질문을 직접 할 생각이었다. 바로 기피 목록에 대한 것이었다. 어제 댄에게 전화를 걸어서 당첨되면 그 질문을 하겠다고 말했다. 댄은 좋은 생각이라고 말하더니 어떤 이유인지 자기 이름을 언급하지 말라고 부탁했다.

우리는 자리로 돌아갔다. 버핏은 7번 구역에서 받은 질문에 대한 답변을 마무리했다. 나는 안드레에게 질문지를 건넸다. 안드레는 8번 구역에 설치된 마이크로 향했다. 기자에 이어 애널리스트의 질문이 끝나자 점조명이 안드레를 비췄다.

"안녕하세요. 저는 캘리포니아에서 온 안드레라고 합니다."

안드레의 목소리가 수많은 스피커에서 울려나와 행사장에 메아리쳤다.

"샌본Sanborn이나 시즈 혹은 버크셔 같은 주요 기업에 투자할 때 지분 매각을 원치 않는 주주들을 설득하셨습니다. 각 경우에 상대에게 영향을 미치는 데 가장 중요한 세 가지 요소는 무엇이었나요?"

"네." 버핏은 말했다.

"그게…. 어…. 샌본하고 또…. 시즈라고 했죠?"

원래 질문 내용을 만들 때는 괜찮아 보였다. 하지만 안드레가 "지분 매각을 원치 않는 주주들"이라고 말하니 질문이 아니라 고발처럼 들렸다.

"시즈의 경우는." 버핏은 답변을 이어갔다.

"소유자 가족 중에 한 분이 돌아가셨어요…."

나는 버핏이 이야기를 어디로 끌고 갈지 주의 깊게 들었다. 하지만 그의 이야기는 어디로도 향하지 않았다. 그는 그저 시즈 캔디와 관련된 사실을 산발적으로 늘어놓을 뿐 내가 실제로 원하는 개인적 조언은 피했다.

"찰리가 아마 나보다 그 일을 더 잘 기억할 겁니다."

버핏은 이렇게 말하고 잠시 이야기를 이어가다가 다음 질문으로 넘어갔다. 시즈와 샌본에 대한 투자는 거의 40년 전에 있었던 일이다. 버핏은 그와 관련된 질문이 나올 것이라고는 아마 예상치 못했을 것이다. 그제서야 너무 자세한 내용을 담아서 고발하는 투로 질문하면 반발이 나올 수밖에 없다는 고통스런 깨달음이 들었다.

다행히 아직 3개의 질문이 남아 있었다. 같은 방식으로 질의응답이 이어지다가 마침내 내 차례가 되었다. 자원봉사자는 나의 응모권을 확인한 후 마이크를 향해 손짓했다.

나는 어둠 속에 잠긴 발코니에 서서 지난 6달 동안 그의 사진을 책상 위에 붙여 두었던 사람을 내려다 보았다. 수천 페이지의 책과 수백 개의 기사를 읽고 댄과 10시간 넘게 통화를 하며 지금까지 들인 노력을 생각하면 마땅한 기회처럼 느껴졌다.

"좋아요." 버핏의 목소리가 사방에서 들렸다.

"8번 구역."

점조명이 커졌다. 너무 밝아서 질문지가 제대로 보이지 않았다.

"안녕하세요. 저는 로스엔젤레스에서 온 알렉스라고 합니다."

메아리가 어찌나 강하게 울리는지 균형을 잃을 뻔했다.

"버핏 씨, 당신이 에너지를 집중하는 한 가지 방법이 이루고 싶은 25가지 일을 쓰고, 상위 5개를 고른 다음 나머지 20개를 피하는 것이라고 들었습니다. 어떻게 이런 방법을 떠올렸고, 일의 우선순위를 정하는 다른 방법이 있는지 알고 싶습니다."

"음." 버핏은 키득거리며 대답했다.

"어떻게 그런 방법을 떠올렸는지 내가 더 궁금하네요!"

청중석에서 귀가 멍할 만큼 큰 폭소가 터졌다. 행사장에 모인 모든 사람이 동시에 자신을 보고 웃을 때 받는 느낌은 말로 설명하기 어려웠다.

"그런 게 아니에요." 버핏은 말했다.

"아주 좋은 방법이기는 한데 내가 따르기에는 너무 엄격하네요.

나는 누가 사탕을 내밀면." 그는 사탕이 담긴 박스를 가리켰다.

"먹어요!"

점조명 아래에서 내 얼굴이 붉어지는 게 느껴졌다.

"찰리와 나는 아주 단순하게 삽니다." 버핏은 말을 이어나갔다.

"우리는 우리가 무엇을 즐기는지 알고, 이제 하고 싶은 일은 거의 모두 할 수 있어요. 찰리는 건물 설계를 좋아합니다. 지금은 아마추어가 아니라 어엿한 건축가가 되었죠. 또 우리는 둘 다 독서를 아주 좋아해요. 다만 나는 목록을 만들지 않아요. 평생 한 번도 그런 적이 없어요."

"하지만 어쩌면 지금부터는 해볼지도 모르겠네요!" 버핏의 말은 더 많은 웃음을 불러왔다.

"자네가 나한테 아이디어를 줬어요!"

순간 점조명이 꺼졌다. 나는 비틀거리며 자리로 돌아갔다. 무슨 일이 일어난 것인지 파악할 수 없었다. 그저 통로를 지나는 동안 사람들이 속삭이고 키득거렸다는 사실만 알 수 있을 뿐이었다. 나는 사람들의 눈길을 피하려 고개를 숙였다.

내가 자리에 앉은 후 케빈이 내 쪽으로 몸을 기울여 좋은 지적

을 해주었다. 첫 두 질문은 버핏을 놀라게 만들었으니 좋은 대답을 듣고 싶다면 다음 질문은 단순하고 간단해야 한다는 것이었다. 나는 그 말에 동의했다. 우리는 브랜든을 구석으로 불러내서 버핏이 대답할 수밖에 없도록 분명하게 질문하라고 말했다. 뒤이어 케빈과 나는 브랜든을 데리고 통로로 나가서 또박또박 질문하는 연습을 시켰다. 우리가 자리로 돌아온 후 브랜든이 마이크 앞에 섰다.

"안녕하세요…. 저는…. 로스엔젤레스에서 온…. 브랜든입니다."

더없이 분명한 문장이었다. 문제는 너무 분명하고 천천히 말하는 바람에 오히려 의심스럽게 들린다는 것이었다.

"제가 20대이고…." 브랜든은 말을 이어나갔다.

"동업을 하려 한다면…. 투자자로서 경력이 없는 상태에서…. 투자해 줄 사람을 찾는 방법에 대해…. 조언해 주시겠습니까?"

잠시 침묵이 흘렀다.

"음." 버핏이 말했다.

"자네한테는 투자할 마음이 안 드네요!"

다시 청중석에서 폭소가 터져나왔다. 버핏이 지금 어떤 일이 벌어지고 있는지 알아차렸을지 궁금했다. 이번에도 청바지 차림에 로스엔젤레스에서 온 20대 청년이 역시 8번 구역에서 버크셔의 실적과 무관한 아주 구체적인 질문을 다시 했기 때문이다.

"다른 사람을 통해 투자할 때는 아주 신중해야 합니다." 버핏은 말했다.

"설령 투자 경력이 있다고 해도 말이죠. 별로 의미 없는 투자 경력도 많아요. 하지만 전반적으로는 투자금을 운용하고 나중에 모집하려는 젊은이들에게 최대한 빨리 공식적인 투자 경력을 쌓으라고 조언하겠습니다. 그러니까 우리가 토드와 테드(버크셔 투자 담당)를 채용한 이유가 경력 때문만은 아니지만 참고한 것은 분명합니다. 우리(찰리와 버핏) 두 사람은 믿고 이해할 수 있는 투자 기록만 살폈습니다. 우리가 보기에 별로 의미 없는 투자 기록도 많거든요."

"동전 던지기 대회에서." 버핏은 말을 이어나갔다.

"3억 1000만 마리의 오랑우탄이 10번씩 동전을 던지면 앞면만 연속으로 10번씩 던지는 데 성공하는 오랑우탄이 약 30만 마리는 나올 겁니다. 그러면 이 오랑우탄들은 이리저리 돌아다니며 다음 대회를 후원해 줄 사람들을 모집하겠죠. 그래서 우리가 하는 일은 자금을 운용할 사람을 뽑을 때 그저 운이 좋았던 것인지 아니면 정말로…."

"하지만…."

누가 도중에 끼어들었다.

"…회장님이 저 젊은이와 같은 상황일 때 가족한테서 10만 달러 정도를 긁어모으지 않았나요?"

찰리 멍거였다.

"맞아요." 비핏이 말했다.

"가족들이 나한테 돈을 준 이후에도 계속 나를 사랑해 줬기를 바라네요." 버핏은 다시 키득거렸다.

"사실…." 그는 더듬더듬 말을 이어나갔다.

"그 과정은 아주 느렸어요. 마땅히 그래야 했고요. 찰리가 지적한 대로 어떤 사람은 내가 사기를 치는 건 아닌지 의심했어요. 다른 사람들은 의심하지 않았지만 그래도 일단 조심하는 게 좋죠. 우리는 오마하에서 투자 상품을 팔고 있었으니까요. 자금을 모으려면 그럴 만한 자격을 갖춰야 합니다. 그러기 위해서 장기적으로 기록을 만들어야 하고요. 그 기록이 그저 추세를 따르거나 운이 좋아서가 아니라 타당한 판단력의 산물임을 사람들에게 설명해야 합니다. 찰리?"

"투자 일을 시작하려는데 나이가 25살밖에 안 됐어요." 멍거는 신중한 목소리로 말했다.

"어떻게 자금을 모아야 할까요?"

찰리 멍거가 무슨 생각을 하는지는 알 수 없었다. 하지만 그도 버핏이 직접적인 답을 하지 않고 있다는 사실을 알아차린 듯했다. 그래서 내가 다시 창피를 당하지 않도록 도와주려는 것 같았다.

그는 투자 기록이 없을 때 최선의 방법은 이미 자신을 믿고 신뢰하는 사람들로부터 자금을 모으는 것이라고 말했다. 과거에 다른 일을 하는 모습을 지켜보았기 때문이다. 그들은 가족, 친구, 대학교수, 전 상사 혹은 친구의 부모일 수도 있었다.

"어린 나이에 하기는 힘든 일이에요." 멍거는 말을 이어나갔다.

"그래서 대개 아주 작게 출발하죠."

멍거와 버핏의 대화는 헤지펀드와 관련된 이야기로 흘러갔다. 뒤이어 두 사람은 다음 질문으로 넘어갔다. 브랜든은 자리로 돌아왔다. 웃음의 대상이 되기는 했지만 최소한 그는 답을 얻었다.

기회는 한 번 더 있었다. 코윈의 차례였다. 버핏이 7번 구역에서 질문을 받은 후 코윈이 마이크로 향했다. 다시 기자와 애널리스트의 질문이 이어졌다.

점조명이 8번 구역을 비췄다. 코윈은 몸을 앞으로 구부린 채 한 손으로 질문지를 들고 다른 손으로 축 늘어진 바지춤을 붙잡고 있었다. 그는 질문을 하기 시작했지만 아무 말도 들리지 않았다. 마이크가 꺼져 있었다. 버핏의 목소리가 울려 퍼졌다.

"5분 정도 쉽시다. 와주셔서 감사합니다! 내년에 또 봅시다!"

그렇게 버핏은 질의응답을 끝내버렸다. 코윈은 바지춤을 붙잡고 점조명 아래 계속 서 있었다.

───────

　나는 친구들과 함께 혼란과 패배감에 휩싸여 행사장 밖으로 나왔다. 붐비는 통로에서 사람들이 나를 바라보았다. 어떤 사람은 내 등을 두드리며 "질문 잘했어요. 덕분에 실컷 웃었네요."라고 말했다. 거리에서도 사람들은 여전히 나를 보고 키득거렸다. 케빈은 내 어깨에 손을 얹고 "신경 쓰지 마."라고 말했다. 우리는 말없이 계속 걸었다. 몇 분 후, 케빈이 부드러운 목소리로 다시 말했다.

　"이해가 안 돼…. 왜 엉뚱한 말을 한 거야?"

　"내가 엉뚱한 게 아니라." 나는 맞받아쳤다.

　"버핏이 엉뚱한 거야."

　나는 케빈에게 기피 목록에 대한 이야기와 함께 댄을 만난 일, 댄이 버핏과 연결시켜 주겠다고 약속한 일, 버핏 밑에서 일한 이야기를 들려준 일, 웹사이트를 만들고 신발을 보내는 아이디어를 제안한 일에 대해 말했다. 케빈은 눈을 찡그렸다.

　"어떻게 기피 목록이 뭔지 모른다고 할 수 있지?"

　나는 고함을 지르고 싶은 마음을 억누르며 말했다.

　"그런 거짓말을 하다니 믿을 수가 없어."

　케빈은 나를 보고 말했다.

　"거짓말을 한 게 버핏이 아니라면?"

11장

두드릴 수 있는 문은
전부 두드려라

"Larry knocked on the doors
of different radio stations.
He introduced himself and
asked for a job. That's what
we did in those days."
"That's all I could do,"

"래리는 여러 방송국의 문을 두드리며 자기를 소개하고 일을 시켜달라고
부탁했어. 그때는 다들 그랬지." "할 수 있는 게 그것뿐이었어."

래리 킹, 토크계의 전설이자 〈래리 킹 라이브〉 진행자

나는 곧 케빈의 말이 옳았음을 알게 되었다. 주주총회가 끝난 지 얼마 지나지 않아서 댄의 여자친구가 내게 전화하여 자기도 댄이 의심스럽다고 말했다. 그녀가 버핏의 비서에게 확인한 결과 댄은 버핏 밑에서 일한 적이 없었다.

믿기 어려운 일이었다. 내가 전화로 물어보니 댄은 일단 부인하다가 혹시 다른 사람이 통화를 같이 듣고 있는지 물었다. 나는 아니라고 대답하고 그의 배경에 대해 물었다. 우리의 대화에는 긴장감이 역력했다. 그는 내 질문에 대답했지만 세부적인 내용이 들어맞지 않았다. 댄은 전화를 끊었다. 그것이 우리의 마지막 대화였다.

그 어느 때보다 강한 배신감이 들었다. 그냥 모르는 사람이 거짓말을 한 게 아니었다. 댄은 내가 믿고 아끼던 사람이었다. 그래서 그 배신감이 더 마음 속 깊이 파고들었다. 어쩌면 이것은 내가 힘들게 배워야 하는 교훈인지도 몰랐다. 어떤 사람들은 자신에 대해 거짓말을 한다. 나의 문제는 버핏에게 접근하고 싶은 마음이 간절한 나머지 사방에서 나타나는 위험신호를 무시했다는 것이었다. 교훈은 명확했다. 절박함은 직관을 흐린다.

동시에 나 역시 투명하지만은 않았다. 댄을 만난 순간부터 내게는 다른 의도가 있었다. 댄과 친해진 유일한 이유는 버핏에게 접근하기 위해서였다. 그의 요트에서 지낼 때는 여자친구 앞에서 그를 난처하게 만들기도 했다. 그는 진실을 비틀기는 했지만 내가 몰아붙이지 않았다면 계속 거짓말을 하지는 않았을 것이다. 애초에 의도를 갖고 그를 전략적으로 대한 나의 태도가 그를 구석으로 내몰았다. 거짓은 거짓을 낳는 법이다.

오마하에서 로스엔젤레스로 돌아온 후에도 우울한 마음이 가시지 않았다. 그러던 어느 날 오후 나는 코윈과 같이 슈퍼마켓 앞에 앉아서 샌드위치를 먹었다. 그는 내 기운을 북돋아주려 애썼다.

"야." 코윈은 입안 가득 샌드위치를 문 채 말했다.

"기분 안 좋은 것도 알고, 네 잘못이 아닌 것도 아는데 이제 그만 잊어버려."

나는 한숨을 쉬고 샌드위치를 한 입 베어 물었다.

"하던 일을 계속해야 해." 그는 말을 이어나갔다.

"다른 인터뷰는 없어?"

"없어." 나는 말했다.

"설령 있어도 망치고 말 거야. 주주총회에서 일어난 일을 봐. 안드레에게 맡긴 질문은 내용이 너무 복잡해서 오히려 버핏에게 핀잔을 들었어. 난 인터뷰를 따내지도 못하고, 할 줄도 몰라."

"너무 자책하지 말라니까." 코윈은 말했다.

"인터뷰는 쉬운 게 아냐. 질문만 하는 게 아니라 나름 기술이 필요해."

우리가 이야기하는 동안 도저히 설명할 수 없는 우연이 일어났다. 유리창에 선팅을 한 검은색 링컨이 우리 앞에 멈춰 섰다. 잠시 후 문이 열리고, 차에서 내린 사람은 바로 래리 킹이었다.

세계적인 인터뷰어가 내 바로 앞에서 혼자 슈퍼마켓에 들어가고 있었다. 래리 킹이 CNN에서 진행한 프로그램은 25년 동안 방송되었다. 그는 평생 5만 명이 넘는 사람을 인터뷰했다.

'왜 진작 이 사람을 찾지 않았을까?'

나는 그가 근처에 산다는 사실과 그가 매일 아침을 먹는 식당이 어딘지도 알고 있었다. 나는 멍하니 앉아서 그가 슈퍼마켓 안으로 들어가는 모습을 지켜보았다.

"야." 코윈은 말했다.

"가서 말 걸어 봐."

어깨에 모래주머니가 얹힌 느낌이었다.

"일단 따라 들어가." 코윈이 압박했다.

움찔이가 다시 찾아온 것인지 아니면 6개월 동안 당한 거절과 창피에 기운이 고갈된 것인지 알 수 없었다.

"가라니까!" 코윈은 내 어깨를 밀치며 말했다.

"저 사람은 80살이야. 멀리 못 갔을 거야."

나는 일어나서 슈퍼마켓 안으로 들어갔다. 빵 코너를 둘러봤지만 그는 없었다. 농산물 코너로 달려갔다. 높이 쌓인 색색의 과일과 채소만 있을 뿐 역시 거기에도 그는 없었다. 그때 그가 짐 신는 자리에 차를 세웠다는 사실이 떠올랐다.

'곧 떠나버릴지도 몰라.'

나는 매장 뒤로 달려가 각 진열장을 지나며 그를 찾았다. 어디에도 그는 없었다. 나는 급히 왼쪽으로 돌아서 높이 쌓인 참치캔을 가까스로 피한 후 냉동식품 코너를 따라 달렸다. 매장 앞으로 가서 모든 계산대를 훑었는데도 그의 모습은 보이지 않았다.

근처에 덩그러니 놓인 쇼핑 카트를 걷어차고 싶었지만 겨우 참았다. 또 일을 망쳤다. 래리 킹이 바로 앞에 있었는데도 나는 아무것도 하지 않았다. 나는 울적한 마음으로 주차장을 지나갔다. 그러다가 문득 고개를 드니 바로 앞 10m 거리에 특유의 멜빵을 멘 래리 킹이 있었다.

그 순간 내 안에 쌓였던 모든 분노와 기운이 목구멍으로 분출되었다. 나는 목청껏 소리를 질렀다.

"킹 선생님!"

래리의 어깨가 곤두섰다. 그의 머리가 서서히 돌아갔다. 그의 눈썹은 위로 휘어졌고, 그의 입은 벌어졌으며, 얼굴에 있는 모든 주름이 되살아났다. 나는 그에게 급히 달려가 말했다.

"킹 선생님, 저는 알렉스라고 합니다. 20살이고요. 늘 인사드리고 싶었습니다."

그는 손을 들고 "그래…. 반갑다."라고 말하고는 서둘러 갔다.

나는 조용히 뒤를 따랐다. 마침내 우리는 그의 차 앞 인도에 이르렀다. 그는 트렁크를 열고 식료품들을 넣었다. 그리고 운전석 문을 열어 차에 타려 했다. 나는 다시 소리 질렀다.

"킹 선생님! 기다려 주세요!"

그는 나를 바라보았다.

"괜찮으시다면 선생님하고 같이 아침을 먹을 수 있을까요?"

그는 주위를 둘러보았다. 10여 명이 이 광경을 지켜보고 있었다. 래리는 심호흡을 한 후 거친 브룩클린 억양으로 말했다.

"알았다. 알았어."

내가 감사 인사를 하는 동안 그는 안전띠를 맸다. 그가 문을 닫기 전에 나는 소리쳤다.

"잠깐만요, 킹 선생님. 몇 시에요?"

그는 나를 바라보다가 문을 세게 닫았다.

"킹 선생님!" 나는 유리창 너머로 소리 질렀다.

"몇 시요?"

그는 시동을 걸었다. 나는 차 앞에 서서 두 팔을 휘저었다.

"킹 선생님! 몇 시에요?"

그는 나와 주위 사람들을 노려보다가 머리를 흔들었다. 그리고 "9시!"라고 말한 후 차를 몰고 가버렸다.

────────

다음 날 아침 나는 래리 킹의 단골 식당에 도착했다. 그는 첫 번째 자리에 두어 명의 다른 사람과 같이 앉아서 시리얼을 먹고 있었다. 테이블 위에는 그가 버락 오바마, 조 바이든, 제리 사인펠트, 오프라 윈프리 같은 사람들을 인터뷰하는 모습을 담은 커다란 은색 액자가 걸려 있었다. 남는 자리가 있었지만 전날 했던 일들이 부끄러워서 과감하게 앉을 자신이 없었다. 대신 멀리서 가볍게 손을 흔들며 "킹 선생님, 안녕하세요."라고 말했다.

그는 손을 들어 인사한 후, 걸걸한 목소리로 중얼거리더니 친구들에게 고개를 돌렸다. 몇 분 후에 다시 오기를 원하는 것 같았다. 나는 옆 테이블에 앉아서 불러주기를 기다렸다.

10분이 지났다.

30분이 지났다.

1시간이 지났다.

마침내 래리가 일어나 내 쪽으로 걸어왔다. 절로 미소가 지어졌다. 그런데 그는 나를 그냥 지나치더니 문으로 향했다.

나는 손을 들어 "킹 선생님?"이라고 말했다.

"왜 그래?" 그가 말했다.

"원하는 게 뭐야?"

날카롭고 익숙한 통증이 가슴을 꿰뚫었다.

"솔직히." 나는 힘 빠진 목소리로 말했다.

"사람들을 인터뷰하는 방법에 대해 조언을 듣고 싶었어요."

그러자 그의 얼굴에 서서히 미소가 번졌다. 그의 눈빛은 '진작 말하지.'라고 말하는 듯했다.

"좋아." 그가 말했다.

"처음 시작할 때 인터뷰하는 방법을 모르면 대개 자기가 존경하는 사람들을 찾지. 바버라 월터스나 오프라 혹은 나 같은 사람 말이야. 그리고 우리가 어떻게 하는지 보면서 흉내를 내려고 해. 그건 가장 큰 실수야. 우리가 왜 하는지가 아니라 무엇을 하는지에 초점을 맞추거든."

그는 바버라 월터스가 전략적으로 배치된 세심한 질문들을 던졌고, 오프라가 넘치는 열정과 감정을 활용했으며, 자신은 모두가 묻고 싶어하는 단순한 질문들을 했다고 설명했다.

"젊은 인터뷰어들은 우리의 스타일을 모방하려 할 때 왜 우리가 그런 스타일을 갖게 되었는지 생각하지 않아. 그 이유는 그런 스타일이 우리한테 가장 편안하기 때문이야. 우리가 편안해야만 초대손님도 편안해져. 그래야 좋은 인터뷰가 나오지."

"특별한 비결은 없어." 래리는 말을 보탰다.

"자기다운 데는 비결이 없어."

그는 시계를 확인했다.

"이제 가야 해."

그는 나를 바라보다가 속으로 잠시 고민하는 것처럼 다시 고개를 흔들었다. 그러더니 내 얼굴을 손가락으로 가리키며 말했다.

"좋아. 월요일! 9시! 여기서 보자고!"

월요일에 다시 식당을 찾아가니 래리가 앉은 테이블에 남는 자리가 없었다. 그래도 그는 나를 손짓으로 불러서 왜 인터뷰에 관심이 많은지 물었다. 나는 사명에 대해 설명하고 인터뷰를 해줄수 있는지 물었다. 그러자 그는 바로 "좋아. 해줄게."라고 대답했다. 우리는 사명에 대해 조금 더 이야기를 나눴다. 그는 내게 소개해 줄 사람이 있다고 말했다.

"어이, 칼." 그는 테이블에 앉은 한 사람 쪽으로 몸을 돌리며 말했다.

"이 친구한테 잠시 시간 좀 내줄 수 있겠어?"

칼은 하늘색 페도라에 뿔테 안경을 쓰고 있었다. 나이는 그 자리에 있는 다른 사람들보다 수십 년은 젊은 50대로 보였다.

래리의 설명에 따르면 칼 퍼스먼은 〈에스콰이어〉의 '명사에게 얻은 교훈' 칼럼을 쓰면서 무하마드 알리, 미하일 고르바초프, 조지 클루니를 비롯하여 수많은 유명인을 인터뷰했다. 래리는 내게 인터뷰와 관련된 조언을 해주라고 칼에게 부탁했다.

나는 칼과 함께 다른 테이블로 옮겼다. 나는 그에게 이전에 했던 인터뷰들에 대해 이야기했다.

"아무리 준비를 많이 해도." 나는 말했다.

"계획한 대로 되질 않았어요. 왜 그런지 모르겠어요."

칼은 "어떤 식으로 인터뷰를 했지?"라고 물었다.

내가 몇 주, 때로 몇 달 동안 자료 조사를 했다고 말하는 동안 그는 고개를 끄덕였다. 그러다가 질문으로 가득한 공책을 인터뷰 자리에 가져갔다는 말을 듣더니 눈살을 찌푸렸다.

"공책을 가져가면 안심이 돼서 그런 거니 아니면 공책이 없으면 뭘 물어야 할지 모를 것 같아 그런 거니?"

"잘 모르겠어요. 생각해 본 적이 없어요."

"알았다. 이렇게 해보자." 칼은 말했다.

"내일 다시 와서 우리하고 같은 테이블에 앉아. 인터뷰라고 생각하지 마. 그냥 편하게 아침을 같이 먹는 거야."

나는 다음 주 내내 칼이 말한 대로 했다. 매일 아침 칼 옆에 앉아서 래리가 치리오와 블루베리를 같이 먹는 모습, 블루베리를 다 먹으면 시리얼이 얼마나 남았든 그릇을 밀어내는 모습, 플립형 전화로 통화하는 모습, 테이블로 와서 인사하며 사진을 찍어달라는 낯선 사람들을 상대하는 모습을 지켜보았다. 래리는 더없이 상냥하게 그들을 대했다. 그 모습을 보니 슈퍼마켓 앞에서 그를 쫓아

갈 때 내가 얼마나 정신 나간 사람처럼 보였을지 알 수 있었다.

일주일이 지날 무렵 칼은 내게 내일 녹음기를 가져오라고 말했다. 그리고 이렇게 덧붙였다.

"공책은 가져오지 마. 이제는 그 자리가 편해졌잖아. 그냥 와서 호기심이 생기는 대로 질문해."

다음 날 아침, 모두가 평소 앉는 자리에 앉았다. 래리는 나의 맞은편에 앉아서 고개를 숙인 채 치리오를 먹었다. 그의 오른쪽에는 70년 넘게 친구로 지낸 시드가 앉았다. 그 옆에는 래리의 중학교 동창인 브루시, 브룩클린에서 래리와 함께 자란 배리가 앉았다. 그 옆에는 하늘색 페도라를 쓴 칼이 앉았다. 나는 오믈렛을 절반쯤 먹다가 래리에게 어떻게 방송 일을 시작하게 되었는지 물었다.

시드가 먼저 끼어들었다.

"우리가 어릴 때 래리는 종이를 말아서 마이크처럼 만들고 다저스 경기를 중계했어."

배리가 말을 보탰다.

"래리가 영화 이야기를 하면 원래 영화보다 더 길었어."

래리의 꿈은 라디오 방송에서 일하는 것이었다. 하지만 어떻게 시작해야 할지 몰랐다. 그는 고등학교를 졸업한 후 22살 때까지 소포 배달, 우유 판매, 수금원 등 허드렛일을 했다. 어느 날 오후, 래리는 친구와 함께 뉴욕의 거리를 걸어가다가 CBS에서 일하는 사람과 마주쳤다.

"알고 보니 라디오 아나운서를 채용하는 사람이었어." 래리가 말했다.

"프로그램 중간에 '여기는 CBS, 콜럼비아 방송입니다.'라고 말하는 사람이기도 했지."

래리는 그에게 방송계에 입문할 수 있는 방법을 알려달라고 부탁했다. 그는 마이애미에는 노조가 없어서 공석이 있는 방송국들이 많으니 거기로 가라고 조언했다. 래리는 플로리다로 기차를 타고 가서 친척집 소파에서 자며 일자리를 찾기 시작했다.

"그냥 문을 두드렸어." 래리는 말했다.

"한 작은 방송국에서 마이크 테스트를 했는데 '목소리가 좋네요. 다음에 빈 자리가 생기면 채용할게요.'라고 말하더군. 그래서 계속 주위에 머물면서 아나운서들이 뉴스를 읽는 모습을 관찰했어. 그렇게 배우며 청소 일을 했어. 그러다가 금요일에 한 사람이 그만둔 후 방송국에서 월요일 아침부터 일하라는 거야. 얼마나 긴장되던지 주말 내내 한숨도 못 잤어."

"'문을 두드렸다'는 게 무슨 뜻이에요?" 나는 물었다.

"어떻게 하셨어요?"

래리는 유치원생을 보듯 나를 바라보았다. 그는 테이블을 주먹으로 두드리며 "탕! 탕! 탕!"이라고 말했다.

"비유가 아냐." 시드가 말했다.

"래리는 여러 방송국의 문을 두드리며 자기를 소개하고 일을 시켜달라고 부탁했어. 그때는 다들 그랬지."

"할 수 있는 게 그것뿐이었어." 래리는 말했다.

"이력서도 없었고, 대학도 가지 않았으니까."

"그때는 그랬다는 걸 알겠어요." 나는 말했다.

"하지만 지금이라면 어떻게 하시겠어요?"

"마찬가지야." 래리는 말했다.

"문을 두드릴 거야. 두드려야 할 문은 전부 두드려야지. 두드릴 곳이 많을 거야. 새로울 건 없어. 지금은 인터넷이 있지만 전송 방식 말고 새로운 건 없어. 인간의 본성은 바뀌지 않았어."

칼은 여전히 사람이 채용 결정을 내린다고 설명했다. 그의 말에 따르면 마주 보고 대화해야만 진정성을 알 수 있으며, 이메일로는 같은 말을 해도 직접 하는 대화와 같을 수 없었다.

"사람은 사람을 좋아해." 칼은 말했다.

"수신함에 낯선 이름이 들어 있는 건 좋아하지 않아."

나는 스필버그가 처음에 나를 북돋아준 일이나, 엘리엇이 나를 유럽으로 데려간 일 혹은 래리가 마침내 나를 아침식사 자리에 초대한 일 같은 것들은 내가 직접 만나서 얼굴을 마주했을 때 이뤄졌다는 사실을 깨달았다.

'잠깐…'

작년 한 해 동안 나는 빌 게이츠 비서실장의 수신함에 들어 있는 낯선 이름에 불과했다. 처음에 그가 나와 통화해 준 이유는 나를 알기 때문이 아니라 치 루가 부탁했기 때문이었다. 비서실장이 나의 이메일에 답신조차 하지 않았을 때 기분이 나빴다. 하지만 실은 개인적인 감정과는 무관한 일이었다. 나는 그에게 낯선 이름일 뿐이었다.

나는 그 문제를 어떻게 바로잡아야 할지 알고 있었다.

12장

간절히 원하면 이루어진다

"How does one become
successful? You'll get the
same answer if you ask that
to any other older, wiser,
and more successful person
: you have to want to do it
very, very badly."

어떻게 해야 성공할까? 나보다 나이 많고, 현명하고, 성공한 사람들에게
물어봐도 같은 대답을 할 거야. 정말로 간절히 성공을 원해야 해."

리처드 솔 워먼, 세계적인 지식강연 플랫폼 〈테드〉 창립자

: 4주 후, 캘리포니아 주 롱비치

나는 웨스틴 호텔 로비에 있는 에스프레소 바로 갔다. 웨스틴 호텔은 테드 컨퍼런스 참가자들이 주로 묵는 곳이었다. 지금 나는 그 어느 때보다 완벽한 위치에 자리 잡고 있었다.

주위를 둘러보니 익숙한 느낌이 들었다. 10m 정도 떨어진 식당은 내가 엘리엇과 처음 식사한 곳이었다. 엘리엇을 처음 만난 것은 거의 1년 전이었다. 타이밍이 너무나 절묘해서 운명이 내게 미소 짓는 듯했다.

오늘은 처음부터 기분이 아주 좋았다. 토니 셰이와 같이 아침을 먹었기 때문이다. 그는 내가 웨스틴에 온 이유를 듣고는 호텔 앞에 세워둔 RV에서 같이 테드 생중계를 보자며 나를 초대했다.

이 모든 일이 쉽게 이뤄진 건 아니었다. 4주 전에 나는 마이크로소프트에 있는 나의 내부자인 스테판 바이츠에게 연락했다. 내가 알기로 빌 게이츠의 비서실장은 해마다 테드 컨퍼런스에 참석했다. 그래서 나는 바이츠에게 행사장에서 5분만 비서실장과 직접 만날 수 있게 해달라고 부탁했다. 그리고 이번에도 통하지 않으면 절대 다시 부탁하지 않겠다고 맹세했다. 이 시도는 나의 마지막 총알이었다.

스테판은 내 제안에 동의하고 비서실장에게 몇 주 동안 거듭 이메일을 보냈다. 그래도 답신이 없자 심지어 다른 동료에게 이메일을 대신 보내달라고 부탁하기도 했다. 스테판은 항상 놀랄 만큼 인정이 많았지만 이번에는 말이 나오지 않을 정도였다.

테드 컨퍼런스 전날까지 스테판은 답신을 받지 못했다. 그러다가 오후 7시 28분에 답신이 왔다. 비서실장이 테드 컨퍼런스에 참석할 것이며, 나를 만나주겠다는 내용이었다. 그래서 지금 나는 이 자리에 와서 벽에 걸린 시계를 보게 되었다. 오전 10시 14분이었다.

"손님." 바리스타가 말했다.

"뭘 드릴까요?"

"잠시만요. 만날 사람이 곧 올 거예요."

얼마 후, 바리스타는 다시 내게 와서 주문할 것인지 물었다.

나는 시계를 보았다. 10시 21분이었다.

"미안해요. 늦나 보네요. 조금만 더 기다려줘요."

나는 로비를 건너다보며 회전문으로 들어오는 사람들을 살폈다. 다시 시계를 보니 10시 31분이었다. 뭔가 잘못되었다는 느낌이 들었지만 애써 무시했다. 첫 번째 행사가 조금 늦게 끝나는 모양이었다.

시간이 느리게 가기 시작했다. 다시 "손님, 주문하실 건가요?"라는 소리가 들렸다. 10시 45분이었다. 내 옆자리는 여전히 비어 있었다.

'그 모든 일을 겪었는데, 여기까지 오려고 온갖 노력을 기울였는데 이렇게 끝나고 마는 건가?'

나는 비서실 직원이 보낸 오랜 이메일을 꺼냈다. 나는 사무실로 전화를 걸며 억지로 심호흡을 했다.

"안녕하세요, 웬디. 알렉스 바나얀이에요. 오늘 10시 15분에 실장님하고 약속이 있어요. 바쁘신 줄 잘 알고, 시간을 내주신 것도 감사해요. 그냥 문제가 없는지 확인하고 싶어서 그러는데요. 지금 약속 시간이 30분 지났는데 아직 실장님이 안 오셨어요."

"무슨 이야기를 하는 거예요?" 그녀는 말했다.

"실장님이 전화해서 당신이 안 왔다고 하셨어요."

"네?"

알고 보니 호텔에도, 컨벤션 센터에도 모두 로비에 에스프레소 바가 있었다. 나는 엉뚱한 에스프레소 바에 앉아 있었던 것이다. 나는 전화기를 꽉 쥐고 진정하려 했지만 뜻대로 되지 않았다. 나는 눈물을 흘리며 웬디에게 이번 만남을 위해 2년 동안 했던 고생을 절절히 설명했다.

"알았어요." 그녀는 말했다.

"잠시 기다려 봐요. 내가 한 번 조정해 볼게요."

한 시간 후 웬디에게 이메일이 왔다. 오후 4시 30분에 비서실장이 공항으로 떠나는데 호텔 앞 발레 주차장에서 같이 차를 타고 공항까지 가는 동안 이야기를 할 수 있다는 내용이었다.

허공에 주먹을 내지르기에는 너무 기운이 없었다. 하지만 여전히 희미한 미소가 지어졌다. 다행히 웨스틴 호텔에 발레 주차장은 하나뿐이었다.

———

나는 토니 셰이의 RV에서 플랫스크린 TV로 테드 컨퍼런스 생중계를 시청하며 시간을 보내다가 그의 친구들과 같이 점심을 먹었다. 돌아올 때는 웨스틴 호텔 발레 주차장에서 RV까지 이어진 길을 걸어 보았다. 약 1분밖에 걸리지 않는 거리였다. 나는 일찍 도착할 수 있도록 휴대폰 알람을 4시 10분에 맞춰놓았다.

토니 셰이의 RV에 놓인 부드러운 갈색 소파에 앉아 있는 동안 어떤 사람이 차에 올라탔다. 뒤에 있는 유리창으로 햇빛이 쏟아져 들어와 실루엣밖에 보이지 않았다. 그는 천천히 맞은편 자리에 앉았다. 어디선가 본 듯한 얼굴이었다. 머리와 수염이 하얗게 세고 배가 나온 나이 든 남자였다. 더 자세히 살핀 후에야 그가 누구인지 알 수 있었다. 테드의 창립자인 리처드 솔 워먼이었다.

"자네." 그는 나를 바라보며 말했다.

"이거 어떻게 생각하나?"

그는 생중계가 나오고 있는 TV를 가리켰다. 테드 창립자가 테드 컨퍼런스를 어떻게 생각하는지 내게 묻고 있는 것이었다.

나는 내 생각을 들려주었다. 그러자 어느새 그는 테드를 시작하게 된 이야기를 전부 들려주기 시작했다. 계속 이어지는 그의 이야기는 나를 사로잡았다. 나는 최대한 많은 내용을 머릿속에 담으려 애썼다.

"세상을 바꾸는 비결이 무엇인지 아나? 억지로 바꾸려고 애쓰지 않는 거야. 그저 뛰어난 일을 하고 그 일이 세상을 바꾸도록 만들면 돼."

"자기가 아무 것도 모른다는 걸 깨닫기 전에는 높은 경지에 이를 수 없어. 자네는 아직 자만심이 너무 강해. 무엇이든 배울 수 있고, 필요한 과정을 빨리 해치울 수 있다고 생각하지."

"어떻게 해야 성공할까? 나보다 나이 많고, 현명하고, 성공한 사람들에게 물어봐도 같은 대답을 할 거야. 정말로 간절히 성공을 원해야 해."

"왜 사람들이 강연할 때 슬라이드를 쓰는지 모르겠어. 그러면 말하는 사람은 캡션이 돼. 절대 그러면 안 돼."

"내 삶의 모토는 두 가지야. 하나는 요구하지 않으면 얻어내지 못한다는 것이고, 다른 하나는 대부분의 일은 성공하지 못한다는 거야."

띠리링! 띠리링! 띠리링! 띠리링!

휴대폰의 알람이 울렸다. 4시 10분이었다. 하지만 워먼이 너무 빨리 이야기를 하고 있어서 도저히 말을 끊지 않고는 양해를 구할 길이 없었다. 그의 통찰은 너무나 뛰어나서 자리를 뜰 수 없었다. 게다가 테드의 창립자를 두고 그냥 걸어 나올 수는 없었다. 나는 '몰라, 한 번은 그냥 넘겨도 돼.'라고 생각했다.

그는 계속 이야기를 이어갔다.

띠리링!

그는 알람이 울리는데도 이야기를 멈추지 않았다. 작은 역에는 서지 않는 초고속 열차를 탄 기분이었다. 아직 이야기가 끝나지 않았는데 일어서면 안 될 것 같았다. 어차피 발레 주차장은 1분 거리였다.

'한 번 더 그냥 넘기자.'

나는 계속 앉아서 그가 숨을 쉬기를 기다렸다. 지금 내 인생 최고의 대화를 나누는 것인지 인질로 붙잡힌 것인지 분간이 되지 않았다. 나는 계속 시간을 확인했다.

띠리링! 띠리링! 띠리링! 띠리링!

"천재성은." 그는 말했다.

"예측성의 반대말이야."

"천재성은." 그는 깊고 지혜로운 눈으로 나를 바라보며 했던 말을 반복했다.

"예측성의 반대말이야."

띠리링! 띠리링! 띠리링! 띠리링!

달리 방도가 없었다. 나는 벌떡 일어나며 말했다.

"나중에 후회할지 모르지만 지금 가야 해요."

나는 그가 다른 말을 하기 전에 급히 밖으로 나갔다. 인도를 따라 달리다가 호텔 진입로에서 왼쪽으로 돌았다. 비서실장의 차가 보였다. 운전기사는 정장 차림으로 차 앞에 서 있었다. 나는 한숨을 돌리며 시간을 확인했다. 아직 1분이 남아 있었다. 나는 차를 등지고 웨스틴 호텔의 회전문을 살피며 운전기사와 이야기를 나누었다. 마침내 비서실장이 밖으로 나왔다.

그는 한 손에 가죽가방을, 다른 손에 휴대폰을 들고 있었다. 희끗한 기미가 보이는 풍성한 머리는 블레이저나 검은색 레이밴과 완벽하게 어울렸다. 그는 차로 다가와 선글라스를 내렸다.

"자네가 알렉스구만."

나는 인사를 하고 그와 악수했다.

"자." 그는 차를 향해 움직이며 말했다.

"차에 타지."

우리가 탄 후 차는 진입로를 빠져나갔다.

"그래." 그는 말했다.

"프로젝트는 어떻게 되어가나?"

나는 "잘 되고 있어요."라고 말한 후 일이 진행되고 있음을 말해 주는 사례들을 하나씩 나열했다.

"그러면." 그는 말했다.

"여전히 빌과 인터뷰를 하기 원할 것 같군."

나는 그게 가장 큰 꿈이라고 말했다. 그는 조용히 고개를 끄덕였다.

"지금까지 누구와 인터뷰했나?"

나는 지갑을 꺼내 인터뷰하고 싶은 사람들의 이름이 적힌 카드를 보여주었다. 이미 인터뷰를 한 사람의 이름은 녹색으로 표시되어 있었다. 비서실장은 두 손으로 카드를 들고 마치 성적표를 검사하듯 천천히 아래로 시선을 내렸다.

"아, 딘 카멘이 있네." 그는 말했다.

"우리도 잘 아는 사람이지."

"래리 킹도 있고." 그는 말을 이어나갔다.

"아주 흥미로웠겠어."

그가 다음 이름을 말하려 할 때 갑작스레 떠오르는 생각이 있어 그의 말을 끊었다.

"이름이 중요한 게 아녜요." 나는 생각보다 큰 목소리로 말했다.

그는 놀란 표정으로 내게 고개를 돌렸다.

"이름이 중요한 게 아니고." 나는 한 번 더 말했다.

"인터뷰가 중요한 게 아니에요. 저는 단지 모든 리더들이 하나의 목적을 위해서 힘을 보탠다면, 그러니까 언론을 통한 홍보가 아니라 다음 세대에게 지혜를 나눠주기 위해 힘을 보탠다면 젊은 이들이 훨씬 많은 일을…."

"알았어." 그는 손을 추켜들며 말했다.

"충분히 들었어."

온몸이 굳어졌다.

그는 나를 보며 손을 내리더니 이렇게 말했다.

"…우리도 할게!"

Tim Ferriss

Steven Spielberg

Lady Gaga

Quincy Jones

Larry King

Maya Angelou

Warren Buffett

Bill Gates

Pitbull

Steve Wozniak

Maya Angelou

세 번째 문으로 들어가라

13장

상대의 상황을 간파하라

His advice to overpromise
isn't new, but Gates was
selling IBM on his speed
in a way that was obviously
impossible.

과감한 조건을 내걸라는 조언은 새로운 게 아니었다.
하지만 게이츠는 IBM을 상대로 명백히 불가능한 조건으로 흥정했다.

빌 게이츠, PC혁명을 이끈 〈마이크로소프트〉 설립자

빌 게이츠.

거의 모두가 그의 이름을 알지만 대부분은 그와 관련된 모든 이야기를 모른다. 서생 같은 안경과 잡지 표지 사진의 이면에는 9살 때 백과사전을 전부 읽은 소년이 있다. 13살 때 그의 영웅은 록스타나 야구선수가 아니라 프랑스 황제인 나폴레옹이었다. 어느 날 밤, 그는 저녁시간에도 방에서 나오지 않았다. 그의 엄마는 "빌, 뭐하니?"라고 소리쳤다.

그는 "생각하고 있어요."라고 대답했다.

"생각한다고?"

"네. 생각하고 있어요. 엄마는 생각해 본 적도 없어요?"

우스운 이야기처럼 들리지만 내게는 왠지 사랑스럽게 느껴진다. 게이츠의 삶을 깊이 파고들수록 세상에서 가장 낯설면서도 친근한 사람처럼 느껴졌다.

한편으로 그는 중학교 2학년 때 친구 폴 앨런과 컴퓨터실에서 놀며 ASR-33 텔레타이프로 코딩하는 법을 익혔다. 나로서는 대단히 낯선 측면이다. 고등학교 때는 대부분의 아이들이 밤에 몰래 집을 빠져나와 파티장에 가는 동안 게이츠는 워싱턴 대학 컴퓨터실에서 코딩을 했다. 이 부분은 더욱 낯설다. 다른 한편으로 그는 고등학교 때 컴퓨터 실력을 활용하여 학교가 시간표를 자동으로 짜도록 도와주었고, 시스템을 조작하여 예쁜 여자아이들과 같은 반에 들었다. 이 부분은 친근하다.

그는 고등학교를 졸업한 후 하버드에서 응용 수학을 배웠다. 왜 응용 수학을 전공으로 택했을까? 허점을 발견했기 때문이다. 그는 수학을 경제학이나 역사학에 적용하고 싶다고 주장하면서 원하는 과목을 우선으로 신청할 수 있는 방법을 알아냈다. 그는 반항하는 일 자체를 즐겼다. 그래서 수강한 과목의 강의를 빼먹고 수강하지 않은 과목의 강의를 들으러 갔다.

언론에서 어딘가 어색하고 멋없는 컴퓨터광으로 묘사하는 빌은 대학 시절 자정이 넘도록 고액의 판돈이 걸린 포커를 즐기는 것으로 유명했다. 20대 시절 그는 한밤중에 건설 현장에 몰래 들어가 불도저를 마구 몰면서 스트레스를 풀었다. 또한 마이크로소프트를 창업한 초기에는 코딩을 쉬는 시간에 포르쉐를 타고 고속도로를 질주했다.

속도에 대한 그의 사랑은 운전에 국한되지 않았다. 그가 중요한 소프트웨어 계약을 맺는 이야기를 읽으니 체스 신동이 10명을 동시에 상대하면서 순식간에 10여 수를 두어 모두를 이겨버리는 듯한 느낌이 들었다. 친구들이 대학을 졸업할 무렵 그는 IBM, 애플, HP 같은 세계적인 기업들의 회의실에서 나이가 두 배나 많은 사람들을 상대로 협상을 벌였다. 체스 신동의 이미지를 떠올리고 보니 게이츠가 코딩 게임, 영업 게임, 협상 게임, 경영 게임, 홍보 게임, 자선 게임 등 수많은 게임을 최고 수준에서 벌여왔으며, 모조리 이겼다는 사실을 깨닫게 되었다.

그는 마이크로소프트를 1998년에 세계에서 가장 높은 가치를 지닌 회사로 키워내면서 세계 최고의 부호가 되었다. 어느 정도로 부자인지 비교를 통해 살펴보자. 오프라 윈프리는 엄청나게 부유하다. 마크 저커버그, 하워드 슐츠, 마크 큐번, 잭 도시, 엘론 머스크도 그렇다. 하지만 내가 인터뷰를 준비할 무렵 빌 게이츠의 자산은 그들 모두의 자산을 합친 것보다 많았다.

빌은 마이크로소프트 대표직을 그만둔 후 은퇴하여 요트에서 빈둥대며 세상의 온갖 물질적 쾌락을 누릴 수 있었다. 하지만 그는 새로운 체스판으로 뛰어들었다. 바로 세계의 빈곤층을 먹이고, 청정에너지를 혁신하고, 감염병의 전파를 막고, 어려운 학생들에게 양질의 교육을 제공하는 더 어려운 일에 도전한 것이다.

나는 빌 앤 멜린다 재단Bill & Melinda Foundation이 세상에서 가장 큰 자선단체라는 사실을 이미 알았다. 하지만 이 재단의 활동이 500만 명 이상의 생명을 구하는 데 도움을 주었다는 것은 전혀 몰랐다. 빌이 돈을 좋은 일에 쓰기로 결정한 덕분에 유아사망률이 절반으로 줄었다. 앞으로 5년 동안 700만 명의 아동이 계속 삶을 이어가게 될 것이다. 현실판 초영웅이 있다면 바로 빌 게이츠다.

나는 그에 대해 알게 된 모든 사실을 토대로 인터뷰를 준비했다. 공책에 10여 개의 질문을 적고 주제에 따라 다른 색깔로 표시했다. 영업부터 협상까지 나만의 보물 지도를 만드는 기분이었다.

빌 게이츠를 만나기 일주일 전, 나는 래리 킹, 칼 퍼스먼과 아침을 먹으며 인터뷰를 진행하는 방법에 대한 조언을 구했다.

"그냥 내가 전에 말한 걸 잘 기억해." 래리는 손가락으로 나를 가리키며 말했다.

"비결은 비결이 없다는 거야. 그냥 너답게 해."

칼은 "지금 래리한테 이야기하듯 편하게 해."라고 말을 보탰다.

아침을 먹고 나올 때 두 사람이 내가 어떤 압박감을 받고 있는지 모른다는 생각이 들었다. 나는 여유 같은 호사를 누릴 수 없었다. 내가 해야 할 것은 평범한 인터뷰가 아니었다. 지난 3년 동안 이 순간에 모든 것을 걸고 갖은 노력을 기울였다. 출판사, 에이전트, 가족에게 이 인터뷰를 통해 우리 세대에 변화를 일으킬 조언을 얻어내겠다고 맹세했다. 사람들의 삶에 큰 변화를 일으킬 조언을 말이다. 그것은 내게 성배와도 같았다.

이전에 비슷한 일을 한 적이 있는 사람에게 도움을 받을 필요가 있었다. 나는 말콤 글래드웰이 《아웃라이어》를 쓸 때 '1만 시간의 법칙'과 관련하여 게이츠와 인터뷰를 했다는 말을 들었다. 나의 입장에 공감할 수 있는 사람이 있다면 글래드웰이었다. 나는 팀 페리스가 알려준 이메일 작성법에 따라 이메일을 보냈다. 하루 후 답신이 왔다.

> 발신 **말콤 글래드웰**
>
> 수신 **알렉스 바나얀**
>
> 제목 회신: 빌 게이츠와의 인터뷰에 대해 조언해 주실 수 있나요?
>
> ─────────────────────
>
> 나의 조언요? 빌 게이츠는 그 누구보다 인터뷰하기 쉬운 사람입니다. 엄청나게 똑똑하고, 직설적이며, 감이 좋거든요. 그의 삶에 대해 깊고 넓게 읽어서 시간 낭비가 되지 않도록 하세요. 그리고 그가 이야기를 풀어가도록 해주면 됩니다. 아마 놀라운 곳으로 당신을 데려갈 겁니다. 행운을 빕니다!

글래드웰의 격려가 고마웠지만 마음을 안정시켜주지는 못했다. 걸린 대가가 너무 컸고, 게이츠라는 이름이 너무 부담돼서 여유를 되찾을 수 없었다. 그를 편하게 생각하도록 해줄 뭔가가 필요했다. 나는 그가 내 나이 때 어땠을지 머릿속으로 그렸다. 그가 해진 티셔츠와 청바지를 입고 기숙사 방에 누워 있는 모습을 상상했다. 내가 읽은 이야기가 떠올랐다.

그가 하버드 2학년생이던 19살 때 일이었다. 어느 날 폴 앨런이 그의 기숙사 방으로 갑자기 들어와 책상 위에 잡지를 던졌다.

"빌, 우리도 없이 벌써 이런 걸 만들었어!" 폴은 소리쳤다.

잡지 표지에는 표시등과 스위치 그리고 포트가 달린 매끄러운 담청색 기기의 사진이 담겨 있었다. 세계 최초의 미니컴퓨터 키트인 알테어 Altair 8800이었다. 빌은 기사를 탐독한 후 미츠 MITS라는 회사가 알테어를 만들었지만 아직 소프트웨어를 갖추지 못했다는 사실을 알았다. 당시 두 사람은 마이크로소프트를 만들 생각조차 하지 않고 있었다. 그래도 그들은 미츠를 세운 에드 로버츠에게 편지를 써서 알테어를 돌릴 소프트웨어를 만들어 주겠다고 제안했다. 그들은 좀 더 정식으로 보이려고 고등학교 때 만든 트래프 오 데이터 Traf-O-Data라는 회사의 양식지에 편지를 썼다.

몇 주가 지나도록 답신이 없었다. 빌은 '편지를 그냥 쓰레기통에 버렸나? 내가 십대인 걸 안 걸까?'라고 생각했다. 몇 년 후 빌이 알게 된 사실은 미츠 대표가 그 편지를 읽었을 뿐 아니라 실제로 제안을 수락하려 했다는 것이었다. 하지만 편지에 나온 전화번호로 연락해도 엉뚱한 사람이 전화를 받았다. 빌과 폴은 고등학교 시절 친구의 집 전화번호가 여전히 편지지에 찍혀 있다는 걸 깜박하고 말았다. 그 사실을 모르는 두 사람은 빌의 기숙사 방에서 후속 조치를 놓고 말다툼을 벌였다. 빌은 폴에게 전화기를 건넸다.

"싫어. 네가 해!" 폴은 말했다.

"이런 건 네가 더 잘하잖아."

"난 안 해." 빌은 맞받아쳤다.

"네가 해!"

장차 세계 최고의 부호가 될 사람도 움찔이한테 시달리는 모양이었다. 결국 두 사람은 타협했다. 빌이 전화를 거는 대신 자기가 폴이라고 말한다는 것이었다. 빌은 전화를 걸어서 최대한 굵은 목소리로 "안녕하세요. 폴 앨런이라고 합니다."라고 말했다. 미츠는 작은 회사여서 어렵지 않게 대표와 통화할 수 있었다.

"얼마 전에 알테어에 쓸 수 있는 소프트웨어를 완성했습니다. 그걸 직접 보여드리고 싶은데요."

미츠 대표는 흔쾌히 제안을 수락하고 뉴멕시코 주 앨버커키에 있는 회사로 와서 시연해 달라고 말했다. 빌은 뛸 듯이 기뻐했다. 문제는 사실 그런 소프트웨어가 없다는 것이었다. 이후 몇 주 동안 빌은 모든 시간을 코딩에 쏟아부었다. 아예 밤을 새는 날도 많았다. 어느 날 저녁, 폴이 찾아와 보니 빌이 컴퓨터 터미널 옆 바닥에 고양이처럼 웅크린 채 자고 있었다. 키보드를 베개 삼아 의자에서 잠드는 날도 있었다.

기나긴 8주가 지난 후 빌과 폴은 알테어용 소프트웨어를 완성했다. 누가 앨버커키로 가서 시연할 것인지 정할 때 둘은 단순한 논리를 따랐다. 폴이 가야 했다. 턱수염이 나 있었기 때문이다.

폴은 소프트웨어를 들고 비행기에 올랐다. 그는 비행기가 이륙

한 후 머릿속으로 시연을 구상하다가 로더loader를 넣지 않았다는 사실을 깨달았다. 로더는 컴퓨터에게 소프트웨어를 판독하라고 말하는 코드였다. 로더가 없으면 소프트웨어는 쓸모가 없었다. 폴은 좌석 테이블에 웅크린 채 순전히 기억에만 의존해서 공책에 코드를 적었다. 다행히 비행기가 착륙하기 전에 마무리하기는 했지만 테스트를 할 방법이 없었다.

다음 날 폴은 미츠에 도착했다. 대표는 그에게 회사를 구경시켜 주었다. 두 사람은 알테어 8800이 놓인 책상 앞에 멈춰 섰다. 폴이 실물을 본 건 그때가 처음이었다.

"그럼." 대표가 말했다.

"시작하시죠."

폴은 심호흡을 한 후 소프트웨어를 불러냈고…. 다행히 성공했다. 폴과 빌은 협상을 통해 계약을 따냈다. 그렇게 해서 두 사람은 처음으로 소프트웨어를 팔 수 있었다.

내게는 한 가지 교훈이 두드러졌다. 게이츠는 코딩 능력이 탁월했다. 그러나 기숙사 방에서 두려움을 이겨내고 미츠에 전화를 걸지 않았다면 이 모든 일들을 하나도 이루지 못했을 것이다. 어렵고 불편한 일을 해내는 능력이 그에게 기회를 안겼다. 미래를 여는 잠재력은 우리의 손안에 있다. 다만 먼저 전화기를 들 수 있어야 한다.

이는 좋은 교훈이지만 성배라고 느껴지지는 않았다. 게이츠와 마주 앉았을 때 놀랍고, 강력하고, 삶을 바꿔줄 통찰을 얻어내야 했다. 어떤 인터뷰어도 얻어내지 못한 통찰을 말이다. 내게 성배는 살아 숨 쉬는 진리였다. 지난 2년 동안 내가 역경을 헤치고 나아가도록 북돋은 것이었다. 이제 너무나 가까운 곳까지 다다랐기에 반드시 찾아내겠다는 마음이 더욱 강해졌다.

인터뷰 전날 아침, 나는 더플백을 꾸리고 공책을 백팩에 넣은 다음 시애틀로 향했다.

최고의 협상 전술은 신뢰하는 관계 맺기다

나는 황금빛 조명이 비치는 복도를 따라 걸었다. 복도 끝에 문이 하나 있었다. 비서는 내게 잠시 기다리라고 말한 후 사라졌다. 나는 높이 솟은 반투명 유리문을 바라보며 기다렸다. 무슨 단서라도 있는 것처럼 은색 테두리를 단 가죽 손잡이를 더 가까이 들여다보았다. 아주 소소한 것조차 나를 성배로 이끌 수 있었다. 성배가 어디에 숨어 있는지 몰랐기에 어떤 디테일도 놓칠 수 없었다.

그냥 안으로 걸어 들어가서 "빌, 성배가 뭐예요?"라고 말할 수는 없는 노릇이었다. 그럴 수는 없었다. 빌 게이츠가 단서를 주리라고 기대할 수도 없었다. 그는 책상에 놓인 부처상을 가리키며

"이 부처상 보이지? 이걸 보고 사업의 비결을 상기해."라고 말하지는 않을 것이다. 내가 직접 단서를 찾아야 했다. 시간이 많지 않았다. 대화가 시작되면 온 정신을 집중해야 했기 때문에 시각적 단서를 찾을 수 있는 유일한 기회는 안으로 들어간 직후였다.

잠시 후 느리게 돌아가는 화면처럼 반투명 유리문이 열렸다. 내 바로 앞에 빌 게이츠가 다이어트 코크를 마시며 서 있었다. 그는 웃는 얼굴로 건배하듯 캔을 들었다.

"안녕." 그는 말했다.

"들어와."

안으로 들어서는 순간 90년대에 방송되던 〈슈퍼마켓 스윕Super-market Sweep〉에 출연한 느낌이 들었다. 출연자들이 슈퍼마켓 안으로 달려들어가 비싼 물건들을 카트에 담은 다음 종이 울리기 전까지 계산대를 통과하면 그 물건들을 가지는 내용이었다. 다른 점이라면 여기서는 대화를 시작하기 전에 모든 부분을 최대한 빨리 포착하여 기억하고 어느 것이 성배를 찾는 데 도움이 되는 단서인지 파악해야 한다는 것이다. 게이츠가 응접실로 걸어가는 동안 내 머릿속에서는 '제자리에, 준비, 출발!'이라는 소리만 들렸다.

게이츠의 책상은 나무로 되어 있었고, 깔끔했다. 책상 위에는 두 대의 모니터가, 앞에는 몰트 위스키 색깔의 높은 가죽의자가 있었다. 천장까지 이어진 유리창을 통해 들어온 햇빛이 벽에 걸린

5개의 액자를 밝게 비추었다. 하나는 게이츠가 워런 버핏과 웃고 있는 사진을, 다른 하나는 게이츠가 보노와 찍은 사진, 세 번째는 제3세계처럼 보이는 지역에서 한 어머니가 아기를 안고 있는 사진을 담고 있었다. 액자 밑으로는 윤기나는 타원형 커피 테이블에 두 권의 책이 놓여 있었다. 한 권은 스티븐 핑커의 책이었다. 나는 속으로 '스티븐 핑커의 책들을 사야겠다.'라고 생각했다. 응접실 양쪽에는 아이보리색과 회색이 섞인 두 개의 안락의자, 그 중간에는 갈색 소파가 있었다.

게이츠는 한 안락의자에 앉았다. 그가 신고 있는 로퍼는 검은색에 발가락 부분이 둥글었고, 위에 술이 달려 있었다. 나는 다시 속으로 '술이 달린 로퍼를 사야겠다.'라고 생각했다. 그는 어두운 슬랙스를 입었고 양말은 발목에 뭉쳐 있었다. 위에는 짙은 황금색으로 거의 갈색에 가까운 느슨한 골프 폴로 셔츠를 입고 있었다. 또….

그때 머릿속에서 부저가 울렸다.

"이번이 첫 번째 책인가?" 게이츠가 물었다.

게이츠 특유의 새된 목소리는 직접 들으니 더 높았다. 그래서 마치 나를 만난 게 정말 흥분되는 것처럼 느껴졌다. 그는 내가 인터뷰한 사람들이 인상적이라며 축하해 주었다. 그리고 어떻게 치루를 알게 되었는지 물었다.

그때 비서실장이 들어와 인사를 건네며 내 옆에 앉았다.

"45분밖에 안 되니까." 그는 말했다.

"최대한 시간을 활용하려면 바로 시작하는 게 좋을 것 같아."

나는 녹음기를 테이블에 놓고 공책을 흘긋 보았다. 우선 사업을 처음 시작한 때로 거슬러 올라가는 게 좋을 것 같았다.

"고등학교 때 트래프 오 데이터를 만든 이야기를 읽었어요." 나는 말했다.

"그때 경험한 일들 중에서 나중에 마이크로소프트를 운영하는 데 도움이 된 게 있나요?"

"글쎄." 게이츠는 말했다.

"폴 앨런하고 같이 만들었지. 마이크로프로세서가 많이 제한적이었다는 게 사실 우리한테는 유리했어…."

게이츠는 천천히 이야기를 시작했다. 그러다가 갑자기 스위치를 켠 것처럼 의자에서 자세를 고쳐 앉고 눈을 벽에 고정하더니 속사포로 백과사전 같은 정보를 쏟아냈다.

"최초의 마이크로프로세서는 71년에 나왔지. 4004로 불렸는데 거의 아무 것도 하지 못했어. 폴이 그걸 보고 나한테도 보여줬어. 그는 그걸로 별로 할 게 없다는 걸 알았어. 그러다가 73년에 8008이 나왔지. 폴은 8008용 베이직 프로그램을 짤 수 있는지 물었어. 나는 못 한다고 말했어. 아니다. 연도가 틀렸네. 72년에 8008이 나왔고, 74년에 8080이 나왔어…."

디테일을 찾으러 오기는 했지만 이제는 디테일의 눈사태에 파묻힐 판이었다.

"…우리는 전용 기기를 만들 수 있겠다고 판단했어. 그래서 회로를 만질 줄 아는 사람을 구했지. 그 이유는 교통량을 측정할 때 도로에 감지기를 깔고 우스꽝스런 종이 테이프에 구멍을 뚫는 방식을 쓴다는 걸 알았거든. 우리는 그걸 컴퓨터로 할 수 있는 방법이 있을 거라고 생각했어. 사실 우리 시스템도 사람이 손으로 처리하는 방식이었어. 감지기를 보고 숫자를 적은 다음 카드에 표시하고 컴퓨터에 입력하는 거지. 그 다음에는…."

눈사태가 계속 쏟아지는데 도저히 머리를 내밀 방도가 없었다.

"…그래서 나는 대학에 들어갔고, 폴은 거기서 일자리를 얻었지. 우리는 하드웨어 사업을 할지 아니면 소프트웨어 사업을 할지, 언제 시작할지 계속 의논했어. 결국에는 79년에 순수한 소프트웨어 회사로 출발했지. 아니다. 75년이구나. 그래, 미안. 75년이야. 79년에는 시애틀로 옮겨서…."

10분이 10초처럼 후딱 지나갔다. 온몸으로 불안이 퍼져갔다.

'이러다가 인터뷰가 금세 끝나버리면 어떡하지?'

그때 사무실 문이 열렸다.

"방해해서 죄송합니다만." 한 여성이 고개를 들이밀며 말했다.

"젠에게 전화가 왔습니다. 통화 가능한지 알아봐 달라고 해서요."

"알았어." 게이츠는 안락의자에서 일어서며 말했다.

"금방 돌아올게." 그는 나를 보고 말했다.

"잠시만." 비서실장이 내 쪽으로 몸을 기울이며 "가족이야."라고 속삭였다. 마치 구조 헬리콥터가 도착한 느낌이었다.

문이 닫혔다. 나는 소파에 몸을 기대며 한숨을 내쉬었다.

———

나는 정신없이 공책을 넘기며 질문할 내용을 살폈다.

"방금…. 말한 내용들이 도움이 되니?" 비서실장이 내게 물었다.

"이 방향에서 접근하는 게?"

나는 비서실장에게 도움이 필요할지 모르니 인터뷰 자리에 동석해 달라고 부탁했다. 지금 그는 그 도움을 내게 주고 있었다. 첫번째 질문은 전혀 사려 깊지 못했다. 이 시점에서 "좀 도와주세요."라고 말해야 했지만 그러면 아마추어처럼 보일까 두려웠다.

"네." 나는 말했다.

"좋은 거 같아요."

"좋아." 비서실장은 말했다.

"잘 됐네."

나는 다시 공책으로 시선을 돌렸다. 성배로 이어지는 질문이 있다면 사업 전술과 관련된 질문, 아마도 영업과 관련된 질문일 것이 분명했다. 게이츠의 삶에서 가장 중요한 계약은 당연히 1980년에 IBM과 맺은 계약이었다. 당시 그는 25살이었고, IBM은 세계 최대의 기술기업이었다. IBM과 계약을 맺은 덕분에 마이크로소프트는 수십 년 동안 소프트웨어 산업을 지배할 수 있었다. 게이츠는 IBM에 뒤이어 HP와도 계약을 맺었고, 계속해서 도미노처럼 계약이 줄을 이었다.

게이츠는 컴퓨터 업계의 경영자들에게 "2등급 업체들이 쓰는 운영체제에 베팅하시겠습니까, 아니면 IBM이 인증한 운영체제에 베팅하시겠습니까?"라고 말했다. 이는 게이츠를 성공으로 이끈 전환점이었다. 하지만 내가 읽은 어떤 전기에도 어떻게 그 계약을 맺었는지 설명하는 내용이 나오지 않았다.

"친구들에게 IBM과 계약을 맺은 이야기를 들려줬어요." 나는 비서실장에게 말했다.

"그들이 내게 요청한 질문은 중요한 영업 미팅에 대처하는 방법을 5분 동안 설명한다면 어떤 내용인가 하는 것이었어요."

"그거 좋네." 비서실장은 말했다.

"마음에 들어."

사무실 문이 열렸다.

나는 게이츠가 안락의자에 앉은 후 질문을 던졌다.

"당시에." 그는 말했다.

"나는 어렸고, 얼굴은 더 어려 보였어. IBM 사람들은 처음에 나를 미덥지 않은 눈길로 바라보았지."

그는 영업 미팅에 임하는 첫 단계가 상대의 의심을 깨트리는 것이고, 그 최선의 방법은 전문성으로 압도하는 것이라고 설명했다. 당시 그는 자신이 평범한 청년이 아니라는 사실이 분명하게 드러나도록 거침없이 말하면서 문자 집합, 컴퓨터 칩, 프로그래밍 언어, 소프트웨어 플랫폼 같은 디테일로 바로 뛰어들었다.

"시간이 얼마나 걸릴지 물을 때마다…." 그는 이야기를 이어갔다.

"'지금 가능하다고 말하는 기간보다 더 빨리 끝낼 수 있어요. 언제 필요하십니까? 몇 시간 뒤요?'라고 대답했어."

과감한 조건을 내걸라는 조언은 새로운 게 아니었다. 하지만 게이츠는 IBM을 상대로 명백히 불가능한 조건으로 흥정했다. 실제로는 해당 소프트웨어를 제공하는 데 수개월이 걸렸다. 그래도 장기적으로는 문제될 것이 없었다. 중요한 점은 게이츠가 느린 진전 속도에 고민하는 대기업들의 상황을 간파했다는 것이었다. 그래서 그는 그들에게 가장 필요한 것을 제시했다.

뒤이어 게이츠는 계약에 대한 나의 생각을 완전히 뒤집는 말을 했다. 그는 IBM으로부터 쥐어짤 수 있는 최고의 금액보다 적은 금액에 계약한 것이 더 나았다고 설명했다. 다른 기업들도 컴퓨터

시장에 진입할 것이 분명하므로 일단 IBM과 계약을 맺으면 그들을 상대로 더 수지맞는 계약을 맺을 수 있기 때문이었다.

"IBM과 맺은 계약에서는 다소 적은 이익을 남겼지만." 게이츠는 설명했다.

"그 후 다른 회사들과 맺은 계약에서는 더 많은 이익을 남겼지."

게이츠는 현금보다 더 가치 있는 대가를 원했다. 바로 전략적 위치 선점이었다. 돈을 많이 벌어도 미래에 도움이 되지 않는 계약보다 지금 당장은 적게 벌어도 앞으로 더 많은 계약을 맺도록 해주는 계약이 더 나았다. 그 교훈은 명백했다. 단기적 이익보다 장기적 위치 선점을 선택하라는 것이었다.

뒤돌아보면 게이츠가 들려주는 교훈을 감사히 여겨야 마땅했다. 하지만 그때 나는 속으로 '정말…? 그게 다야? 성배는 어디 있어?'라고 생각했다.

내가 생각이 짧았던 이유를 이해하는 데 오랜 시간이 걸렸다. 나는 버즈피드BuzzFeed 세대다. 게이츠의 통찰은 트위터에 올리거나 '세계 최고 부자가 들려주는 열 가지 놀라운 비결'이라는 식으로 꾸미기에 적당치 않았다. 나는 그 가치를 알아보지 못했다. 그래서 성배가 다른 곳에 묻혀 있을 거라고 생각했다. 나는 게이츠에게 협상의 비결이 무엇인지 물었다.

"훨씬 나이와 경험이 많은 사람들과 협상하는 게 어땠나요?"

그는 "IBM에서 분명하게 요구하는 건 있었지."라고 말한 후 소스 코드와 무한 책임에 대해 이야기하기 시작했다. 협상의 비결과는 무관해 보이는 이야기였다. 그가 왜 내 질문에는 대답하지 않는지 이해할 수 없었다. 이제 와서 돌이켜 보면 그는 내 질문에 대답해 주었다. 다만 내가 원한 방식이 아니었을 뿐이다. 나는 나중에 녹음된 내용을 듣고서야 그가 무슨 말을 하는지 이해했다.

IBM과 협상할 때 게이츠는 소스 코드를 기밀로 유지해야 한다는 걸 알았다. 문제는 IBM이 사려는 게 소스 코드였기 때문에 가져가지 말라고 할 수 없다는 것이었다. 게이츠는 IBM이 대규모 소송을 두려워한다는 걸 알고, 이 사실을 토대로 전략을 세웠다. 바로 IBM이 실수로 소스 코드를 공개했을 시 무한 책임을 져야 한다고 주장하는 것이었다. 즉, IBM의 직원이 자신도 모르는 사이에 소스 코드를 유출시키면 마이크로소프트가 수십억 달러 규모의 소송을 제기할 수도 있었다. IBM의 법무팀은 이 점을 너무나 두려워한 나머지 소스 코드를 인수하지 않기로 결정했다. 바로 게이츠가 원하던 바였다. 이 이야기의 교훈은 상대가 무엇을 두려워하는지 파악하여 유리한 방향으로 활용하라는 것이었다.

"대단히 전략적이었지." 게이츠는 웃으며 말했다.

"스티브 발머와 내가 생각해 낸 전략이었어."

하지만 인터뷰를 하는 동안에는 이런 교훈들을 파악할 수 없었다. 나는 심호흡을 한 후 더 구체적인 질문을 했다.

"에드 로버츠와는 어떻게 협상했나요?"

에드 로버츠는 게이츠가 만든 첫 소프트웨어를 구매한 미츠의 창립자였다. 나는 "하나, 의자에 앉는다. 둘, 악수를 한다. 셋, 끝나기 1분 전에 일어나 눈을 바라보며 이렇게 말한다." 같은 비결 목록을 기대했다. 물론 게이츠는 그런 목록을 제시하지 않았다. 대신 그는 온통 에드 로버츠의 삶을 이야기했다. 그 다음에는 미츠의 사업모델에 대한 이야기가 이어졌다.

이 역시 지금 돌이켜 보면 그의 대답이 타당함을 알 수 있다. 그는 상대하는 사람의 배경을 확실하게 파악하는 일이 중요하다는 사실을 말하고 있었다. 게이츠는 성격, 특이한 점, 성공, 꿈 등 에드 로버츠에 대해 가능한 모든 것을 파악했다. 그뿐만 아니라 사업모델, 재정적 제약, 자본 구조, 현금흐름 문제까지 살폈다. 당시의 나는 이런 사실을 놓치고 있었다. 시계를 보니 남은 시간이 얼마 없었다. 나는 당황하며 세 번째 질문을 던졌다.

"사람들이 협상에서 가장 많이 하는 세 가지 실수가 뭔가요?"

게이츠는 한숨을 내쉬었다. 그는 내가 왜 이해를 못하는지 모르겠다는 눈빛으로 나를 바라보았다. 그는 대답을 시작했지만 사실상 '방금 내가 말한 대로 하지 않는 게 실수야.'라는 소리처럼 들렸다. 나는 속으로 '대체 왜 대답을 제대로 하지 않는 거야?'라고 생각했다. 오히려 이해를 못한 쪽은 나라는 생각은 들지 않았다.

게이츠는 어른들에게 조언을 구하고, 그들과 최대한 많이 사적인 시간을 갖고, 자기를 거둬주도록 만들라고 말했다. 지금 와서 생각해 보면 그는 사실상 버즈피드식 잔기술은 잊어버리라고 말하고 있었다. 최고의 협상 전술은 서로 신뢰하는 참된 관계를 맺는 것이다. 당신이 무명의 창업자이고 상대가 당신에게 투자한 게 아니라면 애초에 거래를 할 필요가 있을까? 반면 상대가 당신의 멘토나 친구라면 협상할 필요조차 없을지 모른다.

기업계의 최고수에게 들을 것이라고는 전혀 생각지 못했던 말이었다. 나는 그가 실전에서 검증된 비결을 들려줄 줄 알았다. 하지만 정작 그는 애초에 싸울 필요가 없도록 상대와 친구가 되라고 말하고 있었다.

비서실장이 목을 가다듬었다.

"이제 마지막 질문을 해야 할 것 같아."

———————

나는 공책을 넘겼다. 아직 하지 못한 질문들이 너무 많았다.

'에라, 모르겠다.' 나는 생각했다.

'빌 게이츠와 같이 있을 수 있는 마지막 시간인데 그냥 재미있

게 이야기나 하자.'

나는 공책을 옆으로 던졌다.

"젊은 시절에 겪었던 가장 인상적이고, 특이하고, 웃기는 일이 뭔가요?"

게이츠는 잠시 생각했다. 그는 팔짱을 풀며 말했다.

"일본 회사들하고 웃기는 협상을 많이 했어."

마치 머릿속에서 상영되는 영화를 보듯 그의 시선이 위로 향했다. 일본 기업인들과 협상한 과정을 들려주는 그의 이야기에서 흥분이 느껴졌다. 그는 협상 자리에서 최대한 열심히 홍보하고, 거듭 내용을 설명한 후 그들에게 계약할 것인지 물었다. 머리를 한데 모은 그들은 일본어로 대화를 나누기 시작했다. 1분, 5분, 10분, 20분이 지났다. 마침내 그들은 결정을 내렸다.

그 답은 (극적인 정적) '어쩌면'이었다.

"일본에서는 사실상 거절을 뜻하는 거였지." 게이츠는 말했다.

"우리는 그들에게 '당신들 변호사가 영어를 잘하네요!'라고 말했어. 그러자 그들은 '근데 일본어는 형편없어요!'라고 말하더군."

비서실장과 나는 웃음을 터트렸다. 지난 45분 동안 쌓였던 긴장이 단번에 풀리는 기분이었다. 게이츠는 바로 다른 일본 기업인에 대한 이야기로 넘어갔다. 시애틀에 있는 게이츠의 사무실을 찾아온 그는 마이크로소프트가 정말 대단한 회사라며 칭찬을 늘어놓기 시작했다. 하지만 정작 게이츠는 불안했다. 그의 회사와 약속한 납기를 맞추지 못했기 때문이다. 그래서 더욱 이해가 가지 않는 상황이었다. 일본 기업인은 계속 상냥한 태도로 온갖 칭찬을 쏟아냈다. 게이츠는 속으로 '원하는 게 뭐지? 소프트웨어를 더 사려고 하나?'라고 생각했다. 마침내 일본 기업인은 본심을 드러냈다.

"게이츠 씨… 우리가 사고 싶은 건."

(다시 극적인 정적)

"바로 당신입니다."

우리 셋은 다시 웃음을 터트렸다. 처음으로 인터뷰가 아닌 것 같은 느낌이 들었다. 우리는 그저 즐거운 시간을 보내고 있었다.

"그래서 뭐라고 했어요?" 비서실장은 웃으며 말했다.

"'어쩌면'이라고 대답했어요?"

우리는 약간 더 농담을 나눴다. 잠시 후 비서실장이 허리를 숙여서 가방의 지퍼를 잠갔다. 이를 신호로 게이츠가 안락의자에서 일어났다. 나는 "일본 기업인들과 협상할 때 몇 살이었어요?"라고 물었다.

"일본에서 한창 영업을 한 시기는 19살부터 23살 때였어. 내 친구이자 사업 파트너인 케이 니시가 고생을 많이 했지. 둘이 같이 돌아다녔어. 싱글 베드 2개가 있는 호텔방에서 같이 잤지. 한밤중에도 계속 전화가 왔어. 어느 날 밤에는 3시간 연속으로 잔 후에

케이가 '우리 사업에 문제가 생긴 거 아냐? 3시간 동안 전화가 안 오잖아.'라고 말한 적도 있어."

게이츠는 약간 더 이야기를 들려주었다. 사무실 전체에 따스한 분위기가 퍼지는 게 느껴졌다. 처음부터 이런 식으로 인터뷰를 하지 않은 게 후회스러웠다. 하지만 이미 때는 늦었다. 게이츠는 나와 악수하고 작별인사를 했다. 그는 책상으로 걸어갔고, 나는 문으로 향했다. 나는 문을 나서기 전에 마지막으로 한 번 더 그를 보려고 고개를 돌렸다. 이제 막 제대로 되어가던 참인데 이미 일은 끝나 있었다.

성공의 문을 연 사람들

: 2달 후, 창고 사무실

오랜 악몽 속에 갇힌 기분이었다. 또 다시 나는 머리를 감싸 쥐고 책상 위로 웅크렸다.

'말도 안 돼….'

테드에서 처음 만났을 때 게이츠의 비서실장은 게이츠와 인터뷰를 하게 해줄 뿐 아니라 워런 버핏과도 인터뷰를 하도록 도와주겠다고 말했다. 게이츠와 버핏은 가까운 친구였다. 버핏의 마음을 움직일 계기가 있다면 바로 이것이었다. 비서실장은 실제로 버핏

의 비서실에 연락을 했다. 어떤 말이 오갔는지 모르지만 비서실장
은 내게 이런 이메일을 보냈다.

워런의 비서실에는 더 이상 전화하지 마. 그럼 이만.

믿기 힘든 일이었다. 여전히 인터뷰 요청을 거절당했을 뿐 아니
라 너무 끈질기게 달라붙어서 블랙리스트에 올라버린 것이다. 이
런 문제를 다루는 비즈니스 책은 없었다. 과도한 끈기의 위험을
경고하는 격언도 없었다.

나는 한 번도 '이렇게 행동하면 사람들이 도와주고 싶어할까?'
라고 자문하지 않았다. 무작정 버핏의 비서에게 계속 전화를 걸
뿐이었다. 게다가 그렇게 몇 달 동안 거절당한 후에도 오마하까지
날아갔고, 망할 신발까지 보냈다. 목표를 이루는 데 집착한 나머지
내가 어떤 인상을 줄지 생각하지 못한 것이다. 내가 스스로 판 무
덤이 너무나 깊어서 빌 게이츠조차 꺼내줄 수 없었다.

오래 전에 팀 페리스에게 31통의 이메일을 보낼 때 진작 과도
한 끈기의 위험을 인지했어야 했다. 페리스는 나를 상대하지 않으
려 했다. 도너스추즈의 내부자가 아니었다면 그는 절대 인터뷰를
해주지 않았을 것이다. 그런데도 나는 페리스가 결국 인터뷰에 응
했기 때문에 내가 이겼다고 착각했다. 이제 와서 버핏을 상대로

실패한 후에야 지난 일들을 돌아볼 수 있었다. 삶은 우리가 들을 때까지 계속 같은 교훈으로 머리를 두드린다.

지금까지 나는 많은 교훈을 놓친 게 분명하다. 버핏만 문제인 게 아니었기 때문이다. 빌 게이츠와 인터뷰한 후 더 많은 인터뷰 요청을 보냈다. 그러나 레이디 가가, 빌 클린턴, 소니아 소토마요르, 마이클 조던, 아리아나 허핑턴, 윌 스미스, 오프라 윈프리로부터 더 많은 거절을 당했다. 스티븐 스필버그에게 다시 연락했지만 그마저도 거절했다.

스필버그가 거절한 것은 착오가 분명하다고 생각했다. 처음 만났을 때 그는 나를 바라보며 다시 연락하라고 말했기 때문이다. 그래서 서밋에서 만난 친구가 스필버그 TV 제작사의 공동 대표에게 나를 소개해 주었다. 나는 그에게 직접 사정을 설명했다. 그는 나의 요청을 스필버그에게 전달했지만 여전히 거절한다는 답이 돌아왔다. 그는 다른 각도에서 접근하여 두 번째, 세 번째 요청을 보냈다. 여전히 답은 거절이었다.

'도대체 무슨 일이 벌어지고 있는 것일까?'

나는 노트북을 세게 닫고 사무실을 서성였다. 하지만 좁은 공간 때문에 짜증만 더 났다. 나는 휴대폰을 꺼내 엘리엇에게 문자를 보냈다.

조언이 필요해요. 괜찮아요?

휴대폰을 내려놓기도 전에 신호가 울렸다.

나는 "빠르네요."라고 말했다.

"물론이지." 엘리엇은 대답했다.

"무슨 일인데?"

"미치겠어요. 빌 게이츠의 비서실장은 동력을 쌓으라고 말했어요. 그래서 동력을 쌓았어요. 말콤 글래드웰은 전환점에 대해 말했어요. 그래서 전환점에 이르렀어요. 빌 게이츠와 인터뷰하고 나면 만사가 잘 풀릴 줄 알았어요. 그런데 나아진 게 하나도 없어요."

"멍청아. 우리가 처음 만났을 때도 그런 멍청한 질문을 해서 전환점 같은 건 없다고 했잖아. 모든 게 그냥 작은 단계일 뿐이야."

나는 입을 다물었다. 사실이었다.

"전환점은 시간이 지나서야 보이는 거야." 엘리엇은 말을 이어나갔다.

"막상 그 시점에 있을 때는 몰라. 일은 계속 밀어붙이는 거지 전환하는 게 아냐."

"알았어요." 나는 말했다.

"그래도 화가 나는 게 뭔지 알아요? 사람들이 요청을 거절하면서 대는 핑계가 전혀 도움이 안 돼요. 다들 '취지는 좋은데 안타깝게도 일정이 너무 많아요.'라고 해요. 당연히 바쁘겠죠. 빌 게이츠도 그래요. 정말 원하면 시간을 낼 수 있어요. 그냥 거절당하는 게 아니라 거절하는 진짜 이유도 듣지 못하는데 어떻게 해야 해요?"

"야, 내 인생도 그랬어. 그걸 가짜 거절이라고 하지. 나도 일주일에 수백 번 그런 거절을 당했어. 파이프라인을 만들어서 한 명에게 가짜 거절을 당해도 계속 다른 사람에게 시도할 수 있게 해."

"파이프라인이 통하는 이유가 뭔지 알아?" 엘리엇은 말을 이어 나갔다.

"1년 반 전에 네가 처음 이메일을 보내서 조언을 요청했을 때 내가 응한 이유가 있어. 그보다 한 달 전에 새해의 각오로 누군가의 멘토가 되어주기로 했거든."

나는 깜짝 놀랐다.

"웃기지? 너는 당연히 그 사실을 몰랐겠지. 분명 네가 이메일을 보내서 조언을 구한 첫 번째 사람이 나는 아니었을 거야. 아마 10여 명에게 요청했겠지. 그런데 네가 예측하지 못한 외부적 요인 때문에 그중 하나가 통한 거야. 파이프라인에 있는 다른 사람의 삶에 어떤 일이 일어나고 있는지 네가 알 길은 없어. 그들의 기분을 예측할 수 없고, 얼마나 너그러운 마음인지도 알 수 없어. 그저 노력하는 방법을 제어할 수 있을 뿐이야."

"하지만 파이프라인이 전부 막히면 어떡해요?"

"그러면 더 크게 생각하든가, 다르게 생각해야 해."

"그러지 말고 좀 구체적으로 말해줘요."

"내가 모든 답을 줄 수는 없어. 대신 사례를 하나 들게. 우리가 워싱턴 DC에서 서밋 컨퍼런스를 열 때 기조연설을 할 사람을 구할 수 없었어. 다들 바빴지. 톰스의 블레이크 미코스키는 참석할 수 없다고 했어. 정말 심각한 상황이었지. 그래서 더 크게 생각하기로 했어. 그때 떠오른 사람이 빌 클린턴이었어. 우리는 다르게 생각해야 했어. 클린턴 재단을 위해 기금 마련 행사를 열었으니 마땅히 클린턴이 와야 한다는 거였지. 클린턴을 섭외한 후에는 이미 참석을 거절한 러셀 시몬스에게 연락해서 소개말을 해줄 수 있을지 물었어. 그랬더니 이번에는 하겠다고 하더군. 그 다음 우리는 테드 터너가 워싱턴 DC에 오는 일정과 행사 일정을 맞췄어. 덕분에 테드 터너한테도 승낙을 얻었지. 블레이크 미코스키는 여전히 다른 일 때문에 안 된다고 해서 그가 존경하는 테드 터너와 간단한 질의응답 시간을 가져달라고 요청 내용을 바꿨어. 그랬더니 좋다고 하더군. 이런 식으로 거절하기 힘든 제안을 해야 해."

그때 아이디어가 떠올랐다.

"만약에…."

"해."

"그러니까 만약에…."

"하라구. 어떤 생각이든 그렇게 해. 사람들은 자잘한 일을 하고 싫어하지 않아. 더 크게 생각하고 다르게 생각해야 해. '이러면 어떨까?' 생각만 하면서 살지 마. 그냥 해."

: 일주일 후, 뉴욕 센트럴 파크

나는 재킷의 지퍼를 채우고 엘리엇을 따라 사람들을 헤치고 나아갔다. 해가 진 지 한 시간이 지났다. 우리 바로 앞에는 용암처럼 시뻘건 콘서트용 조명이 켜진 야외무대가 있었다. 존 메이어가 점 조명을 받으며 어깨에 기타끈을 두르고 있었다. 그 모습에 6000명의 팬들이 환호했다.

나는 인터뷰 요청을 다시 하고 파이프라인을 구축하기 위해 뉴욕으로 왔다. 이 축제에는 엘리엇의 초대로 오게 되었다. 우리는 같이 무대 쪽으로 갔다. 가는 길에 엘리엇이 아는 사람을 발견하고 손을 흔든 후 그쪽으로 향했다.

나는 두 사람이 이야기하도록 한 발 물러서 있었다. 잠시 후 엘리엇이 나의 어깨를 잡아서 앞으로 끌어당겼다.

"매트." 엘리엇이 말했다.

"알렉스 만난 적 있어요?"

엘리엇의 친구가 관심 없는 표정으로 고개를 흔들었다. 40살 정도로 보였고, 어깨가 넓었다.

"좋아하게 될 거예요." 엘리엇이 말했다.

"이 친구가 당신이 대표하는 모든 것에 해당하는 프로젝트를 추진하고 있어요. 지금까지 래리 킹, 빌 게이츠와 인터뷰를 했어요."

매트의 눈썹이 약간 올라갔다. 엘리엇은 매트에게 〈가격을 맞혀요〉에 출연한 이야기를 해주라고 말했다. 매트는 이야기를 듣는 내내 웃음을 터트렸다. 엘리엇이 다시 끼어들었다.

"알렉스, 전에 말한 비유를 말해 봐. 세 개의 문에 대해 말이야."

며칠 전 엘리엇은 나와 통화하다가 내가 인터뷰한 사람들의 공통점이 있는지 물었다. 나는 비유를 들어 대답했다. 내가 인터뷰한 모든 사람들은 삶, 비즈니스, 성공을 같은 방식으로 대했다. 내가 보기에 그것은 나이트클럽에 들어가는 일과 같았다. 거기에는 언제나 세 가지 길이 있었다.

"첫 번째 문은." 나는 매트에게 말했다.

"사람들이 길게 줄을 서서 들어가는 정문이에요. 99%의 사람들은 여기로 들어갈 수 있기를 바라며 줄을 서죠."

"두 번째 문은 VIP용 출입구예요. 억만장자, 연예인, 금수저들은 여기로 휙 들어가죠."

매트는 고개를 끄덕였다.

"학교와 사회는 이 두 가지 길만 있는 것처럼 생각하게 만들어요. 하지만 지난 몇 년 동안 나는 언제나 세 번째 문이 있다는 걸 깨달았어요. 줄에서 빠져나와 뒷골목으로 달려가서 계속 두드린

끝에 주방으로 들어가는 문이죠. 언제나 길은 있어요. 빌 게이츠가 처음 소프트웨어를 팔 때나, 스티븐 스필버그가 최연소 감독이 되었을 때 모두…"

"세 번째 문으로 들어갔군." 매트는 만면에 미소를 지으며 말했다.

"나도 평생 그렇게 살았어."

엘리엇을 보니 그 역시 웃고 있었다.

"알렉스." 엘리엇은 말했다.

"매트가 레이디 가가의 소셜 네트워크를 만든 거 알지?"

내가 대답하기도 전에 엘리엇이 말을 이었다.

"레이디 가가를 인터뷰하고 싶다고 그러지 않았어?"

물론 엘리엇은 그 답을 알고 있었다. 1년 전에 레이디 가가의 매니저에게 나를 소개해 준 사람이 바로 엘리엇이었다. 이후 나는 그의 사무실을 찾아가고, 이메일과 전화를 통해 관계를 쌓으려 애썼다. 하지만 인터뷰를 요청할 때마다 거절당했다. 나의 요청을 다시 거절한 게 겨우 몇 주 전이었다. 그러나 나는 여전히 레이디 가가가 세상의 모든 가수 중에서 사명의 정신을 가장 잘 나타낸다고 생각했다.

나는 "정말 인터뷰하고 싶어요."라고 말했다.

매트는 나를 보고 고개를 끄덕였다.

"그러면." 매트는 말했다.

"엘리엇이 매니저하고 친구잖아. 엘리엇이 연락해서 주선하면 될 것 같은데?"

나는 이미 몇 번이나 거절당했다는 사실을 알리기 싫어서 좋은 생각이라고 대답했다. 존 메이어가 〈세상이 바뀌기만 기다려 Waiting on the World to Change〉를 부르는 동안 엘리엇이 다른 친구를 발견하고 인사하러 달려갔다. 매트와 나는 사명에 대해 약간 더 이야기를 나눴다. 잠시 후 그는 아이폰을 꺼내서 사진을 훑더니 내 쪽으로 화면을 기울였다. 거기에는 콘서트장에서 레이디 가가가 매트의 어깨에 팔을 두르고 찍은 사진이 있었다. 매트는 다시 화면을 넘겨서 이번에는 사무실에서 둘이 같이 찍은 사진을 보여주었다. 레이디 가가는 팔을 허공에 뻗은 채 책상 위에 앉아 있었다.

매트는 계속 사진을 넘겼다. 콘돌리자 라이스와 골프 대회에서 직은 사진, 토니 호크와 하프 파이프에서 스케이트보드를 타며 찍은 사진, 샤킬 오닐과 나스닥에서 개장 종을 치는 사진, 제이 지와 무대 뒤에서 찍은 사진, 넬슨 만델라와 소파에 앉아 찍은 사진 등이었다.

매트에게는 사람을 끌어당기는 힘이 있었다. 나도 그에게 이끌리는 느낌을 받았다. 나는 어떻게 커리어를 시작했는지 물었다. 그는 연이어 세 번째 문으로 들어간 이야기를 들려주었다. 그는 미 육군 특수부대에서 근무하다가 부상으로 제대한 후 헤지펀드를 시

작했다. 이후 전자 거래 플랫폼을 만들었고, 우버와 팔란티르_{Palantir}
같은 스타트업에 투자하기 시작했다. 그 무렵 50센트와 친해진 것
을 계기로 레이디 가가와도 알게 되었다. 거의 30분 동안 이런 이
야기들을 나누던 와중에 엘리엇이 손으로 내 등을 치며 가야 한다
고 말했다. 나와 매트는 연락처를 교환했다.

"샌디에고에 오면," 매트는 말했다.

"연락해. 우리 목장에 놀러와."

그때 이런 소리가 희미하게 들렸다.

"눈앞에 기회가 찾아오면… 움직여."

엘리엇이 한 말인 줄 알았지만 아니었다. 그의 입술은 움직이지
않았다. 그것은 내 머릿속에서 들려오는 소리였다.

"정말요?" 나는 말했다.

"사실 다음 달에 샌디에고에 가는데 묵을 곳이 필요해요."

"와." 매트는 말했다.

"우리 목장에 방 2개짜리 별채가 있어. 혼자서 다 써."

14장

성공의 재정의

"Most people do things
because that's what society
tells them they should do.
But if you stop and do the
math — *if you actually think for
yourself* — you'll realize there's
a better way to do things."

"대다수 사람들은 사회가 요구하는 대로 살아가.
하지만 잘 계산해 보면, 그러니까 정말로 자신을 위해 생각해 보면 더 잘 사는
길이 있어."

스티브 워즈니악, 최초의 개인용PC를 발명한 〈애플〉 공동 창립자

: 한 달 후, 로스엔젤레스

"아주 잘 됐네." 칼이 말했다.

나는 래리 킹의 아침식사 자리에 다시 동석하여 며칠 후에 애플의 공동 창립자로서 직접 최초의 개인용 컴퓨터를 만든 스티브 워즈니악을 인터뷰할 것이라고 말했다. 파이프라인을 구축하라는 엘리엇의 조언은 효과가 있었다.

"가장 좋은 점은 빌 게이츠를 인터뷰할 때 겪었던 문제는 없을 거라는 거야."

칼은 말을 이어나갔다.

"이번에는 불안해 할 필요 없어. 워즈니악이니까."

래리는 "인터뷰는 어디서 하니?"라고 물었다.

"쿠퍼티노에 있는 레스토랑에서 해요."

"나는 처음 시작할 때." 래리가 말했다.

"마이애미에 있는 식당에서 인터뷰 프로그램을 진행했어. 레스토랑이 좋아. 거기서는 다들 재미있는 시간을 보내고 싶어하지."

"알렉스, 부탁이 있어." 칼이 말했다.

"공책을 가져가지 마. 실험해 봐. 인터뷰가 망하면 내 탓을 해."

나는 주저했다. 그러나 빌 게이츠와 인터뷰할 때 일어난 일을 생각하면 시도할 만한 가치가 있었다. 며칠 후 나는 비행기에 올랐고, 몇 시간 후 애플 본사에서 두 구역 떨어진 곳에 있는 레스토

랑으로 걸어갔다. 입구에 서 있을 때 전화기가 울렸다. 라이언에게
온 전화였다.

"워즈니악이라고?" 그는 내 말을 듣고 반문했다.

"야, 네가 인터뷰를 따내느라 애먹는 건 아는데 워즈니악은
20년 전에 전성기가 지나갔어. 〈포브스〉 명단을 봐. 워즈니악은
나오지도 않아. 왜 굳이 그런 사람을 인터뷰하는지 모르겠다. 워즈
니악이 왜 스티브 잡스만큼 성공하지 못했는지 생각해 봐."

그의 말에 대답하기 전에 스티브 워즈니악이 스니커를 신고 선
글라스를 쓴 채 나를 향해 걸어오는 게 보였다. 펜과 녹색 레이저
포인터가 셔츠의 호주머니에 클립으로 고정되어 있었다. 나는 전
화를 끊고 인사를 나눈 후 안으로 들어갔다.

레스토랑 안은 온통 흰 식탁보만 보였다. 자리에 앉자마자 메뉴
판을 들었더니 워즈니악이 내려놓으라는 손짓을 했다. 그는 웨이
터를 불러서 먹고 싶은 디저트를 마음대로 먹을 수 있는 아이처럼
내 몫까지 신나게 음식을 주문했다. 곧 우리 테이블은 볶음밥, 채
소 볶음면, 중국식 치킨 샐러드, 참깨 치킨, 꿀과 호두를 곁들인 새
우, 몽골식 소고기 요리, 바삭한 에그롤로 가득 넘쳐났다. 첫 술을
뜨기도 전에 이미 워즈니악은 세상에서 가장 행복한 사람처럼 보
였다. 그는 아내, 개, 좋아하는 식당, 레이크 타호로 떠나는 여행
등 삶에 대한 모든 것을 사랑하는 듯 이야기했다.

워즈니악은 1971년에 이 식당에서 겨우 몇 킬로미터 떨어진 곳에서 스티브 잡스를 처음 만났다고 말했다. 당시 잡스는 고등학생이었고 워즈니악은 대학생이었다. 빌 페르난데즈라는 친구가 두 사람을 서로에게 소개했다. 만나는 순간부터 서로 통했던 두 사람은 거리에 앉아 몇 시간씩 웃으며 자신들이 한 장난에 대한 이야기를 나눴다.

"내가 가장 좋아하는 장난은 대학교 1학년 때 치던 장난이었어. 손에 숨길 수 있는 텔레비전 전파 교란기를 만들었지. 스위치만 올리면 어떤 텔레비전이든 화면을 흐리게 만들 수 있었어."

어느 날 밤, 워즈니악은 친구와 함께 다른 기숙사의 휴게실로 장난을 치러 갔다. 거기에는 약 20명이 앉아서 텔레비전을 보고 있었다. 워즈니악은 손에 교란기를 숨긴 채 뒤에 앉아 있다가 화면을 흐리게 만들었다.

"처음에는 내 친구가 가서 텔레비전을 세게 치면 다시 화면이 돌아오게 했어. 그러다가 다시 화면을 교란시켰지. 내 친구는 갈수록 텔레비전을 세게 쳤어. 나중에는 아주 세게 쳐야 화면을 정상으로 돌려줬어. 그렇게 30분 정도 하고 나니까 다른 애들도 주먹으로 텔레비전을 막 치기 시작했어. 정말 보고 싶은 프로그램이 나올 때는 의자로 치기도 했지."

워즈니악은 얼마나 오래 장난을 칠 수 있을지 보려고 계속 그

휴게실을 찾아갔다. 한 번은 몇 명의 학생들이 텔레비전을 고치려고 애쓰는 광경을 목격했다. 그중 한 명은 화면에 한 손을 대고 한 발을 들고 있었다. 워즈니악은 재빨리 교란기를 껐다. 그 학생이 화면에서 손을 떼거나 발을 내리면 다시 교란기를 켰다. 결국 그 학생은 다른 학생들이 텔레비전을 보는 동안 30분이나 화면에 손을 대고 한 발을 들고 있어야 했다.

워즈니악이 다른 장난에 대해 이야기하는 동안 갈색 단발머리를 한 여성이 우리 테이블로 와서 앉았다.

"여보." 그녀는 말했다.

"레이저 포인터 테스트를 보여줬어?"

그녀는 워즈니악의 아내인 재닛이었다. 워즈니악은 녹색 레이저 포인터를 호주머니에서 꺼내 내 얼굴 가까이 대고는 "뇌의 밀도"를 잴 수 있다고 말했다. 그가 내 오른쪽 귀에 대고 레이저 포인터를 켜자 맞은편 벽에 녹색 빛이 나타났다.

"세상에!" 그는 말했다.

"넌 뇌가 텅 비었네!"

아래를 보니 워즈니악이 테이블 아래로 두 번째 레이저 포인터를 들고 있었다. 우리는 같이 웃음을 터트렸다. 그는 레이저 포인터를 다시 호주머니에 꽂고 아내에게 나의 사명에 대해 이야기했다. 그리고 내가 지금까지 인터뷰한 사람들의 이름을 알려주었다.

"사실." 그는 내 쪽으로 고개를 돌려서 목소리를 낮추며 말했다.

"왜 날 인터뷰하는지 모르겠어. 나는 스티브 잡스처럼 성공한 재벌도 아닌 데 말이야."

그의 질문은 특정한 대답을 유도하려는 것처럼 들렸다. 마치 나를 시험하려는 것 같았다. 어떻게 대답해야 할지 몰랐다. 그래서 궁여지책으로 에그롤을 한 가득 입에 넣었다.

"나는 어렸을 때." 워즈니악은 말했다.

"두 가지 인생 목표가 있었어. 하나는 세상을 바꿀 물건을 만드는 것이었고, 다른 하나는 내 기준대로 인생을 사는 것이었지.

"대다수 사람들은 사회가 요구하는 대로 살아가. 하지만 잘 계산해 보면, 그러니까 정말로 자신을 위해 생각해 보면 더 잘 사는 길이 있어."

나는 "그래서 그렇게 행복하신 거예요?"라고 물었다.

"정답." 워즈니악은 말했다.

"나는 매일 하고 싶은 걸 하기 때문에 행복해."

"맞아." 그의 아내가 웃으며 말했다.

"저 사람은 정말 하고 싶은 거만 해."

나는 워즈니악과 스티브 잡스가 어떤 점에서 다른지 알고 싶었다. 그래서 단 둘이 애플을 만들 때 이야기를 해달라고 부탁했다. 워즈니악은 여러 이야기를 들려주었다. 그중에서도 두 사람의 가치관이 얼마나 다른지 말해주는 이야기들이 인상적이었다.

한 이야기는 애플이 생기기 전에 있었던 일에 대한 것이다. 당시 아타리Atari에서 일하던 잡스는 게임을 만드는 일을 했다. 그는 워즈니악이 자기보다 나은 엔지니어임을 알았다. 그래서 따로 계약을 맺었다. 워즈니악이 게임을 만들어 주는 대신 700달러의 월급을 반씩 나누는 조건이었다. 워즈니악은 잡스가 준 기회를 고맙게 여기고 게임을 만들었다. 잡스는 월급을 받자마자 약속한 대로 350달러를 주었다.

그로부터 10년 후 워즈니악은 잡스가 게임을 제작한 대가로 받은 금액이 700달러가 아니라 수천 달러라는 사실을 알게 되었다. 이 이야기가 알려졌을 때 잡스는 사실이 아니라고 부인했다. 그러나 당시 아타리의 사장조차 맞다고 확인해 주었다.

다른 이야기는 애플이 성장하던 초기에 있었던 일에 대한 것이다. 당시 잡스가 대표 자리에 오르는 것이 당연해 보였다. 반면 워즈니악이 경영진 자리에 맞는지는 불확실했다. 잡스는 워즈니악에게 어떤 자리를 원하는지 물었다. 워즈니악은 직원들을 관리하고 사내정치에 대응하는 일은 절대 하고 싶지 않았다. 그래서 엔지니어로 남겠다고 말했다.

"일반적인 기준으로는 가능한 한 힘 있는 자리에 올라야 성공한 것이지." 워즈니악은 말했다.

"하지만 나는 그런 게 나를 행복하게 만드는지 자문했어."

마지막 이야기는 애플이 상장될 무렵에 있었던 일에 대한 것이다. 잡스와 워즈니악은 상상치 못한 거액을 벌게 되었다. 상장이 얼마 남지 않았을 때 워즈니악은 잡스가 일부 초기 멤버들에게 스톡옵션을 제공하지 않으려 한다는 걸 알게 되었다. 워즈니악에게 그들은 가족이나 마찬가지였다. 그들은 회사를 세우는 일을 도운 사람들이었다. 그러나 잡스는 꿈쩍하지 않았다. 결국 워즈니악은 그들이 금전적 보상을 누리도록 자기 몫을 떼서 나눠주었다. 덕분에 그들은 애플이 상장되던 날 백만장자가 될 수 있었다.

워즈니악이 의자에 기대어 행운의 쿠키를 열며 아내와 웃는 모습을 보고 있으니 인터뷰 전에 라이언이 한 말이 귀에 울렸다.

그때 내 머릿속에 떠오른 생각은 '스티브 잡스가 더 성공했다고 누가 말할 수 있을까?'였다.

15장

최고의 사장도 인턴으로 시작한다

He said that while he can now
walk around record labels
like a king, the following day
he'll be walking through
the halls of Apple or Google
taking notes. It's that duality
that makes him, him.

그는 이제 음반사에서 제왕처럼 다닐 수 있지만 언제든 애플이나
구글에서 지시사항을 받아 적으며 일할 수 있다고 말했다.
이런 양면성이 그를 그답게 만드는 것이었다.

핏불, 전 세계를 강타한 최강 래퍼

: 3주 후, 플로리다 주 마이애미

나는 발코니 난간에 기대어 석양이 지는 도시의 풍경을 바라보았다. 야자수의 실루엣이 보라색과 오렌지색으로 물들었다. 우리는 고층 콘도의 20층에 있었다.

아르만도 페레즈는 내게 고향의 아름다움을 보여주었다. 마치 〈라이온 킹〉에서 정글의 왕 무파사가 절벽 아래를 내려다보며 "심바, 빛이 닿는 모든 곳이 우리의 왕국이란다."라고 말하는 장면 같았다.

아르만도의 손가락이 왼쪽으로 향했다.

"저길 봐. 저기가 말린스 파크Marlins Park야."

이번에는 그의 손가락이 오른쪽으로 향했다.

"저기가 내가 만든 준공립학교인 슬램SLAM이야."

"저 호텔은 내가 가끔 놀러가는 곳이야. 저 아래쪽에 내가 타는 요트가 있어. 그로브 아일Grove Isle 옆에 하얀 건물 보이지? 저게 머시 병원Mercy Hospital이야. 내가 태어난 곳이지."

내 옆에 서 있는 아르만도를 대부분의 사람들은 다른 이름으로 알고 있을 것이다. 바로 그래미상을 받은 래퍼이자 음악가, 핏불로 말이다.

다르게 생각하고 파이프라인을 만드는 일은 계속 보상을 안겼다. 처음에는 워즈니악이, 지금은 핏불이 나를 만나주었다. 게다가 오늘 아침에는 제인 구달로부터 인터뷰를 해주겠다는 확답을 받았다. 나의 사명은 드디어 결실을 맺기 시작했다. 더없이 행복했다.

핏불은 친구들이 소파에 모여 있는 안으로 나를 데려갔다. 그는 빨간색 솔로Solo 컵을 집어서 보드카와 탄산수를 가득 따랐다. 우리는 다시 테라스로 나갔다. 같이 자리에 앉는 동안 나는 핏불이 몇 시간 전에 콘서트에서 주먹을 내지르던 모습과 너무나 다르다는 걸 깨달았다.

지금 그는 너무나 차분했다. 그의 움직임은 느려졌다. 나는 질문을 던지는 대신 자연스럽게 대화를 나누며 이야기가 어떻게 흘러가는지 지켜보기로 했다. 그는 곧 내게 어린 시절부터 새로운 도전을 즐겼다고 말했다.

"진정한 도전자는 항상 다음 도전을 찾아." 그가 말했다.

"게임을 하는 것과 비슷해. 슈퍼 마리오 브라더스Mario Bros 같은 거지. 첫 번째 단계를 다 깨면 두 번째 단계를 깨고, 그 다음에는 세 번째 단계를 깨는 거야. 그렇게 모든 단계를 깨고 나면 다음 게임을 찾지."

나의 머릿속에서는 새로운 의문들이 떠올랐다.

'계속 높은 단계로 나아가게 만드는 건 무엇일까?'

'어떻게 해야 이미 정상에 서 있는데도 계속 더 크게 성공할 수 있을까?'

'일단 꿈을 이룬 후에는 어떻게 열정을 유지할까?'

호기심이 질문을 던지도록 하라는 칼의 말은 이런 경우를 두고 한 것이 분명하다. 나는 성공의 비결을 포착할 수 있기를 바라면서 핏불에게 인생이라는 게임의 단계를 지나온 이야기를 해달라고 부탁했다.

나는 "당신에게 1단계는 무엇이었나요?"라고 물었다.

그는 잔을 들어 술을 들이킨 후 한동안 말없이 앉아 있었다. 그는 80년대 초에 코카인 중독자인 어머니에게서 태어났다. 아버지가 집을 나간 후 그의 어머니는 마약을 팔아 생계를 이어가며 혼자 그를 키웠다. 둘은 항상 옮겨 다니며 살았다.

핏불은 고등학교 때 8번이나 전학을 가야 했다. 자라는 동안 본 것이라고는 마약 거래가 전부였다. 자연스럽게 그도 마약에 휩쓸렸다. 과거를 돌아보는 그의 눈빛에 아픔이 서려 있었다.

"온갖 걸 다 팔았던 때가 있었지. 돈이 되는 건 다 팔았어."

그는 고등학교 때부터 엑스터시, 대마초, 코카인, 헤로인을 팔았다. 다만 마약을 직접 갖고 다니지는 않았다. 대신 여학생들의 보관함에 마약을 숨겼다. 누가 마약을 사면 어느 보관함에 있는지 알려주었다. 어느 날 교장이 그를 교장실로 끌고 와서 말했다.

"네가 마약 파는 거 다 알아! 호주머니 한 번 보자."

핏불은 호주머니를 비웠다.

"빌어먹을! 신발 벗어 봐!" 핏불은 신발을 벗었다.

"젠장!"

핏불은 갈수록 화를 내는 교장에게 "여기도 검사하지 그래요?"
라며 바지를 내렸다.

얼마 후 교장은 그에게 졸업장을 건네며 다시는 학교로 돌아오
지 말라고 말했다.

"그냥 주더라고. 실제로 졸업한 건 아냐. 그래도 나는 사진관에
가서 졸업사진을 찍었지. 하나는 웃는 얼굴로 찍고, 다른 하나는
중지를 세운 채 찍었어. 두 사진 모두 할머니 집에 걸려 있어."

핏불은 마약을 팔던 시절에도 자기는 절대 흡입하지 않았다는
사실을 강조했다. 부모님이 마약에 중독된 모습을 보면서 자랐기
때문에 자기도 그렇게 되기 싫었던 것이다. 덕분에 학교를 '졸업'
하고 마약 거래의 세계에서 살아남은 그는 2단계로 마이애미 최
고의 래퍼가 되는 일에 나섰다.

"정말로 집중하면 얼마나 많은 기회가 생기는지 깨달았어. 무슨
일이든 그게 가장 중요해. 자기가 가진 기회를 찾는 거지. 래퍼로
돈을 벌려면 곡을 써야 한다는 걸 알았어. 그래서 라임을 짜기 시
작했지. 당시에는 음반이 어떤 건지도 모르고 그냥 계속 라임만
짰어."

그는 마이애미 랩계의 차세대 제왕이 되려면 지금의 제왕에게 배

워야 한다는 사실을 알았다. 그는 바로 힙합 그룹 2 라이브 크루Live Crew의 리더인 루서 캠벨이었다.

"루서 캠벨은 여기서 가장 거물 래퍼일 뿐 아니라 사업가이기도 했어. 직접 음반을 찍어내고 홍보해서 수백만 장씩 팔았지. 그는 내게 독립적인 마음가짐을 가르쳤어. 누구도 자신처럼 자신의 비전을 그려내지 못해."

핏불은 캠벨의 음반사와 첫 계약을 맺고 계약금으로 1500달러를 받았다. 당시에는 캠벨보다 나은 멘토가 없었다. 냅스터Napster가 1999년에 무료 음원 다운로드 서비스를 제공하면서 음악산업을 뒤집어 놓았기 때문이다. 이후 대개 사업가적 마음가짐을 가진 음악가들만 돈을 벌었다.

"루서 캠벨에게 배운 최고의 교훈은 삶에서 인턴이 되는 것보다 나은 일은 없다는 거야. 최고의 사장들도 인턴으로 시작해. 인턴에서 사장까지 올라가면 누구도 널 속일 수 없어. 반면 너는 도움을 줄 수 있지. 이미 해본 일들이 많으니까 어떻게 하면 되는지 알거든."

랩에 대한 핏불의 재능과 루서 캠벨에게 배운 교훈은 마침내 보상을 안겼다. 핏불의 데뷔 앨범인 〈마이애미M.I.A.M.I.〉는 50만 장 넘게 팔려 나가 골드 앨범이 되었다.

나는 "다음 단계는 뭐였어요?"라고 물었다.

핏불은 마이애미에서 최고의 래퍼가 되었지만 주류 음악계를 뚫는 데 애를 먹었다고 말했다. 당시 가장 큰 성공을 거둔 싱글도 〈빌보드 핫 100〉 차트에서 32위까지 오르는 데 그쳤다.

그는 1위가 되고 싶었다. 그래서 서로 협력하고 배움을 얻을 새로운 전문가들을 찾았다. 그들은 데이비드 게타, 플로 라이다, 크리스 브라운을 키운 음반사 경영자들과 케이티 페리, 레이디 가가, 브리트니 스피어스에게 1위 곡을 써준 작곡가들이었다.

핏불은 "나는 계속 음악 일을 공부해."라고 말했다. 그는 몇 년 동안 사운드와 브랜드를 재정립한 끝에 〈플래닛 핏 Planet Pit〉 앨범을 발표했다. 이 앨범은 최초의 그래미상뿐 아니라 1위 자리까지 그에게 안겼다.

핏불의 게임은 계속되었다. 다음 단계는 단순한 음악인 이상의 존재가 되는 것이었다. 그는 어떤 가치를 대표하고 싶었다. 자신의 영향력을 좋은 곳에 활용하고 싶었다. 그래서 리틀 하바나 Little Havana에 있는 준공립학교인 슬램과 협력하여 자신이 자란 동네에 사는 학생들을 돕기 시작했다.

거리 모퉁이마다 철책 담이 세워져 있고, 낡은 술 가게들이 있는 동네에서 슬램의 7층짜리 새 건물은 희망의 등불이 되었다. 동시에 핏불은 가사에 더 많은 의도를 담아서 미국 내 라틴계의 영향력을 강조했다.

라틴이 새로운 대세야. 당신들도 알고 있잖아.

다음 목표는 백악관으로 할까.

차가 없으면 뗏목을 타고 갈 거야.

당신 다 알잖아.

그들은 내 유언장을 읽어보기 전까지 내 재산이 얼마인지 모를걸.

난 애쓰지 않아. 진짜 그걸 애쓰지 않아.

나는 부를 지키기 위해 노력하고 있어. 그게 진짜야.

　마크 앤서니가 참여한 〈내 머리 위로 내리는 비 Rain Over Me〉는 6개국에서 1위에 올랐다. 핏불의 정치적 발언은 거기서 멈추지 않았다. 2012년에 오바마 대통령은 핏불에게 재선 유세를 도와달라고 요청했다. 그로부터 2년 후 핏불은 백악관에서 열린 독립기념일 행사에서 공연했다.
　핏불이 빨간색 솔로 컵을 다시 드는 동안 잠깐 정적이 깃들었다. 왠지 아무 말도 하지 말고 이 순간이 지나가기를 기다려야 할 것 같았다. 잠시 후 핏불이 침묵을 깨며 말했다.

"저번 달에 멕시코에서 카를로스 슬림 주니어와 만났어. 그에게 '당신들 세계에서 어떤 일들을 하는지 모르지만 배우고 싶어요. 내가 인턴이 될게요.'라고 말했어."

"정말요?"

"100% 진짜야. 그에게 '그냥 같이 다니면서 당신이 어떤 이야기를 하고, 어떻게 일하는지 보고 싶어요. 한 달 동안 여기서 도넛 사오는 일을 하든, 커피 만드는 일을 하든 상관없어요.'라고 말했다니까."

핏불의 눈빛을 보니 농담이 아닌 것 같았다. 그래도 믿기 어려웠다. 매디슨 스퀘어 가든에서 공연할 만큼 유명한 래퍼가 진지하게 카를로스 슬림 주니어를 위해 커피 심부름을 하겠다니 말이다.

우리의 대화는 계속되었다. 핏불은 인턴처럼 사는 일에 대해 계속 이야기했다. 그는 이제 음반사에서 제왕처럼 다닐 수 있지만 언제든 애플이나 구글에서 지시사항을 받아 적으며 일할 수 있다고 말했다.

이런 양면성이 그를 그답게 만드는 것이었다. 그때 나는 핏불이 계속 성공하는 이유가 항상 인턴으로 남기 때문이라는 사실을 깨달았다.

핵심은 설령 게임의 정상에 이르렀더라도 겸손한 자세로 배우는 것이다. 성공했다고 자만하는 순간 실패하기 시작한다는 사실을 깨닫는 것이다. 계속 무파사로 군림하고 싶다면 동시에 계속 심바처럼 배워야 한다는 사실을 깨닫는 것이다.

16장

꿈이 있는 한
희망은 잠들지 않는다

Goodall's findings rocked
the scientific community
and forever redefined the
human-ape relationship.

구달의 발견은 과학계를 뒤흔들었으며,
인간과 유인원의 관계를 영원히 바꿔놓았다.

제인 구달, 세계적인 동물학자이자 인류학자의 우상

: 2주 후, 샌프란시스코

"미스터 에이치야. 항상 데리고 다니지."

나는 방금 제인 구달이 묵는 호텔방으로 들어섰다. 그녀는 내게 원숭이 인형을 소개했다. 구달은 소파로 따라오라고 손짓했다. 그녀는 차를 따르는 동안 원숭이 인형을 들고 있어 달라고 부탁했다. 나는 그녀의 옆에 앉았다.

이 79세의 인류학자는 더없이 편안한 느낌을 주었다. 첫 만남은 인터뷰가 끝난 후 내가 불안과 혼란 그리고 심각한 갈등에 휩싸일 것임을 전혀 예고하지 않았다. 구달은 나 자신을 새롭고 솔직하게 보도록 만들었다. 나는 그렇게 바라본 나 자신이 마음에 들지 않았다.

우리의 대화는 간단하게 시작되었다. 구달은 아버지가 2살 때 준 침팬지 인형에 대해 이야기했다. 대단한 선물이었다. 2차대전 도중 런던이 공습을 당하던 때라서 그녀의 가족에게는 아이스크림을 사 먹을 돈조차 없었기 때문이다. 구달은 어디를 가든 침팬지 인형을 가지고 다녔다. 그러는 동안 동물에 대한 애착이 더욱 강해졌다. 그녀에게 최고의 친구는 러스티라는 개였고, 가장 좋아하는 책은 《타잔Tarzan of the Apes》과 《닥터 두리틀 이야기 The Story of Doctor Dolittle》였다. 또한 그녀는 유인원과 같이 살며 이야기를 나누는 모습을 상상했다. 자라는 동안 그녀는 아프리카 정글에서 침팬지를 연구한다는 가장 큰 꿈을 좇기로 결심했다.

구달의 가족은 그녀를 대학에 보낼 형편이 못됐다. 그래도 구달은 좌절하지 않았다. 그녀는 1950년대에 영국에서 여성이 얻을 수 있는 유일한 일자리인 비서와 웨이트리스로 일하면서 침팬지에 대한 책들을 계속 읽었다. 23살 때 마침내 아프리카로 가는 배를 탈 수 있는 돈이 모였다. 케냐에 도착한 그녀는 한 디너 파티에서 다른 손님에게 동물을 너무나 사랑한다는 이야기를 했다. 그 손님은 루이스 리키라는 사람에게 연락해 보라고 권했다.

리키는 세계적인 고인류학자였다. 케냐에 살던 영국계 부모 밑에서 태어난 그는 케임브리지 대학을 졸업했다. 그의 연구는 인류와 원숭이의 진화 과정에 초점을 맞췄다. 구달에게는 더없이 좋은 멘토였다. 단 한 가지 문제만 제외한다면 말이다.

리키는 임신한 아내를 두고 자신의 책에 삽화를 그려준 21살 여성과 바람을 피웠다. 그는 내연녀를 데리고 아프리카와 유럽을 여행했으며, 나중에는 동거를 시작했다. 결국 리키의 아내는 이혼 소송을 제기했다. 이후 리키는 내연녀와 재혼하고 케냐로 이주했다. 문제는 거기서 또 바람을 피웠다는 것이었다. 상대는 그의 비서였다. 리키의 두 번째 아내가 그 사실을 알고 두 사람을 떼어놓았다. 그의 비서는 우간다로 떠났고, 리키의 사무실에 빈 자리가 생겼다. 바로 그 무렵 제인 구달이 그에게 전화를 걸었다.

여기 두 사람이 있다. 한 명은 꿈을 품은 23살의 여성이었고, 다른 한 명은 그 꿈을 이뤄줄 수 있는 54살의 남성이었다. 두 사람은 서로 부딪힐 수밖에 없는 운명이었다.

구달은 나이로비의 박물관 안에 있는 리키의 사무실에 도착했다. 그들은 전시물을 구경하며 아프리카의 야생에 대해 이야기했다. 구달의 이야기에 강한 인상을 받은 리키는 자연스럽게 비서로 채용했다. 구달은 리키와 점점 가까워졌다. 그는 그녀를 가르쳤다. 두 사람은 함께 화석 채집 여행을 떠났다. 그러다가 침팬지를 연구한다는 꿈이 머지않아 이뤄질 것 같은 순간에 리키가 성적으로 접근하기 시작했다.

이유는 모르겠지만 나는 구달이 아니라 누나와 여동생이 그런 상황에 처했다고 상상했다. 여동생은 18살이고, 누나는 24살이었다. 두 사람이 오랫동안 가장 큰 목표를 향해 노력하면서 다른 대륙까지 갔는데, 꿈을 이루기 직전에 그 열쇠를 쥔 멘토가 '나와 자면 그 꿈을 이루도록 해주지.'라고 암시하는 상황은 역겹기 그지없었다.

구달은 꿈을 잃는 게 너무나 두려웠지만 그래도 그의 구애를 거부했다고 내게 말했다.

"저한테 누나와 여동생이 있어요." 나는 소파에서 자세를 고쳐 앉으며 말했다.

"리키가 접근했을 때 어떻게 대응했나요?"

나는 감정이 폭발할지도 모른다고 생각했다. 그러나 구달은 부드러운 말투로 "내가 한 말을 존중해줄 것이라고 생각했어. 실제로도 그랬고."라고 대답했다. 뒤이어 그녀는 "이 이야기는 여기서 끝"이라는 듯 뒤로 물러나 앉았다.

나는 다이너마이트가 터질 줄 알았는데 불꽃조차 일어나지 않았다. 이번에는 "바로 그 순간에 기분이 어땠어요?"라고 물었다.

"걱정스러웠지. 그의 구애를 거부하면 침팬지를 연구할 기회를 잃을지 모른다고 생각했거든. 그는 절대 노골적인 제안을 하지 않았어. 성격이 그래. 물론 그래도 나는 거부했지. 그는 나의 결정을 존중해줬어. 점잖은 사람이거든. 남을 해치지는 않았어."

"그냥 내 매력에 빠진 거지." 그녀는 말을 이어나갔다.

"그 사람만 그런 것도 아니었어. 그래서 나름 익숙해졌지."

한편으로는 구달이 리키를 변호한다는 느낌이 들었다. 내가 보기에는 그는 멘토로서 그녀를 보살펴야 했다. 그가 한 일은 부정한 짓처럼 느껴졌다. 그러나 구달은 대수롭지 않게 받아넘기며 "세상은 원래 그런 거야."라고 말하는 듯했다.

구달은 리키가 남녀관계를 맺지 않겠다는 자신의 결정을 존중했을 뿐 아니라 침팬지를 연구할 자금까지 주었다고 설명했다. 그녀는 3개월 동안 정글에서 야생 침팬지들과 같이 지내고, 수풀 뒤

STEP5 세 번째 문으로 들어가라

에 웅크려서 그들이 사람처럼 도구를 활용하는 모습을 관찰했다. 그녀의 연구가 이뤄지기 이전에는 도구를 활용하는 유일한 종이 라는 것이 인간에 대한 정의였다.

구달의 발견은 과학계를 뒤흔들었으며, 인간과 유인원의 관계 를 영원히 바꿔놓았다. 이후 구달은 연구를 계속하면서 33권의 책 을 썼고, 50개 이상의 명예 학위를 받았다. 또한 영국 왕실로부터 '데임 Dame' 작위를 받았고, 유엔 평화사절로 선정되었다.

우리는 다른 주제로 넘어갔다. 그러나 아무리 이야기에 집중하 려 해도 루이스 리키 건이 자꾸 생각났다. 나 자신에게 짜증이 났 다. 구달은 큰일이 아니라고 말했다.

'당사자가 신경 쓰지 않는데 왜 내가 신경 쓰지?'

우리는 인터뷰를 마무리하고 작별인사를 나눴다. 나는 택시를 타고 공항으로 향했다. 차창에 머리를 기대고 가는 내내 누나와 여동생이 리키에게 유혹받는 구달의 입장이었다면 어떤 생각을 했을지 궁금했다. 그때 뜻밖의 생각이 떠올랐다.

'인터뷰를 하고 나서 누나와 여동생과 그 내용을 나누고 싶었던 적은 이번이 처음이야.'

나는 대개 친구나 멘토에게 전화를 걸었다. 그리고 보니 그들은 모두 남성이었다. 지금까지 인터뷰했던 모든 사람들이 머릿속을 스치고 지나갔다. 팀 페리스, 치 루, 슈가 레이 레너드, 딘 카멘, 래리 킹, 빌 게이츠, 스티브 워즈니악, 핏불…. 그러자 거울에 비친 나의 모습을 처음으로 본 듯한 충격과 부끄러움이 느껴졌다. 그들은 모두 남성이었다.

'어떻게 이 사실을 모를 수 있지?'

나는 친구들과 함께 교훈을 얻고 싶은 사람들을 떠올리며 명단을 만들었다. 인터뷰를 앞두고 질문 내용을 구상할 때도 친구들과 함께 무엇에 대해 배우고 싶은지 고민했다. 누나나 여동생 혹은 여자 친구들이 누구에게 배우고 싶은지 확인해야겠다는 생각은 한 번도 떠오르지 않았다. 나만의 세상에 갇혀서 협소한 시각을 벗어난 것들은 하나도 보지 못했다. 이런 편견을 인지하지 못했다고 해서 잘못이 없는 것은 아니었다.

나는 양성 평등을 주장하면서도 스스로 실천에 옮기는지 성찰하지 않는 남성의 전형적인 예였다. 나 같은 남성이 얼마나 많을지 궁금했다. 내가 친구들과 함께 누구를 명단에 넣을지 고민한 것처럼 회사 회의실에서 남성 경영진들이 누구를 채용하고 승진시킬지 고민하는 경우가 많을 것이다. 그들은 나와 내 친구들처럼 본능적으로 같은 남성에게 유리한 평가를 내린다는 사실을 모를 것이다. 자신이 사로잡힌 사실을 모르는 편견이 가장 위험하다.

택시가 공항 정차장에 멈춰 섰다. 더플백을 어깨에 걸쳤다. 그 어느 때보다 더플백이 무겁게 느껴졌다. 나는 공항 터미널을 힘겹

게 걸어갔다. 샌프란시스코의 안개가 몰려오면서 창밖이 어두워졌다. 게이트로 걸어가는 동안 이런 생각들이 계속 떠올랐다.

'어떻게 그토록 명백한 사실을 몰랐을까? 어떻게 내가 문제의 일부라는 사실을 몰랐을까?'

나는 답을 알지 못했다. 그러나 당장 해야 할 일이 무엇인지는 알았다.

나는 바로 누나와 여동생을 보러 갔다.

17장

어둠을 빛으로

What defines Maya Angelou
is how she turned darkness
into light. She channeled
her experiences into works
of art that made waves
in American culture.

마야 안젤루를 정의하는 것은 어둠을 빛으로 바꾼 의지였다.
그녀는 자신의 경험을 예술로 승화하여 미국 문화에 파문을 일으켰다.

마야 안젤루, 세계인의 영원한 멘토이자 저명한 시인

수많은 질문을 머릿속에 담은 채 서둘러 집으로 갔다. 그러나 거실에서 누나와 여동생과 이야기를 하면서 내가 무엇을 모르는지조차 몰랐다는 사실을 알게 되었다.

"세계적인 업적을 쌓은 여성과 인터뷰를 하고 나서 고작 이야기하는 게 스승이 집적댔다는 것뿐이야?"

누나가 한 말이었다. 나보다 3살 많은 누나는 로스쿨 3학년이었다. 누나는 언제나 자신이 믿는 가치를 위해 싸웠다.

"인터뷰하는 동안…." 누나가 말을 이어나갔다.

"네가 그 문제를 다시 언급했을 때 그녀는 큰일이 아니라고 말했어. 그게 만약 그런 일을 겪으면 내가 보일 수 있는 최선의 반응이야."

누나는 소파에서 일어나며 말했다.

"네가 왜 흥분하는지 알아. 성적인 접근이 상대를 무시하는 행동이라고 생각해서 그래. 그럴 수도 있지만 항상 그런 건 아냐. 지금까지 너하고 아빠는 항상 그런 식이었어. 아빠는 남자가 나나 탈리아에게 관심을 보이는 건 공격적인 행동이라고 못 박았지. 그래서 네가 그렇게 흥분하는 거야.

"여자들은 늘 이런 일을 겪는다는 걸 깨닫는 데 그렇게 오랜 세월이 걸렸다는 게 놀라워. 너는 지금까지 계속 여자들하고 살았어. 누나, 여동생, 엄마, 친한 9명의 여자 사촌들이 있잖아. 네가 고등학교 때《새장에 갇힌 새가 왜 노래하는지 나는 아네 I Know Why the Caged Bird Sings》를 읽은 게 기억나. 그 책을 읽었다면 이런 문제를 진작 깨달았어야지."

나는 고개를 떨구고 마루를 바라보았다. 여동생에게 시선을 돌리니 말없이 앉아서 상황을 지켜보고 있었다. 곧 그녀도 말을 보탤 것이었다.

"기분 나쁘라고 하는 말이 아냐." 누나가 말을 이어나갔다.

"사실을 알게 해주려는 거야. 여자들한테 둘러싸여서 자란 너도 여자들이 겪는 문제를 모르는데 그렇지 않은 남자들은 어떻겠니?"

거실에 침묵이 흘렀다. 잠시 후 탈리아가 휴대폰을 꺼내더니 페

"뭐가 문제야? 같은 거리잖아!"

이스북에 올라온 만화를 띄워서 내게 보여주었다.

내가 만화를 바라보는 동안 탈리아가 말했다.

"오빠는 분명 엉뚱한 데 초점을 맞추고 있을 거야. 나를 화나게 만드는 건 여성들이 직면해야 하는 온갖 장애물뿐 아니라 아래 문장에 나온 내용이야. 대다수 남성들은 우리가 처한 현실조차 인정하지 않으려 해. 여성들은 대부분의 남성들이 이해하지 못할 문제에 직면해…. 남성들이 이해하려는 노력을 전혀 하지 않으니까."

———————

내가 마야 안젤루의 회고록을 읽고 누나가 짐작했던 영향을 받지 못한 이유를 확실히 알기는 어렵다. 십대 시절에 《새장에 갇힌 새가 왜 노래하는지 나는 아네》를 읽을 때는 흑인들이 겪는 일에 압도당한 나머지 거기에만 초점을 맞췄다.

마야 안젤루는 흑인을 나무에 매달고 두건을 쓴 클랜Klan 단원들이 십자가에 불을 지르던 시대에 태어났다. 그녀는 3살 때 5살 난 오빠와 함께 발에 이름표를 붙인 채 남부로 가는 기차에 태워졌다. 할머니가 그들을 맞아서 흑인과 백인이 분명하게 나눠진 아칸소주 스탬스Stamps에 있는 집으로 데려갔다.

나는 마야 안젤루의 회고록을 다시 손에 들고 젠더의 렌즈를 통해 읽으려 노력했다. 안젤루는 8살 때 도서관으로 가던 길에 어떤 남자에게 끌려갔다. 그 남자는 안젤루의 바지를 벗기고 성폭행을 저질렀다. 범행 후 그는 다른 사람에게 말하면 죽이겠다고 협박했다. 그래도 안젤루는 나중에 그 사실을 알렸고, 범인이 체포되었다.

재판이 열린 다음 날 밤, 그는 도살장 뒤에서 맞아죽은 채로 발견되었다. 엄청난 충격으로 정신적 외상을 입은 안젤루는 자기가 고자질하는 바람에 그 남자가 죽었다는 죄책감에 휩싸였다. 이후 5년 동안 안젤루는 말을 하지 않았다.

시간이 지나면서 그녀는 더 많은 난관에 부딪혔다. 그녀는 16살 때 임신했고, 창녀와 마담으로 일했고, 가정폭력에 시달렸다. 한 번은 남자친구가 부두 근처의 낭만적인 장소로 데려가서는 기절할 때까지 주먹으로 때린 다음 3일 동안 감금한 적도 있었다. 그러나 이런 일들은 그녀를 정의하지 못했다. 마야 안젤루를 정의하는 것은 어둠을 빛으로 바꾼 의지였다.

그녀는 자신의 경험을 예술로 승화하여 미국 문화에 파문을 일으켰다. 그녀는 가수, 무용수, 소설가, 시인, 교수, 감독이 되었다. 또한 인권운동가로서 마틴 루서 킹 주니어, 말콤 엑스와 같이 활동했다. 그녀는 20권이 넘는 책을 썼다. 특히 《새장에 갇힌 새가 왜 노래하는지 나는 아네》는 독자들의 영혼에 직접 말을 걸었다.

오프라 윈프리는 이 책에 대해 이렇게 말했다.

"이 책을 통해 마야와 만나는 일은 온전히 제 자신을 만나는 일과 같았습니다. 어린 흑인 소녀로서 제가 겪었던 일들이 저만의 일이 아니었음을 처음으로 확인했습니다."

안젤루는 2개의 그래미상을 받았고, 로버트 프로스트에 이어 미국 역사상 두 번째로 대통령 취임식에서 시를 낭독했다.

나는 그녀에게 전화를 걸었다. 내 친구가 인터뷰를 주선해 주었다. 안젤루는 85세이고, 얼마 전에 퇴원했다. 그래서 인터뷰를 15분밖에 할 수 없었다. 나의 목표는 단순했다. 누나와 여동생이 생각한 질문들을 하는 것에 더하여 그녀의 말에 귀를 기울이고, 바라건대 이해하는 것이었다.

———————

누나와 여동생은 4개의 난관을 기준으로 질문을 정리했다. 첫 번째는 어둠을 상대하는 일이었다. 마야 안젤루는 '구름 속의 무지개'라는 표현을 썼다. 삶의 모든 것이 어둡고 흐려서 희망이 보이지 않아도 구름 속의 무지개를 찾으면 힘을 낼 수 있다는 것이었다. 나는 안젤루에게 "이제 막 삶의 여정을 시작하면서 그 무지개를 찾기 위해, 계속 나아갈 용기를 내기 위해 도움이 필요한 사람들에게 어떤 조언을 하고 싶으세요?"라고 물었다.

"나는 뒤를 돌아봐."

안젤루는 부드럽고 현명한 말투로 이야기했다.

"가족이나 아는 사람 혹은 책에 소개된 사람들을 돌아보지.《두 도시 이야기 A Tale of Two Cities》에 나온 등장인물처럼 가상의 인물을 돌아보거나, 오래 전에 죽은 시인을 돌아보기도 하지. 그 대상은 정치인일 수도 있고, 운동선수일 수도 있어. 주위를 둘러보면 그들이 인간임을 깨달아. 그들은 아프리카인일 수도 있고, 프랑스인일 수도 있고, 중국인일 수도 있고, 유태인이나 무슬림일 수도 있어. 나는 그들을 보며 이렇게 생각하지. '나는 인간이야. 저 여자도 인간이야. 저 여자는 이 모든 일들을 이겨냈어. 지금도 노력하고 있고. 정말 대단해.'"

"앞서 살아간 사람들한테 최대한 많은 것을 얻어내."

그녀는 말을 이어나갔다.

"그 사람들이 바로 구름 속의 무지개야. 너의 이름을 알든, 너를 볼 일이 없든, 그들이 한 모든 일은 널 위한 거야."

나는 무지개를 찾아봐도 구름밖에 보이지 않으면 어떻게 해야 하는지 물었다.

"내가 아는 건 앞으로 더 나아지리라는 거야. 상황이 나빠질 수도 있지만 결국에는 더 나아져. 그걸 분명히 알아야 해. 얼마 전에 나온 컨트리 송이 있어. 내가 썼으면 하고 바랄 만큼 가사가 좋아. 거기에 '모든 폭풍은 결국 비가 다 떨어지지.'라고 나와. 내가 너라면 그걸 출력해서 공책에 붙여놓을 거야. 지금 삶이 아무리 따분하고 가망이 없어 보여도 변하게 되어 있어. 더 나아질 거야. 다만 계속 나아가야 해."

안젤루는 "글쓰기만큼 나를 무섭게 하는 것이 없지만 그만큼 만족감을 주는 것도 없다."라고 말한 적이 있다. 누나와 여동생은 내가 이 말을 인용하자 공감이 간다고 말했다. 이 말은 여러 측면에서 우리가 사랑하는 모든 종류의 일에 해당된다. 누나는 특수교육법에 대한 열정을 꿈으로 바꾸었다. 그러나 현재 그 꿈은 법률회사에 지원하고 자신의 실력을 불안해하는 차가운 현실로 바뀌고 있다. 나는 앞선 말을 언급하며 안젤루에게 두려움에 어떻게 대처하는지 물었다.

"많이 기도하고 많이 떨지." 그녀는 웃으며 말했다.

"내가 하는 일이 쉽지 않다는 걸 자신에게 상기시켜야 해. 누구든 하고 싶은 일, 해야 한다고 생각하는 일, 경력이 아니라 소명을 시작할 때는 그래.

요리사는 주방에 들어갈 때 세상의 모든 사람이 음식을 먹는다는 사실을 상기해야 해. 요리는 특별한 일이 아냐. 모두가 먹으니까. 하지만 모두가 소금, 설탕, 고기, 채소를 먹을 때 요리를 잘하

려면 누구도 이전에 하지 않았던 방식으로 해야 해. 글을 쓸 때도
마찬가지야.

세상 모두가 말하고, 단어를 써. 글을 잘 쓰려면 동사, 형용사,
부사, 명사, 대명사를 조합해서 생기를 띠도록 만들어야 해. 그렇
게 하는 건 사소한 일이 아냐. 자신을 이끌어서 시도할 용기를 내
야 해. 알겠니?"

세 번째 난관은 비판에 대응하는 것이었다. 안젤루는 자서전에
서 작가 조합에 가입했을 때 있었던 일을 이야기했다. 그녀는 자
신이 쓴 글을 조합원들 앞에서 크게 읽었다. 조합원들은 날선 말
로 그녀의 작품을 갈가리 찢어놓았다.

"글을 잘 쓰려면." 나는 말했다.

"처형을 기다리는 사람들과 같은 수준의 집중력을 길러야 한다
고 말씀하신 적이 있어요."

"5분 후에 말이야!" 안젤루는 다시 웃으며 말했다.

"정말로 그래."

"호된 비판을 받고 그런 수준의 집중력을 기르고 싶은 사람에
게 하실 조언이 있나요?"

"이걸 기억해야 해. 이 말을 받아 적어. 너새니얼 호손은 '쉽게
읽히는 글을 쓰는 일은 정말 어렵다'고 말했어. 반대의 경우도 마
찬가지야. 그러니까 쉽게 쓴 글은 읽기 힘들어. 글쓰기든, 다른 어

떤 일이든 자신 그리고 앞서 같은 일을 한 사람들을 존중하는 마음으로 접근해야 해. 자신이 하는 일에 최대한 익숙해져야 해.

지금 내가 따르고 있고 젊은 작가들에게도 권하는 방법은 방에 혼자 들어가 문을 잠그고 자신이 쓴 글을 읽어보는 거야. 말의 멜로디가 들리도록 크게 읽어. 말의 리듬을 들어. 귀를 기울여. 그러면 조만간 '나쁘지 않은데! 아주 좋아.'라는 생각이 들 거야. 그렇게 노력하는 자신을 존중하는 마음을 가져. 힘들지만 흥미로운 수고를 하는 자신을 칭찬해 줘."

네 번째 난관은 누나가 직면한 것이었다. 누나가 찾은 모든 일자리는 경력을 요구했다. 하지만 모든 일자리가 경력을 요구하면 어떻게 누나가 경력을 쌓을 수 있을까? 안젤루는 자서전에서 같은 문제에 부딪혔다고 밝혔다.

"〈아랍 옵저버 Arab Observer〉의 부편집자로 채용됐을 때." 나는 말했다.

"능력과 경력을 부풀려서 합격했고, 채용된 다음에 일을 배우느라 고생하셨다고 들었어요. 어떠셨나요?"

"힘들었지. 그래도 할 수 있다고 생각했어. 그래야 해. 타고난 능력이 있고, 다른 능력을 익힐 수 있다고 믿어야 해. 그래야 시도할 수 있어. 더 나은 일자리, 더 높은 직위를 얻으려고 시도할 수 있어. 자신감을 가지면 주위 사람들도 그걸 느껴. '일을 어떻게 해야 하는지 알아!'라고 말이야. 사실 남들이 쉴 때 밤늦게 도서관에 가서 벼락치기를 하고 계획을 세워야 해."

"모든 능력을 타고 태어나는 건 아니라고 생각해." 그녀는 말을 이어나갔다.

"눈이 밝으면 깊이와 정교성, 색상 같은 걸 잘 볼 수 있지. 귀가 밝으면 특정한 음과 화음을 들을 수 있어. 하지만 거의 모든 것은 학습해야 해. 뇌가 정상이면 혹은 조금 비정상이라도 새로운 걸 배울 수 있어. 자신을 믿어."

1분이 남았다. 나는 경력을 시작하는 사람들에게 해줄 조언이 있는지 물었다.

"틀을 벗어나려고 노력해. 중국의 종교인 도교는 중국인들에게 많은 도움을 줘. 그게 우리한테도 도움이 될지 몰라. 찾을 수 있는 모든 지혜를 찾아. 공자, 아리스토텔레스, 마틴 루서 킹, 세자르 차베즈에 대한 글을 읽어. 그러면 '그들도 나와 같은 인간이구나. 똑같은 상황은 아니지만 일부분은 보고 배울 수 있겠어.'라고 생각하게 돼. 알겠니?

삶을 한정하지 마. 나는 85살이지만 이제 막 시작한 기분이야! 인생은 아무리 길어도 짧을 수밖에 없어. 시간이 많지 않아. 어서 움직여."

시간이 지날수록 이 대화가 고맙게 여겨졌다. 더 기다렸다면 나누지 못할 수도 있었기 때문이다. 실제로 나와 통화한 지 거의 1년 후에 마야 안젤루는 세상을 떠났다.

18장

죽음과 마주 앉다

She tapped into her humanity.
She created something that
resonates with all people.
That was her key to ascending
her second mountaintop
: to first go back down to her
deepest valley.

그녀는 인간성을 발휘하여 모든 사람이 공감하는 제품을 만들었다.
그것이 두 번째 정상까지 오를 수 있었던 비결이었다.
우선 가장 깊은 계곡으로 돌아가는 일 말이다.

제시카 알바. 할리우드 대표 배우이자 〈어니스트 컴퍼니〉 설립자

　마야 안젤루와 대화를 나눈 지 몇 달이 지났다. 그녀가 내게 준 위안은 시간의 물살에 휩쓸려 모두 사라졌다. 이전에 몰랐던 슬픔이 나를 덮쳤다. 아버지가 췌장암 진단을 받았다.

　아버지는 겨우 59살이었다. 그런데도 벌써 몸이 쇠약해지는 게 보였다. 풍성하던 머리가 빠지고, 35킬로그램 넘게 체중이 줄고, 한밤중에 고통에 신음하는 모습은 내 마음을 아프게 만들었다. 말로는 제대로 설명할 수 없는 아픔이었다. 나는 깊은 절망과 무력감에 빠졌다. 혼자 뗏목에 탄 채 바다에 빠져 허우적대는 아버지를 속절없이 바라보는 기분이었다. 아무리 멀리 손을 뻗어도 도저히 아버지에게 닿지 않았다.

　이런 생각들이 내 머릿속을 가득 채웠지만 지금은 슬픔에 잠길 때가 아니었다. 나는 어니스트 컴퍼니의 본사 로비에 있었고, 잠시 후 제시카 알바를 인터뷰할 예정이었다. 한 시간 동안은 정신을 차려서 죽음을 생각하지 말고 사명에 집중해야 했다.

　나는 직원의 안내를 받아 복도를 따라 걸었다. 밝은 햇빛이 탁 트인 사무실을 채웠다. 한쪽 벽에는 청동으로 만든 100마리의 나비가 있었다. 다른 쪽 벽에는 '어니스트Honesty'라는 글자 모양으로 수십 개의 흰색 도자기 머그컵이 걸려 있었다. 모든 것이 긍정적이고 낙관적인 느낌을 주었다. 나는 인터뷰도 그렇게 진행되기를 바랐다.

모퉁이를 돌아 제시카 알바의 사무실로 향하는 동안 나는 그녀가 이룬 업적을 생각했다. 그녀는 할리우드 역사상 최초로 주연 배우로 활동하면서 10억 달러 규모의 회사를 만들었다. 어니스트 컴퍼니는 설립 이후 3억 달러의 매출을 올렸다.

그녀가 출연한 영화는 전 세계에서 약 19억 달러의 흥행 실적을 거두었다. 같은 달에 〈포브스〉와 〈쉐이프Shape〉의 표지에 동시에 오른 사람도 전 세계에서 그녀가 유일했다. 그녀는 한 산을 오른 후 다음 산을 오르지 않았다. 두 산을 동시에 올랐다. 나는 어떻게 그럴 수 있었는지 알아내려고 여기에 왔다.

나는 사무실에 들어가 그녀와 인사한 후 L자 모양의 소파에 앉았다. 자료 조사를 하는 동안 알바가 특히 어머니에 대한 이야기를 할 때 가장 밝아진다는 사실을 파악했다. 또한 몇 주 전에 래리 킹과 아침을 먹을 때 칼은 자기가 가장 좋아하는 질문이 "아버지가 가르쳐 준 최고의 교훈은 무엇인가요?"라고 말했다. 나는 이 두 가지 요소를 합치면 긍정적이고도 깊이 있는 대화로 직행할 수 있을 것이라고 판단했다.

나는 알바에게 어머니에게 배운 최고의 교훈이 무엇인지 물었다. 그녀는 찢어진 청바지의 가장자리를 손가락으로 훑으며 잠시 생각했다. 나는 표적에 명중했다고 느끼며 뒤로 물러나 앉았다.

"내가 배운 건 모든 순간에 최선을 다하라는 거야. 아는지 모르겠지만 우리 할머니는 엄마가 20대 초반일 때 돌아가셨어…"

'생각하지 마라. 생각하지 마라.'

"내가 못된 십대일 때." 알바는 말을 이어나갔다.

"엄마는 '나한테 좀 더 잘해. 영원히 네 곁에 있는 게 아냐.'라고 말했지."

그녀는 말을 멈췄다. 마치 내면을 들여다보는 듯했다.

"대개는 삶이 멈출 거라는 사실을 몰라." 그녀는 말했다.

"실제로 멈추기 전까지는."

더 이상 견딜 수 없었다. 대화의 방향을 바꿔야 했다.

유튜브에서 알바가 밝은 표정으로 회사를 만들게 된 이야기를 하는 영상을 본 적이 있었다. 그 내용은 이랬다. 그녀는 26살 때 첫 아이를 임신했다. 베이비 샤워 baby shower가 끝난 후 선물 받은 유아복을 세탁하려던 그녀는 아기에게 안전하다는 세제에도 알러지 유발물질이 많다는 사실을 알고 큰 충격을 받았다.

이 일을 계기로 그녀는 독성물질이 없는 안전한 제품을 판매하는 회사를 만들어야겠다고 결심했다. 모든 영상에서 사람들이 더 행복하고 건강한 생활을 하도록 돕는 이야기를 할 때마다 알바의 눈빛이 반짝였다. 그래서 대단히 적절한 주제였다.

나는 "어니스트 컴퍼니를 어떻게 시작하게 되었나요?"라고 물었다.

"도덕성에 대해 생각했어. 나의 도덕성을."

"26살 때요?"

"새 생명을 세상에 데려오면…." 그녀는 앞으로 몸을 기울이며 말했다.

"삶과 죽음이 너무나 가깝다는 걸 알게 돼. '이 존재는 세상에 없다가 태어났어. 그만큼 쉽게 죽을 수도 있어.'라는 사실을 깨닫지. 아기들만 건강에 좋은 제품을 누려야 하는 건 아냐. 모두가 누려야 해. 나도 마찬가지야. 나는 일찍 죽고 싶지 않아. 알츠하이머에 걸리고 싶지 않아. 알츠하이머에 걸릴까 봐 무서워. 할아버지가 걸렸었거든. 엄마는 암에 걸렸지. 고모, 할머니, 대고모, 사촌 조카도 암에 걸렸어. 그래서… 나는 그저 죽고 싶지 않아."

말이 나오지 않았다. 그래도 문제가 없었다. 알바가 죽음과 암에 대한 이야기를 계속 이어갔기 때문이다. 나중에는 구역질이 날 지경이었다. 나도 모르게 "아버지가 췌장암에 걸렸어요."라는 말이 튀어나왔다.

처음 이 말을 할 때는 눈물 없이 할 수 없었다. 몇 주가 지난 후에는 말은 할 수 있었지만 믿기지 않았다. 이제는 그저 멍해질 따름이었다. 내가 이 모든 단계를 지나는 동안 사람들은 같은 반응을 보였다. 대부분은 나를 안으며 괜찮아질 거라고 말했다. 다른 사람들은 다정하고 부드러운 목소리로 "마음이 아파요."라고 말했다. 그래서 나는 알바가 보인 반응에 전혀 대비하지 못했다. 그녀는 소파를 내리치며 말했다.

"아, 젠장. 망할."

마치 얼굴에 얼음물을 끼얹은 느낌이었다. 이상한 점은 나도 모르는 사이에 나를 짓눌렀던 아픔이 덜어졌다는 것이었다.

이 시점부터 우리의 대화는 더 이상 인터뷰처럼 느껴지지 않았다. 우리는 30분 동안 가족들이 걸린 암에 대해 이야기했다. 그녀는 엄마가 응급실로 실려가고, 사흘 동안 토하고, 장기 절제 수술을 한 이야기를 들려주었다. 그녀는 부모님에게 건강식을 먹였고, 몸에 안 좋은 약을 끊게 했다. 또한 영양사를 따로 고용하여 두 사람 다 20킬로그램이나 살을 빼도록 도왔다. 나는 아버지에게 암환자 전문 영양사를 소개했지만 아버지가 지시를 따르지 않고 다시 보려 하지도 않는다고 이야기했다.

나는 "미치겠어요."라고 말했다.

"우리 부모님은." 알바는 말했다.

"그냥 '손주들이 고등학교를 졸업하고 결혼하는 모습을 보고 싶으면 노력해야 해요. 옛날처럼 생활하면 안 돼요. 필요한 일을 해야 해요.'라고 말하니까 됐어. 시킨 대로 하시더라고."

그녀의 말은 왠지 혼자가 아니라는 느낌이 들게 했다.

"아픈 건 끔찍해." 그녀는 한숨을 쉬며 말을 이어나갔다.

"자궁내막증에 걸려서 자궁을 절제하거나, 호르몬성 암, 유방암, 자궁경부암에 걸리는 여성들이 늘어나고 있다는 말을 듣는 게 정말 지겨워. '도대체 왜 그런 거야?'라는 생각이 들어. 분명 복합적인 요인이 있겠지. 나는 결국 '내가 할 수 있는 게 뭐지?'라고 자문했지. 내가 할 수 있는 건 내 주변부터 돌보는 것이었어."

"처음 어니스트 컴퍼니의 웹사이트에서 제품을 구매한 건." 나는 말했다.

"아버지가 암 진단을 받은 후였어요. 이상하게 들리겠지만 암 때문에 아버지의 변 냄새가 지독했죠. 일반 방향제는 드리기 싫었어요. 어떤 화학물질이 들었는지 모르잖아요. 여기는 독성물질이 없는 정유 방향제를 판매하는 유일한 곳이었어요. 그래서 아버지한테 '이게 제일 좋아요. 매일 쓰세요.'라고 말했죠. 실제로 도움이 되었어요."

마치 내가 선물을 준 것처럼 알바의 눈빛이 밝아졌다.

"우리가 먹는 것, 호흡하는 것, 우리 주위에 있는 것들은 건강에 영향을 미쳐." 그녀가 말했다.

"우리 부모님 세대는 '가게에서 파는 거면 괜찮아. 해롭지 않으니까 팔겠지.'라고 생각했어. 하지만 우리는 '아냐. 저건 좋지 않아.'라고 생각하지. 문제는 부모님들이 새로운 걸 써보려고 하지 않는다는 거야."

나는 "제 경우가 그랬어요."라고 말했다.

"얼마 전에 할머니가 당뇨병에 걸렸다는 걸 알았어." 알바는 말을 이어나갔다.

"아마 걸린 지 좀 됐을 거야. 하지만 병원에 가려 하질 않았지. 전에 뇌졸중을 일으킨 적이 있는데 아마 당뇨병과 관계가 있었을 거야. 그래도 인정하려 하지 않았어. 어젯밤만 해도 저녁을 먹는데 할아버지가 할머니한테 케이크와 아이스크림을 주는 거야. 그래서 내가 '그런 걸 먹으면 당장 심장발작을 일으켜서 혼수상태에 빠질 수 있어요! 뭐 하는 거예요?'라고 소리쳤지. 두 분은 현실을 받아들이려 하지 않아."

"정말 무서운 이야기네요." 나는 말했다.

"어떻게 많은 가족들이 아픈 상황을 견뎠는지 모르겠어요. 나는 아버지 한 명만 해도 감당이 안 돼요."

그녀는 "아버지가 아프면 이야기가 다르지."라고 말했다.

"내 생각에는." 나는 말했다.

"기술이 발전하고 더 많은 생명을 구하게 될수록 독성물질이나 오염물질처럼 우리를 죽이는 것들이 더 극단적으로 바뀌는 것 같아요."

"그래서 우리가 호응을 얻은 것 같아." 알바는 대꾸했다.

"사람들이 그런 사실을 알아가니까."

"어니스트 컴퍼니가 아기들에게 도움을 준다는 이야기를 많이 하셨지만 사실 제 아버지한테도 도움을 주고 있어요. 말 그대로 지금 제게 가장 큰 아픔을 주는 문제를 도와주고 있어요."

그녀의 눈이 커졌다. 뒤이어 어떤 깨달음이 내게 깃들었다.

"그거야!" 나는 소파에서 벌떡 일어서며 말했다.

"이 모든 걸." 나는 사무실 유리창 너머 500명의 직원들이 일하는 광경을 가리켰다.

"이 모든 걸 이룰 수 있었던 이유는 당신이 죽음의 멱살을 잡고 테이블에 앉힌 다음 '앞으로 어떻게 대응해야 하지?'라고 자문했기 때문이에요."

이제는 그녀가 얼음물을 맞은 것처럼 보였다.

그녀는 "맞아!"라고 말했다.

"당신은 계속 성공적으로 배우 일을 하면서 거기에 만족할 수 있었어요. 하지만 그러지 않았죠."

그녀는 "그래!"라고 말했다.

"정말 놀라워요. 세상에. 만약…."

너무 흥분한 나머지 말이 제대로 나오지 않았다.

"만약 두 달 전에 인터뷰를 했다면 이런 이야기는 하지 않았을 거예요. 전에는 죽음을 생각해 본 적이 없어요. 하지만 지금은 당신의 회사를 완전히 새로운 시각으로 보게 되었어요."

많은 연예인들은 정상에 선 자신의 모습을 반영하는 사업을 한다. 그래서 대개 향수나 옷을 만든다. 반면 알바는 바닥에 이른 자신의 모습을 반영하는 사업을 했다. 그녀는 인간성을 발휘하여 모든 사람이 공감하는 제품을 만들었다. 그것이 두 번째 정상까지 오를 수 있었던 비결이었다. 우선 가장 깊은 계곡으로 돌아가는 일 말이다.

"죽음을 직시하면." 알바는 말했다.

"삶이 얼마나 연약한지 알게 돼. 모든 것이." 그녀는 손가락을 튕겼다.

"순식간이야. 그걸 알면 모든 결정을 내릴 때 다르게 생각하게 되지. 정말로 중요한 게 뭘까? 어떻게 삶을 보내야 할까? 가장 큰 두려움과 마주했을 때 어떤 일을 해야 할까?"

———

시간이 다 된 줄도 몰랐다. 그래도 상관없었다. 우리는 계속 이야기를 나누었다. 나는 휴대폰을 꺼내 탈리아가 보여준 만화를 띄웠다. 남성과 여성이 경주를 하는데 여성 앞에 수많은 장애물이 놓여 있는 만화였다.

나는 "이걸 어떻게 생각하는지 알고 싶어요."라고 말했다.

알바는 내 휴대폰을 손에 들고 만화를 들여다보더니 웃음을 터트렸다. 지금까지 10여 명에게 보여줬지만 이런 반응을 보인 사람은 없었다. 나만의 생각인지는 모르지만 알바의 웃음에는 약간의 슬픔이 어려 있었다.

"웃기네… 사실이라서 그래." 그녀는 말했다.

"교육에 신경 쓰는 부모 밑에서 백인 남성으로 태어날 수 있다면 모두가 그렇게 할 거야. 그러면 삶이 한결 편하거든."

알바는 계속 만화를 쳐다보았다.

"주위에 좋은 사람들을 두면 여기서 몇 가지 장애물은 없앨 수 있어." 그녀는 말했다.

"하지만 혼자서 항상 분노에 가득 차 체제와 맞서려 하면 누구도 곁에 있고 싶어하지 않아. 계속 화난 모습으로 싸우기만 하니까. 그렇지 않고 품위와 위엄, 도덕성을 유지하며 경주에 임하면 결승선까지 가는 일이 훨씬 쉬워져."

"누구도 어떤 사람으로 태어날지 좌우하지 못해." 그녀는 말을 이어나갔다.

"부모와 환경은 우리가 선택할 수 있는 게 아냐. 자신이 처한 상황을 최대한 누려야지 다른 사람과 비교하면 안 돼. 자신이 있는 길을 살펴서 어떻게 여기 왔든, 어디로 가든 자신만의 길임을 알아야 해. 다른 길은 자신의 길이 아냐."

"다른 길에 한눈을 팔기는 너무 쉬워." 그녀의 이야기는 계속되었다.

"왼쪽 경주로에 있는 남성은 어쨌든 결승선까지 갈 거야. 그는 당신을 신경 쓰지 않아. 처음에는 당신을 볼지 모르지만 그 뒤에는 그냥 달려갈 뿐이야. 그런데도 계속 그를 쳐다보고만 있으면 경주를 마치지 못해. 그거 알아? 여성들이 직면한 난관은 사업을 잘하는 데 도움이 돼. 시간이 지나면 어떻게 대응해야 하는지 알게 되니까. 이 만화에 나오는 남자는 그렇게 되지 못할 거야. 어려움을 극복해야만 배우는 게 있거든."

알바는 다시 만화를 본 후 휴대폰을 내게 건넸다. 그녀는 "처음에 왜 이 프로젝트에 관심을 갖게 되었어?"라고 물었다. 나는 기숙사 방에서 천장을 하염없이 바라보다 여정이 시작된 이야기를 들려주었다. 그녀는 인터뷰를 통해 성공한 사람들이 지닌 패턴을 파악했는지 물었다.

"어떻게 보시는지 알고 싶어요." 나는 말했다.

"제가 보기에는 모두가 삶과 사업을… 나이트클럽처럼 대하는 것 같아요."

그녀는 작게 웃었다. 내가 세 번째 문에 대한 비유를 말하는 동안 그녀는 계속 고개를 끄덕였다.

"마음에 드네." 그녀는 말했다.

"맞는 말이야. 나와 동업자들은 똑똑하고 집중력 있는 동시에 꿈을 꿀 줄 아는 사람을 찾기가 힘들다는 이야기를 항상 해. 꿈꾸는 데서 기업가적 정신이 나와. 그래야 이 문도 닫혀 있고 저 문도 닫혀 있어서 들어갈 길이 없는 것처럼 보일 때 방법을 찾을 수 있어. 상식을 활용하고, 인맥을 구축해야 해. 어떻게 들어가는지는 중요치 않아. 무조건 들어가야 해."

나는 웃으며 "그럼 세 번째 문으로 들어갈 줄 아는 사람을 뽑는 거네요."라고 말했다.

"맞아! 무슨 학교를 나왔는지는 상관 안 해. 경력도 신경 쓰지 않아. 중요한 건 문제를 해결하는 능력이야. 도전을 받아들이는 자세야. 새로운 길을 찾으려면 무엇이 필요할까? 열정과 의욕이 있어야 해. 그게 우리가 생각하는 최고의 인재야. 세 번째 문으로 들어갈 줄 아는 사람."

저커버그와 접근을 시도하다

테드 창립자는 내게 이렇게 말했다.

"내 삶의 모토는 두 가지야. 하나는 요구하지 않으면 얻어내지 못한다는 것이고, 다른 하나는 대부분의 일은 성공하지 못한다는 거야."

얼마 전 나는 지금까지 살면서 가장 무리한 요구를 했다. 그 결과는 상상했던 것보다 좋았다. 나는 치 루에게 나를 마크 저커버그에게 소개해 줄 수 있는지 물었다. 치는 즉시 기꺼이 그러겠다는 답신을 보냈다. 나는 믿을 수 없는 변화에 고개를 흔들며 창고 사무실을 둘러보았다. 3년 전만 해도 팀 페리스와 이야기할 기회를 잡으려고 화장실에 쭈그리고 있어야 했다. 그런데 지금은 단 한 통의 이메일로 마크 저커버그와 연결될 수 있었다.

나는 치의 조언에 따라 저커버그에게 보낼 글을 썼다. 내가 완수하려는 사명을 설명하고, 다음 주에 그가 강연할 스타트업 스쿨Startup School 컨퍼런스에 참석할 것이니 거기서 만나고 싶다는 내용이었다. 치는 이 글을 페이스북 메시지로 저커버그에게 전달했다. 그로부터 16시간 후 이런 답신이 왔다.

수신 **알렉스 바나얀**(참조: 스테판 바이츠)

발신 **치 루**

제목 (제목 없음)

마크에게 온 답신을 전할게.

그럼요. 나의 이메일 주소를 전해줘요. 떠나기 전에 몇 분 동안 이야기할 시간을 만들어 볼게요. 확약은 못하지만 몇 분이라도 시간이 나면 만날게요. 그의 이메일 주소는 **********이야. 그럼.

나는 누구에게 가장 먼저 연락해야 할지 알았다.

"이럴 수가…." 엘리엇이 내뱉은 첫 말이었다.

그는 승리의 찬가를 연주하는 트럼펫처럼 잔뜩 흥분한 목소리로 떠들어댔다. 그는 저커버그가 "좋아요." 정도로 간단하게 답할 수 있는 이메일을 쓰라고 조언했다. 나는 그의 도움을 받아 이렇게 이메일을 작성했다.

수신 **마크 저커버그**(참조: 치 루)

발신 **알렉스 바나얀**

제목 **토요일에 만나고 싶습니다**

___

안녕하세요.

치 루가 당신의 답신을 전달하면서 이메일 주소를 알려줬습니다. 치는 지난 몇 년 동안 제게 수호천사와 같았어요. 그래서 정말 고맙게 생각하고 있습니다. 그는 당신에 대해서도 놀라운 이야기들을 해줬습니다. 스타트업 스쿨에서 강연을 끝낸 후 제가 무대 뒤에 들러서 몇 분 동안 이야기를 나누고 싶습니다. 이야기할 시간이 없더라도 충분히 이해

합니다. 가능할까요? 어느 쪽이든 대단히 큰 영감을 준 것에 감사드
립니다.

나는 창고 사무실을 서성이며 매 시간 이메일 창을 새로 고쳤
다. 그러나 아무런 답신이 없었다. 행사 이틀 전, 나는 다시 치에게
이메일을 보내서 확인 이메일을 보내도 될지 물었다. 치는 무슨
말이냐고 되물었다. 저커버그가 바로 답신을 보냈다는 것이었다.
"그럴 리 없어. 잠깐… 혹시….”
나는 스팸 폴더를 확인했다.
비아그라. 비아그라. 비아그라. 마크 저커버그. 비아그라. 비아그
라. 비아그라….

지메일조차 마크 저커버그가 나한테 이메일을 보냈다는 걸 믿
지 않았다.

> 수신 **알렉스 바나얀**(참조: 치 루)
>
> 발신 **마크 저커버그**
>
> 제목 **회신: 토요일에 만나고 싶습니다**
>
> ───────────────────────────
>
> 반가워요. 치는 아주 좋은 분이죠. 그 분과 알고 지낸다니 기쁘네요.

토요일에 강연을 마친 후 몇 분 정도 이야기할 시간을 낼게요. 시간이 많지 않지만 잠깐이라도 만나기를 기대합니다.

나는 저커버그와 치의 이메일을 스타트업 스쿨 주최 측에 전달하면서 사정을 설명하고 무대 뒤로 갈 수 있는 방법을 물었다. 뒤이어 엘리엇에게 전화를 걸어서 희소식을 전했다.

엘리엇은 "저커버그에게 다른 이메일을 보내지 마."라고 말했다.

"그래도 확인은 해야 하지 않을까요?"

"아냐. 절대 지나치면 안 돼. 이미 승낙했잖아. 이제는 시간만 지키면 돼."

왠지 마음이 놓이지 않았다. 하지만 지금까지 엘리엇의 조언을 무시했다가 결국에는 그가 옳았다는 사실을 알게 된 경우가 많았다. 같은 실수를 반복할 수는 없었다.

"어이, 거물 양반. 축하해." 엘리엇은 말했다.

"무려 저커버그와 만나다니. 큰물로 들어온 걸 환영해."

: 하루 후, 캘리포니아주 팔로 알토

식당에는 사람들이 가득했고, 우리 테이블은 빵, 후무스, 닭고기 케밥으로 넘쳐났다. 스타트업 스쿨 행사가 열리기 하루 전이었다. 나는 내일 같이 갈 브랜든, 코윈과 함께 저녁을 먹었다. 웨이터가

계산서를 내려놓을 때 이메일을 확인해 보니 행사 주최 측의 답신
이 도착해 있었다.

안녕하세요. 내일 요청하신 내용은 허가할 수 없습니다. 모든 요청은
마크 측에서 해야 합니다.

나는 그쪽에 아는 사람이 없으며 치 루를 통해 소개받았다고 설
명했다. 행사 주최 측은 답신을 보내지 않았다. 시간이 갈수록 더
욱 초조해졌다. 다시 이메일을 보냈지만 여전히 아무 말이 없었다.

밤에 나는 행사 주최 측을 아는 지인에게 이메일을 보내 상황을
설명하고 도움을 요청했다. 다음 날 아침 그는 이런 답신을 보냈다.

저커버그가 보낸 이메일이 진짜인 거 확실해? 행사책임자가 방금 이
메일을 보냈는데 네가 가짜 이메일을 가지고 출입증을 받으려고 했대.

———————

코원과 브랜든은 내 노트북을 들여다보았다. 브랜든은 "그냥
저커버그에게 이메일을 보내서 어떻게 된 일인지 설명해."라고 말
했다.

"그건 좋은 생각이 아닌 것 같아." 나는 대꾸했다.

"엘리엇이 차분하게 있으래."

코윈은 "야, 그냥 이메일이잖아."라고 말했다.

나는 입술을 앙다물었다.

"알았어. 이메일을 안 보낼 거면." 코윈은 말을 이어나갔다.

"치 루한테라도 보내."

나는 머리를 흔들었다.

"행사 책임자를 직접 만나서 내 휴대폰으로 이메일들을 보여주면 명확해질 거야. 이 일로 치 루를 귀찮게 할 필요 없어."

나는 노트북을 닫았다. 우리는 차로 향했다. 30분 후 코윈은 길모퉁이를 돌아 데 안자 칼리지 De Anza College 의 외부 주차장에 차를 세웠다. 우리는 차에서 내려 베이지색 건물들을 둘러보았다. 대부분 노트북과 아이패드를 든 수백 명의 참가자들이 캠퍼스 여기저기에 퍼져 있었다. 건물을 빙 돌아서 주 출입구로 들어가려는 줄이 이어져 있었다. 나는 건물 뒤에 있는 다른 출입구를 발견했다. 무대 뒤로 가는 VIP용 출입구 같았다.

나는 서둘러 등록 창구로 가서 책임자와 이야기하고 싶다고 말했다. 몇 분 동안 기다린 후 돌아온 대답은 나를 만나주지 않겠다는 것이었다. 저커버그와 만날 기회를 놓칠 수는 없었다. 나는 정신없이 책임자의 전화번호를 찾아 전화를 걸었다.

"안녕하세요. 어젯밤에 마크 저커버그와 인터뷰하는 문제로 이 메일을 보냈던 알렉스 바나안입니다. 저는 단지…."

"용건만 간단히 말해요. 당신이 이메일을 위조한 걸 알아요. 마 크 저커버그의 홍보팀과 연락했는데 만날 사람들 명단에 당신 이 름이 없대요. 페이스북 보안팀도 당신에 대한 기록이 없다고 했어 요. 게다가 그건 마크의 진짜 이메일 주소도 아니에요. 정말 혼나 기 전에 그만해요. 그럼."

어떻게 해야 할지 알 수 없었다. 토요일 오후에 치 루를 귀찮게 하고 싶지 않았다. 그러나 도움이 필요했다. 마이크로소프트에서 치와 함께 일한 스테판 바이츠에게 전화하면 되겠다는 생각이 들 었다. 스테판은 바로 전화를 받아서 도와주겠다고 말했다. 1분 후, 그는 내 이름을 참조란에 넣어서 행사 책임자에게 이메일을 보냈 다. 내가 보여준 이메일이 진짜이고 그래도 못 믿겠다면 자기한테 전화하라는 내용이었다.

2시간이 흘렀다. 행사 책임자는 아직 스테판의 이메일에 답신 을 보내지 않았다. 나는 문자로 스테판에게 행사 책임자의 휴대폰 번호를 보냈다. 스테판이 전화를 걸었지만 그녀는 받지 않았다. 더 이상 손 쓸 방도가 없었다. 저커버그가 강연할 때까지 1시간밖에 남지 않았다. 딱히 생각나는 다른 방법이 없었다. 결국 저커버그에 게 다시 이메일을 보냈다.

수신 **마크 저커버그**(참조: 치 루)

발신 **알렉스 바나얀**

제목 **[회신] 토요일에 만나고 싶습니다**

방금 스타트업 스쿨 행사장에 왔는데 주최 측에서 무대 뒤로 들여보내 주질 않네요. 계속 시도해 볼까요 아니면 다른 곳에서 만날까요?

    잠시 후 시계를 확인했다. 강연 시간까지 30분이 남아 있었다. 저커버그에게서 답신이 오지 않았다. 나는 문제를 직접 해결하기로 마음먹었다.

    저커버그는 건물 뒤편에 있는 VIP용 출입구로 들어갈 것이 분명했다. 그가 차에서 내릴 때 치 루가 소개한 사람이 나라고 말하면 될 것 같았다. 그러면 저커버그가 행사 주최 측에 내가 누구인지 확인해 줄 것이었다. 그것이 내가 생각할 수 있는 유일한 방법이었다.

    나는 브랜든, 코윈과 함께 VIP용 출입구로 향했다. 우리는 커다란 나무를 발견하고 그늘에 앉았다. 우리가 이야기를 나누며 땅에 떨어진 잔가지를 만지작거릴 때 한 남자의 머리가 모퉁이에서 나타났다가 사라졌다. 잠시 후 같은 사람이 다시 나타나 무전기에 대고 속삭이더니 다시 사라졌다.

곧 한 여성과 덩치 큰 남성이 우리 쪽으로 다가왔다. 그들은 지나치게 가까이 오고 싶지 않은 듯 두어 미터 떨어진 곳에서 멈췄다. 손에 든 무전기로 보아 덩친 큰 남성은 보안요원인 것 같았다. 그는 한 발 앞으로 나서서 나를 내려다 보았다.

여자가 "여기서 뭘 하는지 물어봐도 될까요?"라고 말했다. 내가 아는 목소리였다.

"안녕하세요. 알렉스라고 합니다." 나는 손을 들어서 가볍게 흔들며 말했다.

"제가 바로…."

"누군지 알아요. 왜 여기 앉아 있어요?"

"그게…. 왜 앉아 있냐면…. 우리 차가 저기 주차되어 있는데 맑은 공기를 좀 쐬려고요."

실제로 우리 차가 가까운 곳에 주차되어 있었다. 그러나 나도, 그녀도 왜 내가 거기 있는지 알고 있었다. 용기를 내서 이렇게 말하고 싶었다.

"저기요. 날 사기꾼이라고 생각하는 거 알아요. 책임자로서 할 일을 하고 있다는 것도요. 하지만 나도 할 일을 해야 해요. 마이크로소프트 부사장이 날 페이스북의 창립자에게 소개해 줬어요. 그런 자리에 안 나갈 수는 없어요. 내가 보여준 이메일이 진짜라고 믿지 못하겠다면 마음대로 생각해요. 저커버그가 도착하면 물어보자고요."

하지만 그런 말은 나오지 않았다. 나는 그저 그녀를 노려보기만 했다. 그녀의 눈빛이 날카로워졌다.

"무슨 짓을 하려는지 알아요. 여기서 당장 나가요."

보안요원이 앞으로 나서며 말했다.

"지금 떠나지 않으면 경찰을 부르겠어요."

나는 저커버그가 도착하여 차에서 내리다가 나를 보는 모습을 상상했다. 아마 나는 경광등이 번쩍이는 가운데 등 뒤로 수갑을 찬 채 경찰차로 끌려가면서 "마크! 부탁이에요! 나하고 만나기로 되어 있다고 말해줘요!"라고 소리칠 것이다.

나는 고개를 숙인 채 보안요원에게 소란을 피우고 싶지 않다고 말한 후 자리를 떠났다.

———

나 자신을 용서할 수 없었다. 이번은 세 번째 문으로 들어가려고 쓰레기통 위로 뛰어오르거나 문을 수백 번 두드릴 필요가 없는 유일한 경우였다. 나는 치에게 한 통의 이메일을 보냈고, 저커버그에게 "들어와요!"라는 허락까지 받았다. 그러나 나이트클럽 문지기가 나를 발견하고 팔을 붙잡으며 "그렇게 빨리는 곤란해. 친구."라며 막았다. 더 기분이 상하는 점은 치 루를 실망시켰다는 것이었다. 나는 상황을 설명하는 이메일을 보냈다. 곧 치가 답신을 보냈다.

> 스테판에게 설명을 들었어. 차질이 생겨서 안타깝네. 스테판에게 연락
> 을 받고 바로 마크에게 페이스북 메시지를 보냈는데 답신이 안 왔어.
> 지난 얘기지만 그때 나한테 전화를 걸었으면 내가 책임자에게 들여보
> 내라고 말할 수 있었을 텐데.
> 기다릴 수 있다면 내년 스타트업 스쿨 행사 때 다시 시도해 보기를
> 권해. 마크한테는 이미 동의를 얻은 셈이니 다음에는 내가 미리 책임
> 자에게 연락해서 너를 들여보내도록 할게. 그렇게 오래 기다릴 수 없
> 다면 마크에게 다시 메시지를 보내볼게. 하지만 이전 메시지에 답신이
> 없어서 이번에도 안 올지 몰라.

나는 치에게 고마움을 전한 후 지금 한 번 더 연락해 달라고 부탁했다. 지금 해야 저커버그가 생생하게 기억하고 있을 것 같았다. 기회가 있다면 지금뿐이었다. 치는 저커버그에게 두 번째 메시지를 보냈다. 사흘 후 치가 내게 이메일을 보냈다.

> 목요일에 마크에게 페이스북 메시지를 보냈는데 아직 답신이 없어.
> 지난 패턴을 볼 때 안타깝지만 마크가 별로 생각이 없는 것 같아. 그

렇지 않다면 답신을 보냈겠지. 더 도움이 못 돼서 미안해. 다른 방식
으로 그와 만날 수 있기를 바라.

이후 몇 주 동안 나는 상황을 타개하려고 절박하게 노력했다.
서밋에서 만났던 전 페이스북 직원은 저커버그의 보안팀에 연락
했다. 빌 게이츠의 비서실은 저커버그의 비서에게 연락했다. 레이
디 가가의 소셜 네트워크를 만든 사람으로서 엘리엇을 통해 알게
된 매트는 저커버그의 변호사 중 한 명을 소개해 주고, 나를 페이
스북 본사로 데려가 최고 마케팅 책임자를 만나도록 해주었다. 그
래도 여전히 저커버그에게서 소식이 없었다.

몇 달이 지나는 가운데 나를 가장 괴롭힌 점은 일이 확실하게
마무리되지 않는다는 것이었다. 사후 분석이 불가능했다. 한편으
로는 애초에 좋은 전략이 없었다는 생각이 들었다. 사실 저커버그
와 정식으로 만나는 것도 아니었다.

이메일에서 그가 한 말은 그저 악수를 나누고 몇 분 동안 이야
기를 해준다는 것뿐이었다. 그것만 해도 충분히 좋았다. 그러나 그
보다는 치에게 저커버그의 비서실장을 소개해 달라고 부탁했어야
했다. 그래서 직접 만나 내가 하는 일을 설명하고 정식 인터뷰를
요청했어야 했다.

그러나 다른 한편으로는 어차피 상관없는 일이었다는 생각이

들었다. 1분짜리 미팅이라도 치 루는 내게 완벽한 패스를 해주었다. 나는 옆에 수비수도 없는 가운데 골대 앞에서 공을 잡았다. 그러나 그냥 공을 차기만 하면 되는데 헛발질을 하고 말았다.

19장

실수는 최고의 선물이다

When Quincy's fingers touched the keys, he remembers it feeling like a moment of the divine. "Everything changed for me," he said. "I loved music so much I wrote songs until my eyes would bleed."

그는 건반을 손으로 건드렸을 때 신성한 순간을 맞은 듯한 느낌을 받았다.
"모든 것이 바뀌었어." 그는 말했다.
"음악이 너무 좋아서 눈에서 피가 나도록 곡을 썼어."

퀸시 존스, 현존하는 음악 프로듀서계의 최고 아티스트

나는 나무 밑에서 기다리기만 하다가 저커버그를 만나지 못한 것을 두고 몇 주 동안 자책했다. 그러다가 어떻게든 버핏과 만나려고 신발을 보냈던 일과 겨우 빌 게이츠를 만나고도 제대로 된 질문을 하지 못했던 일을 떠올렸다. 나의 여정이 길고 비참한 실수의 연속인 것처럼 느껴질 때가 있었다. 그러나 퀸시 존스와 만나자마자 고통스런 일들에 대한 생각을 머릿속에서 지워버렸다.

"고향이 어딘가?"

81살 노인의 깊은 목소리는 바리톤 색소폰이 연주하는 음처럼 들렸다. 퀸시는 발목까지 내려오는 감청색 로브를 입고 있었다. 나는 벨에어 Bel-Air에 있는 그의 집으로 찾아가 거실에 있는 둥근 소파에 그와 함께 앉았다.

"LA에서 태어나고 자랐어요."

"아니." 그는 머리를 흔들었다.

"자네 말고 부모님 고향 말이야."

"아, 이란 출신이세요."

"그럴 줄 알았어."

"어떻게 아셨어요?"

그는 직접적으로 답하지 않고 18살 때 이란 여행에서 왕이 주최한 파티에 참석하고, 밤에 몰래 빠져 나와 아야톨라를 탈옥시키려는 젊은 혁명군들과 만났다는 요란한 이야기를 시작했다. 뒤이어 그는 페르시아 공주와 사귀던 시절의 이야기를 들려주었다.

"케일리 맘눈 Khailee mamnoon(감사합니다)." 퀸시는 느닷없이 페르시아 말을 하며 웃었다.

"테헤란, 다마스커스, 베이루트, 이라크, 카라치…. 안 가본 데가 없어. 65년 동안 전 세계를 여행했지."

나는 인터뷰하기 전에 그에 대해 자료 조사를 했다. 그러나 실상 그에 대해 아는 것이 거의 없다는 걸 깨달았다. 그가 역사상 다른 어떤 음반 제작자보다 많이 그래미상 후보에 올랐다는 사실은 이미 알았다. 또한 역대 최다 판매 앨범인 마이클 잭슨의 〈스릴러 Thriller〉뿐 아니라 역대 최다 매출 싱글인 '우리는 하나 We Are the World'를 제작했다는 사실도 알았다.

그는 프랭크 시나트라부터 폴 매카트니, 레이 찰스까지 20세기 최고의 음악가들과 일했다. 영화 쪽으로는 스티븐 스필버그와 함께 오스카상 10개 부문 후보에 오른 〈컬러 퍼플 The Color Purple〉을 제작했다. 텔레비전 분야에서는 에미상 후보에 오른 〈벨에어의 프레시 프린스 The Fresh Prince of Bel-Air〉를 제작했다. 또한 멘토로서 윌 스미스, 오프라 윈프리가 경력을 시작하도록 도왔다. 그는 의문의 여지없이 연예계의 역사에서 가장 중요한 인물 중 한 명이다. 그런 그가 내게 "펜 있니?"라고 물었다.

나는 호주머니에서 펜을 꺼내어 건넸다. 그는 커피 테이블 밑에서 종이 한 장을 꺼내더니 글씨를 휘갈기며 내게 아랍어를 가르쳤다. 그 다음에는 중국어, 일본어도 가르쳐 주었다. 나는 외국어 공부를 싫어했다. 하지만 퀸시는 그 글자들이 마치 새로운 세계를 여는 열쇠인 것처럼 보이게 만들었다. 그는 둥근 거실 천장을 가리키며 "저길 봐."라고 말했다. 12개의 거대한 나무 들보가 햇살처럼 중심에서 퍼져 나가 있었다.

"풍수를 따른 거야. 12음계, 12사도, 12간지를 상징하지…."

뒤이어 그는 거실을 두루 가리켰다. 말 탄 소년을 묘사한 중국 조각, 이집트 여왕의 흉상 등 10여 개의 골동품들이 있었다. 각각의 물건들이 나름의 에너지를 내뿜고 있는 것처럼 보였다.

"이건 네페르티티야. 저건 부처, 저건 당대 유물, 저건 일본 유물, 저건 피카소 작품이야. 저쪽에 있는 건 초기 스페이스엑스 로켓 모형이야. 엘론이 준 거지. 우리 동네에 살아."

머리가 어지러웠다. 퀸시는 나에 대해 나도 모르는 것을 안다는 듯 미소 지었다.

"세상은 너무나 멋져. 너도 나가서 접해 봐야 해." 그는 말했다.

우리의 대화는 갈수록 빨라졌다. 그는 명상에 대해 이야기하다가, 바로 뒤이어 나노기술에 대해, 다시 건축에 대해("프랭크 게리는 나와 같은 물고기자리인데 항상 '건축이 굳어진 음악이라면, 음악은 흐르는 건축'이라고 말했어. 모든 위대한 예술은 정서적 건축물이야."), 다시 연출

에 대해("스필버그는 나의 스튜디오에 왔을 때 내가 지휘하는 방식으로 연
출한다고 말했어. 강력한 구조물을 만든 다음 그 위에 즉흥성을 가미하지.
사람들이 개성을 발휘할 여지를 줘야 해.") 이야기했다. 보석 같은 지혜
들이 계속 쏟아졌다. 나는 소파에 기대어 앉아 하나도 놓치지 않
으려 귀를 기울였다.

    "나는 내가 가르치는 음악가들에게 자신의 모습을 찾으라고 말
    해. 자신을 알고 사랑하라고 말이야. 그게 중요해."

    "젊은이들은 항상 뭔가를 쫓아. 자신이 모든 걸 통제한다고 생
    각해서 그래. 그러지 말고 우주와 연결되는 법을 배워야 해. 자연
    스럽게 일들이 일어나도록 해야 해."

    "어린 시절의 트라우마에도 공소시효가 있어. 지난 아픔은 잊어
    버리고 삶을 살아가야 해."

  퀸시는 커피 테이블 밑에서 책을 한 권 꺼내서 흑백사진들이
실린 페이지를 넘겼다.
  "30년대의 시카고야." 그는 사진들을 가리키며 말했다.
  "내가 자란 곳이지. 우리 아버지는 악명 높은 우범지대에서 목

수로 일했지. 매일 총과 시체들을 봤어."

그는 소매를 걷어서 손등에 있는 흉터를 가리켰다.

"이거 보이지? 7살 때 생긴 거야. 멋모르고 위험한 동네로 들어가 버렸지. 깡패들이 칼로 내 손을 벽에 고정시키고 얼음 송곳으로 뒤통수를 때렸어. 죽는 줄 알았어."

그의 아버지는 여름이 되면 노예였던 할머니를 만나러 루이스빌로 갔다. 그녀는 퀸시에게 강에 가서 쥐를 잡아오라고 시켰다. 그녀는 퀸시가 잡아온 쥐를 양파와 함께 튀겨서 저녁을 만들었다. 퀸시가 10살 때 그의 가족은 시애틀로 이사했다. 어느 날 밤 그는 친구들과 함께 음식을 훔치려고 레크리에이션 센터에 침입했다. 거기서 그는 피아노가 있는 방으로 우연히 들어갔다. 피아노를 본 것은 그때가 처음이었다. 그는 건반을 손으로 건드렸을 때 신성한 순간을 맞은 듯한 느낌을 받았다.

"모든 것이 바뀌었어." 그는 말했다.

"음악이 너무 좋아서 눈에서 피가 나도록 곡을 썼어."

퀸시는 바이올린, 클라리넷, 트럼펫, 수자폰, B 플랫 바리톤 혼, E 플랫 알토 펙 혼, 프렌치 혼, 트롬본 등 손에 넣을 수 있는 모든 악기를 익혔다. 또한 나이트클럽으로 몰래 들어가 순회공연을 다니던 재즈 음악가들을 만났다. 14살 때는 클럽에 들어갔다가 2살 많은 맹인 소년을 만났다. 두 사람은 금세 죽이 맞았다. 맹인 소년은 퀸시에게 음악을 가르쳐 주기 시작했다. 두 사람은 친구가 되었다. 맹인 소년은 다름 아닌 레이 찰스였다.

"폴 매카트니가 22살 때, 엘튼 존이 17살일 때 만났어. 믹 재거도 그랬고. 레슬리 고어는 16살 때 만났어."

퀸시가 제작한 레슬리 고어의 '이게 나의 파티야It's My Party.'는 1963년에 최고 인기곡 중 하나였다.

나는 "어떻게 그녀를 발굴했어요?"라고 물었다.

"마피아였던 그녀의 삼촌을 통해서 만났어. 그 사람이 알 카포네와 일했던 조 글레이저를 찾아갔지. 당시에는 마피아가 음반업계를 장악하고 있었어. 듀크 엘링턴, 루이 암스트롱, 라이오넬 햄턴의 에이전시가 모두 마피아였어. 개판이었지. 흑인들이 엄청나게 착취당했어. 그때 원판이나 저작권을 갖지 않으면 음반 사업을 할 수 없다는 걸 깨달았어. 아주 힘들게 배운 교훈이지."

퀸시는 인기 밴드 리더인 카운트 베이시에게 10곡의 노래를 써주었다. 얼마 후 모리스 레비라는 음반사 대표가 그에게 사무실로 와서 계약을 하자고 말했다. 그가 사무실에 갔을 때 계약서가 테이블에 놓여 있었다. 레비의 뒤에는 그의 패거리들이 진을 치고 있었다.

"원하는 대로 불러." 그는 퀸시에게 말했다.

"하지만 받을 수 있는 건 1%뿐이야."

"나는 계약서에 서명했어." 퀸시는 내게 말했다.

"그렇게 해서 그 사람이 내 곡들을 모두 소유하게 되었지."

퀸시는 즐거운 추억을 떠올리는 듯 부드럽게 웃었다. 하지만 나는 온몸이 굳어지는 게 느껴졌다.

"그때는 어렸고, 그렇게 교훈을 얻었어. 베이시에게 두 번째로 곡을 줄 때도 그 사람이 '계약은 어떻게 할 거냐'고 물었어. 나는 '안 해요. 내가 직접 제작할 거예요.'라고 말했지. 그는 '이제 좀 똑똑해졌군! 처음부터 그렇게 하지 그랬어?'라고 하더라고."

퀸시는 또 웃음을 터트렸다.

"마피아가 내 곡들을 다 가져갔어." 그는 말을 이어나갔다.

"지금도 되찾고 있는 중이야."

나는 "말도 안 돼요."라고 말했다. 나의 갑작스런 분노는 나 자신과 그를 놀라게 만들었다. 돌이켜 보면 왜 그랬는지 알 수 있다. 나는 저커버그와 인터뷰를 하려다 생긴 일에 아직도 화가 나 있었다. 그래서 힘 있는 사람에게 당하는 이야기를 참지 못했던 것이다.

"괜찮아." 퀸시는 내 어깨에 손을 얹으며 말했다.

"그렇게 배우는 거지."

나와 퀸시는 서로를 바라보았다. 한껏 부풀었던 내 안의 분노를 퀸시가 모두 날려보낸 것처럼 느껴졌다.

"실수를 받아들여야 해." 퀸시는 말했다.

"아무리 많이 넘어져도 다시 일어나야 해. 패배하면 후퇴하는 사람들이 있어. 그러면 무서워서 조심하게 되고, 열정이 아닌 불안을 품게 돼. 그러면 안 돼. 복잡해 보이지만 사실 간단해. 받아들이고 하늘의 뜻을 따라. F를 받을까 봐 두려워하면 A를 받지 못해."

퀸시는 말을 이어나갔다.

"어떤 일을 하든 자기 분야에서 성장하려면 알아야 하는 놀라운 심리학이지. 성장은 실수에서 나와. 실수를 받아들이고 거기서 교훈을 얻어야 해. 실수는 최고의 선물이야."

우리는 저녁 내내 이집트의 피라미드부터 리오 카니발의 삼바 무용수들까지 온갖 주제에 대해 이야기했다. 퀸시는 내가 지난 5년 동안 세계 최고의 부자, 가장 성공한 투자자, 가장 유명한 감독들이 있는 높은 곳만 올려다보았다는 사실을 깨닫게 해주었다. 사실 내가 원했던 일은 더 넓은 곳으로 나아가 먼 세상을 여행하고 탐험하면서 그 매력을 흡수하는 것이었다. 퀸시는 내 안에 새로운 갈증을 불어넣었다. 내 삶의 한 단계가 막을 내리고 새로운 단계가 시작되는 기분이었다.

"다른 사람이 된 것 같아요." 나는 대화를 마무리하며 말했다.

"오늘 제게 전혀 예상치 못한 것을 가르쳐 주셨어요."

그는 "그게 뭔데?"라고 물었다.

"온전한 사람으로 세상을 넓게 살아가는 법이요."

"잘 됐네. 맞아. 냇 킹 콜은 내게 항상 '퀸시, 당신의 음악은 인간으로서 당신 그 이상도, 그 이하도 아니에요.'라고 말했지."

나는 "그게 세상이 우리에게 주는 것이죠."라고 말했다.

"아냐." 퀸시는 내 말을 바로잡았다.

"실수가 우리에게 주는 것이지."

그는 그 교훈이 내 안에 확실하게 자리 잡을 때까지 거듭 말해주려는 듯했다. 이제 그 교훈은 내 안에 완전히 자리 잡았다. 내가 깨달은 사실은 빌 게이츠의 조언이 나의 성배가 아니라는 것이었다. 나를 가장 많이 바꾼 것은 그에게 가기 위해 내가 저지른 실수들이었다.

나는 항상 성공과 실패가 상반되는 것이라고 생각했다. 그러나 이제는 그 둘이 같은 일, 바로 노력의 다른 결과일 뿐임을 알게 되었다. 나는 지금부터 성공과 실패에 연연하지 않겠다고 맹세했다. 대신 노력하고 성장하는 데만 집중할 생각이었다.

퀸시는 내 머릿속에서 일어나는 변화를 간파한 것 같았다. 내 어깨에 천천히 손을 얹으며 이렇게 말했기 때문이다.

"그래, 바로 그거야."

내가 어떻게 대꾸할지 생각하기도 전에 그는 나를 바라보며 말했다.

"너는 아주 멋지고 훌륭한 사람이야. 절대 변하지 마."

20장

천재성은 예측성의 반대말이다

ARTPOP is creative rebellion.
I don't play by the nuns' rules.
I make my own.

〈아트팝〉은 창조적 반항이야.
나는 수녀들의 규칙을 따르지 않아.
내 규칙은 내가 만들어.

레이디 가가, 그래미상을 수상한 세계적인 팝스타

: 3달 후, 텍사스 주 오스틴

우리는 나이트클럽 쪽으로 걸어가며 사람들이 줄 선 곳으로 접근했다. 너무 혼란스러워서 난리라도 난 것 같았다. 레이디 가가의 소셜 네트워크를 만든 매트는 나를 끌어당기며 사람들을 헤치고 나아갔다. 땅에 흩뿌려진 맥주병 조각들이 달빛을 받아 반짝거렸다. 한 무리의 문지기들이 입구를 지키고 있었다.

그중 한 명이 앞으로 나서며 "만원이에요."라고 말했다.

매트는 "가가 손님이에요."라고 대꾸했다.

"그녀는 이미 들어갔어요. 다른 사람은 누구도 못 들어가요."

잠시 침묵이 흐른 후 매트가 앞으로 나섰다. 그는 문지기의 귀에 뭐라고 속삭였다. 그러자 문지기는 잠깐 주저하다가 옆으로 비켜섰다.

문이 열리자마자 시끄러운 테크노 음악이 온몸을 뒤흔들었다. 매트와 나는 댄스 플로어에 있는 사람들을 헤치고 나아갔다. 수백 명이 한 방향을 멍하니 바라보며 휴대폰을 높이 들고 사진을 찍었다. 눈부신 조명이 비치는 높은 VIP 무대 위에 세계적으로 유명한 팝스타가 서 있었다. 레이디 가가의 백금색 머리가 허리까지 출렁거렸다. 그녀는 굽이 최소한 25cm 이상 되는 구두 위에서 균형을 잡고 있었다.

VIP 무대는 사람들로 가득했다. 계단을 지키는 문지기는 들어갈 수 없다고 말했다. 매트는 이번에는 그에게 아무 말도 하지 않았다. 우리는 레이디 가가가 서 있는 곳 바로 아래로 걸어갔다.

매트가 "안녕, L. G."라고 소리쳤다.

아래를 본 그녀의 표정이 밝아졌다.

"이리로 올라와!"

"사람이 너무 많아." 매트가 대답했다.

"들여보내 주질 않아."

"잔소리 말고 올라오라니까!"

두 명의 경호원이 우리 팔을 붙잡고 무대 위로 이끌었다. 매트는 바로 가가에게 다가갔다. 나는 두 사람이 이야기하도록 뒤에 머물렀다.

잠시 후 매트가 내 쪽을 가리켰다. 그러자 한 경호원이 내 어깨를 붙잡더니 사람들을 헤치고 매트와 레이디 가가 옆으로 데려갔다. 매트는 나와 레이디 가가의 어깨에 팔을 둘러서 끌어당겼다.

"L. G." 그는 음악소리보다 크게 소리쳤다.

"세 번째 문 이야기한 거 기억나?"

그녀는 웃으며 고개를 끄덕였다.

"〈가격을 맞혀요〉에서 우승한 아이 이야기도 기억해? 친구들하고 버핏의 주주총회에 간 아이 말이야."

그녀는 더 크게 미소 지으며 고개를 끄덕였다.

"그게." 매트는 나를 가리키며 말했다.

"바로 얘야."

가가의 눈이 커졌다. 그녀는 나를 향해 두 팔을 펼치더니 크게 포옹했다.

엘리엇이 뉴욕 콘서트장에서 소개해 준 후로 매트는 나의 멘토가 되었다. 나는 몇 주씩 그의 집 별채에서 머물렀고, 같이 뉴욕과 샌프란시스코를 여행했다. 내가 저커버그와 인터뷰를 하는 데 애를 먹자 그는 즉시 도와주려고 나섰다. 레이디 가가와의 인터뷰는 부탁할 필요조차 없었다. 매트가 먼저 이야기를 꺼내서 하자고 제안했다. 그는 그런 사람이었다.

나이트클럽에서 가가를 만난 다음 날 오후, 내가 호텔방 소파에 앉아 있는 동안 매트가 휴대폰을 귀에 댄 채 들어왔다. 그는 방안을 서성였다. 통화가 끝난 후 나는 그에게 누구냐고 물었다. 그는 가가라고 대답했다. 그리고 그녀가 울고 있다고 덧붙였다.

매트는 자리에 앉아 상황을 설명했다. 가가의 첫 두 앨범은 큰 인기를 끌면서 그녀를 음악계의 정상으로 밀어올렸다. 그러다가 작년에 고관절을 다쳐서 응급수술을 받고 휠체어 신세를 지는 바람에 25일 동안이나 투어를 취소해야 하는 일이 일어났다. 게다가 작년에는 오랜 매니저와 향후 나아갈 방향을 두고 언쟁을 벌였다. 결국 그녀는 매니저를 해고했고, 이 사실은 주요 기사로 알려졌다. 과거 나의 인터뷰 요청을 거절했던 그 매니저는 언론에 자신의 입장을 이야기했지만 가가는 침묵을 지켰다. 그 바람에 더욱 의문이 증폭되었다.

그로부터 몇 주 후 그녀는 세 번째 앨범인 〈아트팝ARTPOP〉을 발표했다. 평론가들은 새 앨범을 혹평했다. 〈롤링스톤〉은 '이상하다' 고 했고, 〈버라이어티〉는 일부 노래가 '졸리다'고 했다. 가가의 지난 앨범들은 첫 주에 100만 장 넘게 팔렸다. 〈아트팝〉은 그 4분의 1도 팔리지 않았다.

그게 4달 전이었다. 이제 가가는 점조명 아래로 돌아가려 하고 있었다. 이틀 후에는 오후에 〈지미 키멜 라이브Jimmy Kimmel Live〉에 출연하고, 밤에는 콘서트를 할 예정이었다. 그 다음 날 아침에는 사우스 바이 사우스웨스트 뮤직South by Southwest Music 행사에서 기조연설을 하기로 되어 있었다.

그녀가 가장 걱정하는 것은 기조연설이었다. 팬들 앞에서 하는 짧은 연설이 아니라 다수가 이전 매니저와 친분이 있는 음반사 경영자들과 저널리스트들이 가득한 행사장에서 1시간 동안 인터뷰를 해야 했다. 가가는 일부 청중들이 자신이 망신당하기를 바랄 것이라고 걱정했다. 어떤 질문들이 나올지는 예상하기 어렵지 않았다. 아마 "〈아트팝〉이 실패작이라고 생각하나요?", "매니저를 해고한 게 실수였나요?", "당신의 기괴한 의상이 앨범 판매에 악영향을 미치는 것 아닌가요?" 같은 질문이 나올 것이었다.

그래서 가가는 매트에게 전화를 걸어서 울며 도움을 요청했다. 그녀는 자신이 오해받고 있다고 생각했다. 진심을 담아 〈아트팝〉을 만들었지만 그 앨범의 의미가 무엇인지 설명하지 못했다. 앞으로 며칠 동안은 그녀가 경력의 새로운 장을 열 기회였다. 그녀는 과거의 짐에 짓눌리고 싶지 않았다.

매트는 이런 내용을 내게 설명해 준 후 한 직원에게 전화를 걸었다. 그 직원은 한 시간이 지나기 전에 호텔방으로 찾아왔다. 두 사람은 내 옆에 앉아서 가가가 활용할 수 있는 이야기를 구상하기 시작했다. 20대 후반으로 경영학을 전공한 직원은 "〈아트팝〉의 핵심은 콜라보레이션이에요!"나 "시너지!", "소통!" 같은 거창한 말들만 늘어놓았다.

나는 "아티스트의 영혼은 그런 식으로 묘사하는 게 아니에요."라고 고함치고 싶었다. 그러나 내가 나설 자리가 아니었다. 매트가 나를 너무나 관대하게 대해준 이후에는 더욱 그랬다. 그는 이번 주에 가가와 인터뷰할 수 있는 자리를 만들어주고 있었다. 게다가 스위트룸의 남는 방까지 내게 내어주었다. 그래서 나는 가만히 있었다.

그러나 아이디어가 머릿속에서 용솟음쳤다. 나는 이미 가가의 전기와 그녀에 대한 숱한 기사들 그리고 〈아트팝〉의 가사를 읽었다. 매트와 직원이 나누는 이야기를 들으니 벤치에 앉은 채 경기를 뛰고 싶어서 안달이 난 선수가 된 기분이었다. 1시간 동안 회의한 후 매트가 짜증스런 표정으로 나를 보며 말했다.

"넌 해줄 말 없니?"

"어…"

나는 자제심을 발휘하려 했다. 그러나 지금까지 여정을 통해 배운 교훈들이 가가에 대해 알게 된 모든 것들과 결합하여 나도 모르게 말이 쏟아져 나왔다.

"예술은 정서적 건축물이에요. 그런 관점에서 바라보면 그녀의 토대, 대들보는 어린 시절로 거슬러 올라가요. 그녀는 어릴 때 가톨릭 학교를 다니며 질식당하는 기분을 느꼈어요. 수녀들이 치마의 길이를 재는 학교였죠. 그들은 그녀에게 규칙을 따르라고 강요했어요. 그녀가 고기로 만든 드레스를 입는 건 여전히 그 수녀들에게 반항하고 있는 거예요!"

매트는 "가가는 창조적 반항을 대표하지!"라고 말했다.

"맞아요! 테드 창립자는 '천재성은 예측성의 반대말'이라고 말했어요. 이 경우에 딱 맞는 말이죠. 음악이든 의상이든 가가는 언제나 예측을 벗어났어요." 나는 한 번도 느껴보지 못한 활기에 넘처서 소파에서 벌떡 일어섰다.

"가가의 영웅은 앤디 워홀이에요." 나는 말을 이어나갔다.

"캠벨 수프의 캔을 주제로 활용한 것은 예측을 벗어난 것이었어요! 평론가들은 〈아트팝〉이 너무 장식적이고 지난 앨범들처럼 대중의 공감을 얻지 못했다고 비판하죠. 하지만 그게 핵심이라면 어떨까요? 가가의 앨범은 그래야만 했어요! 그녀의 모든 예술은 예측을 벗어나요. 〈아트팝〉은 감을 잃어서 그런 게 아니에요. 자신에게 충실해서 그런 거예요!"

나는 계속 열변을 토했다. 그러다가 소파에 주저앉아서 호흡을 가다듬은 후 매트를 바라보았다.

"축하해." 그는 말했다.

"24시간 안에 그 내용을 글로 써."

———

자정이 지난 시각이었다. 매트는 행사장에 갔고, 나는 혼자 호텔방에 남아서 노트북 앞에 붙어 있었다. 아까는 흘러넘치던 말의 강이 지금은 말라버렸다. 아침까지 매트에게 1페이지로 정리한 요점과 함께 가가에게 보여줄 파워포인트 자료를 넘겨야 했다.

아까 매트, 직원과 함께 소파에서 회의할 때는 경기에 나서면

할 모든 것을 머릿속으로 그렸다. 그러나 정작 경기장에 들어서니 아무리 열심히 뛰려 해도 발이 움직이지 않았다.

몇 분이 몇 시간이 되었다. 나는 아침에는 영감이 떠오르기를 바라며 잠자리에 들었다. 하지만 시트를 덮고 누워도 잠이 오지 않았다. 머릿속에 계속 잡념이 들끓었다. 이유는 모르겠지만 오래전에 유튜브에서 본 스티브 잡스의 영상이 생각났다. 그 영상에서 잡스는 '다르게 생각하라' 마케팅 캠페인을 소개하면서 가치를 정의하는 일이 중요하다고 말했다. 내가 본 가장 훌륭한 연설 중 하나였다. 나는 침대에서 일어나 노트북으로 그 영상을 다시 시청했다. 이번에도 강렬한 인상을 받았다. '가가에게 이 영상을 보여줘야 해. 내가 놓친 비결이 여기에 있어.'라는 생각이 들었다.

그러나 내일은 그녀와 같이 있을 기회가 없었다. 설령 있다 해도 유튜브 영상을 보도록 강요할 수는 없었다. 그래서 매트에게 이메일을 보냈다.

> 이거예요. 날 믿고 끝까지 봐요.
> https://www.youtube.com/watch?v=keCwRdbwNQY
> (역대 최고의 마케팅 전략! 스티브 잡스 'Think different')

잠시 후 매트가 호텔방으로 들어왔다.

나는 "봤어요?"라고 물었다.

"아직. 이제 보려고."

마침내 일이 제대로 돌아가려는 것처럼 보였다. 매트는 방으로 들어갔다. 열린 문을 통해 영상을 재생하는 소리가 들렸다. 뒤이어 매트가 입에 칫솔을 물고 휴대폰을 든 채 밖으로 나왔다. 영상은 거의 보지 않고 있었다. 영상이 끝났는데도 알아채지 못할 정도였다. 그는 아무 말없이 방으로 돌아갔다.

나는 시트를 머리 위로 덮어썼다. 계획이 통하지 않았을 뿐 아니라 경기 막바지인데 아이디어가 바닥나 버렸다.

———————

동트기 전에 일어나 글을 쓰러 로비로 갔다. 아무리 노력해도 생각만큼 좋은 글이 나오지 않았다. 그때 매트에게 전화가 왔다.

"방으로 와." 그는 말했다.

"가가하고 만날 시간이 당겨졌어. 이제 2시간밖에 안 남았어."

나는 급히 방으로 가서 문을 열었다. 매트가 주방 카운터에 서서 헤드폰을 낀 채 노트북 전체 화면으로 스티브 잡스의 영상을 보고 있었다. 그의 눈길은 화면에 고정되어 있었다. 영상이 끝난 후 매트는 천천히 고개를 돌렸다.

그는 "좋은 생각이 있어."라고 말했다.

나는 가만히 있었다.

"가가에게 이 영상을 보여줘야겠어."

나는 "좋아요!"라고 외쳤다. 흥분에 휩싸인 채 노트북을 꺼냈다. 그리고 어제 이야기한 모든 것을 정리하여 1분 만에 전체 요점을 다시 썼다. 나보다 가가를 훨씬 잘 아는 매트는 나의 글을 다듬어서 새로운 경지로 끌어올렸다. 이제 파워포인트 슬라이드만 만들면 되었다.

매트는 1시간 안에 가가의 집에 가야 했다. 그래서 내가 남아 마무리를 했다. 이런 압박감은 어딘가 짜릿한 구석이 있었다. 마치 경기 종료를 앞두고 카운트다운을 하는 듯한 느낌이었다. 매트가 전화로 이제 막 도착했다고 알렸을 때 나는 발신 버튼을 눌렀다.

1시간 후 휴대폰이 울렸다. 매트가 보낸 문자였다.

홈런이야. 여기 다들 울고 있어.

———————

다음 이틀은 정신없이 흘러갔다. 그날 밤 나는 스눕독의 콘서트장에 가서 매트와 레이디 가가를 만났다. 바에서 레드불을 받고 둘러보니 VIP 구역의 소파에 앉아 있는 두 사람이 보였다. 매트는 내게 가가 옆에 앉으라고 손짓했다. 가가는 털썩 주저앉은 내 어깨에 팔을 둘렀다. 그리고 다른 팔로 내가 들고 있던 레드불을 가져가서 한 모금 들이키고는 다시 주었다.

"알렉스." 그녀는 말했다.

"가끔은…. 가끔은 너무 깊은 곳에 뭔가가 있어서 스스로 표현할 수 없는 경우가 있어. 네가 처음으로 내 마음을 대신 글로 표현해줬어."

"앤디 워홀을 언급한 구절은." 그녀는 웃는 얼굴로 팔을 허공에 내저으며 말했다.

"엄청났어.".

가가와 나의 대화가 끝났을 때 켄드릭 라마가 와서 내 옆에 앉았다. 스눕독은 무대에서 내가 가장 좋아하는 노래를 불렀다. 나는 그 어느 때보다 자유로운 기분으로 일어나 춤을 췄다.

다음 날 저녁, 나는 매트와 같이 가가의 콘서트장으로 향했다. 가는 길에 가가의 트위터를 확인해 보니 프로필이 '창조적 반항'으로 바뀌어 있었다. 이런 트윗도 올라와 있었다.

〈아트팝〉은 창조적 반항이야.

나는 수녀들의 규칙을 따르지 않아.

내 규칙은 내가 만들어.

#MonsterStyle #ARTPOP

잠시 후 무대에서 춤추는 가가를 향해 수천 명의 팬들이 천둥처럼 환호하는 소리가 들렸다. 그녀가 노래하는 동안 한 여성이 옆에서 병에 든 녹색 액체를 들이켰다. 가가는 점조명 아래 서 있었다. 그 여성은 구역질을 하더니 가가의 몸에 녹색 액체를 토했다. 가가는 그걸 "구토 예술"이라 불렀다.

녹색 액체가 그 여성의 입에서 뿜어져 나와 가가의 몸에 뿌려지는 광경을 보니 소름이 끼쳤다. 매트는 내 모습을 보고 웃었다.

"완전히 예상을 벗어나지?"

그날 밤, 가가가 출연한 〈지미 키멜 라이브〉가 방송되었다. 키멜은 가가의 의상에 대한 농담으로 인터뷰를 시작한 후 〈아트팝〉에 대해 다른 농담을 던졌다. 하지만 가가는 당황하지 않았다. 그녀는 '예측성의 반대말'이라는 개념을 들어 반박했다. 방청객들은 박수를 치며 환호했다.

다음 날 아침, 나는 매트, 가가의 아버지와 함께 앞줄에 앉아 가가의 기조연설을 들었다. 조명이 희미해졌다. 가가는 플라스틱 방수포로 만든 거대한 드레스를 입고 무대에 등장했다. 첫 질문은 '구토 예술'에 대한 것이었다. 그녀는 어떻게 그런 아이디어가 나왔는지 설명한 후 이렇게 말했다.

"앤디 워홀은 수프 캔을 예술로 바꿀 수 있다고 생각했어요. 때로 정말 이상하고 엉뚱하게 보이는 것들이 세상을 바꾸기도 해요…. 음반업계의 기대, 현상유지에 대한 기대로부터 나를 해방시키려 했어요. 학창시절부터 선생님이 내가 입은 치마의 길이를 재거나 어떻게 해야 한다는 말을 듣는 게 싫었어요."

어느새 박수소리가 실내를 가득 메웠다. 기조연설이 끝나자 청중들은 자리에서 일어섰다. 가가는 기립박수를 받았다.

매트는 공항으로 직행했고, 나는 짐을 꾸리기 위해 호텔로 갔다. 물건들을 모으는 와중에 매트가 방금 가가에게 받은 문자를 보내주었다.

무슨 말을 해야 할지 모르겠어. 날 위해 해준 모든 것이 너무 고마워. 넌 날 떠받혀 주었고, 오늘 너 덕분에 날개를 달 수 있었어. 너와 알렉스가 자랑스럽게 여겼으면 좋겠어.

가가의 문자를 다 읽어갈 무렵 다른 문자가 떴다. USC 동창이 캠퍼스에서 열리는 파티에 초대하는 문자였다. 4학년 마지막 학기를 보낸 동창들은 졸업을 축하하고 있었다. 나도 나만의 방식으로 졸업을 맞은 느낌이었다.

비행기 유리창으로 구름을 보고 있으니 가가와 겪은 일들이 어떻게 일어났는지 계속 생각하게 되었다. 어떻게 보면 모든 것이 단지 일련의 작은 결정들로 보였다. 오래 전, 나는 엘리엇 비스노우에게 무작정 이메일을 보내기로 결정했다. 그 다음 그와 함께 유럽으로 갔고, 뉴욕시에서 열리는 콘서트에서 매트를 소개받았다. 그 다음 매트의 집에 놀러가 관계를 다졌다.

생각이 이어지는 가운데 뜻밖의 말이 떠올랐다. 해리 포터 소설에 나오는 말이었다. 덤블도어는 결정적인 순간을 맞아 이렇게 말한다.

"우리가 진정 어떤 사람인지 말해주는 것은 우리의 능력이 아니라 우리의 선택이야."

'우리의 능력이 아니라 우리의 선택이야…'

나는 치 루, 슈가 레이 레너드와 나눈 대화를 떠올렸다. 덤블도어의 말에 담긴 메시지는 그들과 나눈 대화에서 내가 배운 교훈과 같았다. 치 루와 슈가 레이는 둘 다 탁월한 능력을 타고 태어났다. 그러나 내가 보기에 그들을 두드러지게 만든 것은 그들의 선택이었다. 치 타임은 선택이었다. 통학버스를 쫓아간 것은 선택이었다.

여러 이미지들이 슬라이드들처럼 머릿속을 지나가기 시작했다.

빌 게이츠가 기숙사방에서 두려움을 이겨내고 처음 영업 전화를 건 것은 선택이었다. 스티븐 스필버그가 유니버셜 스튜디오의 투어 버스에서 뛰어내린 것은 선택이었다. 제인 구달이 아프리카로 갈 돈을 모으려고 온갖 일을 한 것은 선택이었다.

모두가 삶을 영원히 바꿀 작은 선택들을 할 힘을 갖고 있다. 우리는 관성에 굴복하여 첫 번째 문으로 들어가기 위한 줄에 서서 기다릴 수도 있고, 줄에서 빠져나와 뒷골목에 있는 세 번째 문으로 들어갈 수도 있다. 우리 모두에게는 그 선택이 주어진다.

나의 여정에서 배운 한 가지 교훈이 있다면 바로 그 선택을 할 수 있다는 것이다. 가능성을 추구하는 마음가짐이 나의 삶을 바꿔 놓았다. 가능성에 대한 믿음을 바꾸면 가능한 일이 바뀐다.

비행기가 로스엔젤레스 공항에 도착했다. 나는 더플백을 메고 전에는 느끼지 못했던 차분한 마음으로 터미널을 걸어갔다. 수화물 찾는 곳 밖으로 나오니, 아버지가 차를 대고 내게로 다가왔다. 나는 아버지를 크게 껴안았다. 그리고 더플백을 트렁크에 던져 넣고 조수석에 올라탔다.

아버지는 "인터뷰 어땠니?"라고 물었다.

나는 "안 했어요."라고 말했다.

아버지는 내가 들려주는 이야기를 들으며 크게 웃었다. 우리는 집으로 향했다.

데이비드 바나얀을 추모하며

(1957~2017)

아버지는 돌아가시기 4일 전에 내 삶에서 가장 중요한 교훈 중 하나를 가르쳐 주셨다. 산타모니카에 있는 엘리엇의 아파트에 있을 때 아버지의 주치의에게 전화가 걸려왔다. 그녀는 방금 왕진을 다녀왔는데 아버지의 상태가 급격하게 나빠졌다며 이렇게 말했다. "내가 보기에는 며칠밖에 못 사실 것 같아."

전혀 마음의 준비가 되어 있지 않았다. 주위의 모든 것이 흐릿해졌다. 아무 생각도 떠오르지 않았다. 그저 느낌뿐이었다. 두려움과 슬픔 속에 압도적인 고립감이 느껴졌다. 복잡한 기차역에서 갑자기 부모를 잃고 어떻게 해야 할지 몰라 당황하는 아이가 된 기분이었다. 그 순간 내가 할 수 있는 일은 하나뿐이었다. 나는 누나에게 전화를 걸어 주치의의 말을 전했다. 그리고 차를 몰아 누나

를 태운 후 같이 부모님에게로 갔다.

집에 도착해 보니 엄마와 간병인이 말없이 소파에 앉아 있었다. 아버지는 평소처럼 안락의자에 앉아 있었지만 예전과 다른 모습이었다. 이틀 전에 나와 같이 아침을 먹을 때만 해도 밥을 다 먹었고 수월하게 걸어 다녔다. 하지만 지금은 잠이 든 게 아닌데도 눈을 감은 채 가만히 앉아 있었다. 아버지의 피부는 노랗게 변해 있었고, 호흡은 거칠었다. 아버지는 집에서 돌아가시기를 원했다. 그래서 나는 구급차를 부르고 싶은 마음을 억눌러야 했다.

나는 "아버지?"라고 말했다. 아무 반응이 없었다. 나는 아버지에게 다가가 손을 가볍게 흔들었다.

"아버지?"

나는 어머니 쪽으로 고개를 돌렸다. 어머니는 나를 보고 아무 말도 할 수 없다는 듯 가만히 고개를 흔들었다. 나는 소파로 가 누나 옆에 앉았다. 우리는 현실을 받아들이며 말없이 앉아 있었다. 우리는 우리에게 생명을 준 아버지가 혼수상태로 빠져드는 모습을 지켜보았다.

몇 분 후 간병인이 진통제를 줄 시간이라고 말했다. 그녀는 아버지 앞에 서서 진통제를 먹이려 애썼다. 그러나 아버지는 입을 열지 않았다.

"데이비드." 간병인은 호소했다.

"입을 열어요."

그러나 아무런 반응이 없었다. 당혹스런 일이었다. 진통제를 먹지 않으면 아버지가 마지막 나날을 고통 속에 보내야 하기 때문이었다. 간병인은 "데이비드, 제발요."라고 다시 말했다. 그녀는 거듭 부탁했다. 그러나 아버지는 여전히 반응하지 않았다.

그때 어머니가 천천히 일어섰다. 그녀는 진통제를 받은 후 신발을 벗었다. 그리고 아버지 옆에 무릎을 꿇고 부드럽게 아버지의 손을 잡았다. 어머니가 말하는 순간, 어머니의 목소리가 아버지의 귀에 닿는 순간 아버지는 입을 열었다. 게다가 진통제도 쉽게 먹었다.

나는 엎드린 채 훌쩍거리기 시작했다. 슬퍼서 우는 게 아니었다. 그게 아니라 그 광경이 아름다워서 울었다. 어머니가 아버지 옆에 무릎을 꿇은 모습을 보니 아버지가 내게 가르침을 주려는 것 같았다. 기억을 잃고, 재산도 무의미해지고, 눈조차 뜰 수 없는 생의 마지막에 남는 것은 심장의 박동과 호흡 그리고 사랑하는 사람과 맺은 영혼의 유대뿐이라는 가르침 말이다.

그래서 아버지에게 가장 먼저 감사인사를 드리고 싶다. 아버지에게 하고 싶은 말이 너무 많아서 100페이지를 써도 충분치 않을 것 같다. 그래서 이 자리에서는 그저 사랑하고 보고 싶다는 말을 하고 싶다.

다음으로는 어머니에게 감사인사를 드리고 싶다. 나는 어머니가 대단한 여성이라는 사실을 알고 있었다. 그러나 아버지가 보낸 마지막 한 해는 내가 어머니의 진면목을 제대로 몰랐다는 것을 알게 해주었다. 어머니는 엄청난 고통을 딛고 더 대단한 여성으로 변신했다. 어머니는 두려움에 사로잡히지 않고 두려움을 이겨냈다. 마음을 닫지 않고 오히려 마음을 더 열었다. 어머니, 내가 어머니의 아들인 게 너무 자랑스러워요. 나는 어머니 덕분에 지금의 내가 될 수 있었어요.

누나와 여동생에게도 고맙다고 말하고 싶다. 두 사람은 나의 소중한 친구일 뿐 아니라 뛰어난 교사이기도 하다. 아버지가 돌아가셨을 때 매일 마음이 폭격을 당하는 기분이었다. 그래도 우리 세 명이 같이 참호 속에서 서로의 곁을 지켜준 덕분에 결국에는 모든 것이 괜찮아질 것이라는 믿음을 가질 수 있었다. 우리가 함께 삶을 보낼 수 있어서 너무나 감사하다.

할아버지, 할머니, 증조 할아버지, 증조 할머니, 고모, 삼촌, 사촌들에게 감사드린다. 기숙사 침대에 누워 천장을 하염없이 바라보기 전에 그들의 소파와 식탁에서 시간을 보내며 깊은 애정을 느낄 수 있었기 때문이다. 또한 흔들림 없는 정신과 열린 마음으로 이 여정을 함께 해준 마이크 에샤기언과 에이제이 실바에게 감사드린다.

우리가 모미나라는 애칭으로 부르고, 이 책에서는 "주네 만"이

라는 말로 알려진 할머니에게 특별히 감사드린다. 여정의 끝에서
내가 학교로 돌아가지 않기로 마음먹었을 때 칼 퍼스먼은 내가 할
머니에게 약속을 깬 것을 아직 사과하지 않았다는 사실을 상기시
켰다. 나는 내가 학교로 돌아가지 않을 것임을 할머니가 알았고,
여전히 할머니와 관계가 좋다며 반박했다. 내 생각에는 굳이 명시
적으로 사과할 필요가 없었다.

"너는 할머니의 생명을 걸고 한 약속을 어겼어." 칼은 말했다.

"꼭 사과해야 해."

나는 한동안 망설이다가 어느 날 밤 사과하려고 할머니를 찾아
갔다. 저녁식사가 끝날 무렵 나는 마침내 용기를 냈다.

"기억하실지 모르겠는데⋯." 나는 할머니에게 말했다.

"오래 전에 무조건 대학을 졸업하고 석사학위를 따겠다고 약속
했어요. '주네 만'이라고 하면서요."

할머니는 포크를 내려놓았다.

그녀는 내가 그 말을 하기를 오랫동안 기다렸다는 듯 말없이
나를 바라보았다.

"제가 약속을 깼어요." 내 눈에 눈물이 차올랐다.

"죄송해요."

뒤이은 침묵은 내 마음을 더 아프게 만들었다.

잠시 후 할머니가 말했다.

"괜찮다…." 할머니는 한숨을 쉬었다.

"애초에…. 그런 약속을 하게 만든 내가 틀렸기를 바랄 뿐이다."

———

아버지가 보낸 마지막 나날은 내게 그 어느 때보다 격심한 고통으로 가득했다. 그러나 동시에 내가 알지 못했던 사랑으로 가득하기도 했다. 엘리엇은 하루에도 몇 번씩 전화를 걸어서 아버지와 우리 가족의 안부를 물었다. 심지어 아버지의 상태가 나빠지자 우리 집을 찾아와 아버지와 함께 뒷마당에 있는 오렌지 나무 밑에서 시간을 보냈다. 엘리엇과 아버지는 그 나무를 통해 친분을 쌓았다. 엘리엇은 그 나무를 위한 웹사이트를 만들었다. 그의 동생인 오스틴은 그 나무에 대한 노래를 만들었다. 그의 친구인 인큐는 그 나무에 대한 시를 썼다. 엘리엇은 바나얀 씨의 오렌지 나무라고 적힌 야구모자를 20여 개나 만들었다. 아버지는 심한 통증에 시달려도 엘리엇과 함께 오렌지 나무 밑에서 시간을 보낼 때는 항상 웃음을 보였다.

처음 엘리엇에게 무작정 이메일을 보낼 때는 멘토를 얻고 싶었다. 나는 운 좋게도 멘토를 얻었을 뿐 아니라 최고의 친구도 얻었다. 하지만 그가 나의 형제까지 되어줄 줄은 꿈에도 몰랐다.

결국 아버지가 혼수상태에 빠졌다는 소식을 엘리엇에게 전할 시간이 왔다. 여행 중이던 엘리엇은 그 소식을 듣고 최대한 빨리 LA로 오겠다고 말했다.

이후 며칠은 시간이 천천히 흘러갔다. 4일째 되는 날, 나는 누나, 여동생과 같이 오렌지 나무 밑에서 시간을 보냈다. 우리는 격한 감정의 소용돌이 속에서 잠시 고요를 누렸다. 태양이 질 무렵 고모가 밖으로 나와서 안으로 들어오라고 말했다. 내가 집안으로 들어서는 순간 엘리엇이 앞문으로 들어왔다. 그는 나의 눈빛을 읽고 말없이 아버지의 방으로 뒤따라왔다. 나와 누나, 여동생, 어머니, 고모, 삼촌, 엘리엇은 아버지가 누운 침대 주위로 손을 잡고 섰다. 잠시 후 아버지가 마지막 숨을 쉬었다.

눈앞에서 아버지가 돌아가시던 때를 떠올리니 수많은 감정들로 마음이 복잡하다. 머릿속에서는 수많은 생각들이 휘몰아친다. 나는 왜 엘리엇이 찾아와 내 손을 잡기까지 아버지가 기다렸는지 결코 그 이유를 알 수 없을 것이다.

———

아버지는 땅속에 묻히기 전에 내게 마지막 교훈을 가르쳤다. 나는 장례식이 열리던 날 그 교훈을 얻었다.

교회에서 장례식이 끝난 후 6명이 아버지의 관을 영구차까지 옮겼다. 나는 어머니, 누나, 여동생과 함께 다른 차에 타서 장지까지 영구차를 따라갔다. 장지에 도착했을 때 이유는 모르겠지만 관을 나를 사람들이 보이지 않았다. 걱정이 되었지만 생각할 시간이 없었다. 랍비가 다가와 우리 가족에게 말을 걸었기 때문이다. 나는 그 다음에 벌어진 일을 보지 못했다. 그저 영구차의 트렁크가 열리고 관이 옮겨지는 소리만 들었을 뿐이다.

아버지의 묏자리로 가서 장례 행렬이 다가오는 모습을 보고서야 친구들이 관을 옮기고 있다는 걸 알았다. 고개를 들어 하늘을 보는데 울음이 터져 나왔다. 이번에도 슬퍼서 우는 게 아니었다. 그 광경이 아름다워서 울었다. 마치 아버지가 땅속에 묻히기 직전에도 인생에는 그냥 친구가 있고, 좋은 친구가 있으며, 아버지의 관을 들어주는 최고의 친구들이 있다는 걸 내게 알려주려는 것 같았다.

우정의 의미를 일깨워 주고, 우정이 세상에서 실로 가장 강력한 힘임을 증명해 준 케빈 헤크맛, 안드레 허드, 조조 하킴, 라이언 네호레이, 브랜든 하킴, 코윈 가버에게 고맙다는 말을 전한다.

너희들을 가족처럼 사랑한다. 너희들은 내 가족이니까. 고맙게도 내가 선택한 가족들은 그들에게서 멈추지 않는다.

칼 퍼스먼은 신이 존재한다는 사실을 그 누구보다 분명하게 증명해 주었다. 칼이 내게 준 것은 기적이었다. 그는 지난 4년 동안 내게 인터뷰하는 방법뿐 아니라 일주일에 두, 세 번씩 밤에 2시간 동안 글 쓰는 법을 가르쳤다. 그는 내가 쓴 문장을 몇 번씩 고쳐주면서도 인내심을 잃지 않았다. 우리는 어떤 장을 최고 134번이나 같이 고쳤다. 칼의 관대함은 거기서 멈추지 않았다. 그는 오브리가도, 글로리아, 딜런, 카일라, 브리지트와 함께 나를 가족으로 맞아주었다. 그의 막내딸인 브리지트는 영광스럽게도 나의 대녀이기도 하다. 칼에게는 어떤 감사의 말로도 부족하다.

비스노우 가족, 오스틴, 인큐, 니콜, 디나, 마크, 마고트에게 감사드린다. 그들과 함께 있으면 세상 어디든 집에 있는 느낌이다.

어린 시절과 대학 그리고 지금의 친구들에게 감사드린다. 그들은 더 많은 의미와 사랑 그리고 즐거움을 내 삶의 모든 부분에 안겨주었다. 앤드류 혼, 아르투로 누녜즈, 벤 넴틴, 브래드 델슨, 코디 랩, 대니 랠, 제이크 스트롬, 제이슨 벨릿, 제시 스톨락, 존 로젠블럼, 카일라 시드밴드, 맥스 스토셀, 마야 왓슨, 마이크 포스너, 미키 아그라왈, 라미 유세프, 로스 번스틴, 로스 힝클, 션 칼리피안, 소피아 주코스티, 타마라 스쿠츠키, 이 책의 각 장에는 당신들의 에너지가 스며 있다.

어린 시절부터 우리 삶의 빛이었고 내게 책에 대한 열정을 불어넣어 준 사랑하는 친구, 말로리 스미스에게, 너무 보고 싶다. 넌 항상 우리 마음속에 있을 거야.

———

내 가슴에 특별히 와닿는 랍비 아브라함 조슈아 헤셸의 말이 있다.

"젊은 시절에는 똑똑한 사람들을 존경했다. 그러나 나이 든 지금은 다정한 사람들을 존경한다."

스테판 바이츠를 처음 만났을 때는 모든 문제에 대해 10가지 해결책을 찾아내는 지성과 능력에 이끌렸다. 그러나 이제 돌이켜보면 나를 가장 놀라게 만든 것은 그의 관대함과 이타심이었다. 스테판, 당신은 18살짜리의 몽상에 불과하던 나의 사명을 이뤄주기 위해 당신의 명성을 걸고 전폭적으로 도와줬어요. 당신 같은 사람들이 진정으로 세상을 바꿔요. 앞으로 평생 감사히 여기며 살게요.

나를 경기장으로 넣어줬을 뿐 아니라 가장 필요할 때 자신의 세계로 끌어들여서 돌봐준 매트 미켈슨에게 감사드린다. 매트, 당신은 세 번째 문으로 들어가는 삶을 살아요. 항상 나를 도와주고 두 팔 벌려 환영해주는 당신과 제니 그리고 3G에게 감사드립니다.

고등학교 시절과 사명을 추구하던 초기에, 나조차 나를 믿지 못하던 시기에 나를 믿어준 초기의 멘토들에게 특별한 감사의 말을 전한다. 캘빈 버먼, 세자르 보카네그라, 댄 랙, 인드라 무코파데이, 존 울먼, 키스 페라찌, 크리스틴 보렐라, 미셸 할리미, 리처드 워터스, 당신들은 내 안에 불꽃을 일으켰어요. 정말 감사합니다.

스튜어트 앨숍, 길먼 루이, 어네스틴 푸 그리고 앨숍 루이 파트너즈의 전체 팀에게 특별히 감사드린다. 당신들은 나를 벤처 투자의 세계로 이끌었을 뿐 아니라 이 책을 끝까지 쓰도록 북돋아 주었어요.

나의 에이전트인 보니 솔로우에게도 감사드린다. 고맙게도 그는 '새벽 3시에 의식의 흐름대로 쓴' 나의 이메일을 받고도 내가 미쳤다고 생각하지 않았다. 보니, 당신은 처음 통화할 때부터 사명의 핵심을 이해해 줬고, 구상 단계부터 지금 우리 손에 있는 책이 나올 때까지 능숙하게 이끌어 줬어요.

생각만 해도 가슴이 뭉클해지는 이유로 편집자인 로저 숄과 발행인인 티나 코스터블에게 감사드린다. 당신들은 아버지가 돌아가셨을 때 너무나 큰 연민과 친절을 베풀어 주었어요. 내가 마음을 추스르고, 휴식을 취하고, 다른 가족들을 보살필 시간을 줘서 고마워요. 당신들이 출판의 대가라는 사실은 잘 알려져 있지만 당신들을 대단하게 만든 건 그 마음씨라는 걸 세상에 알리고 싶어요.

두 분과 함께 크라운 출판 그룹의 캠벨 와튼, 메건 페리트, 아옐

렛 그룬스펙트, 니콜 매카들, 오웬 해니, 에린 리틀, 니콜 라미네즈, 메리 레이닉스, 노먼 와킨스, 앤드류 라우를 비롯한 많은 분들에게 이 책이 빛나도록 해준 모든 일들에 감사드린다. 특히 나를 코윈의 가족으로 맞아주고 처음부터 이 책의 구상을 도와준 릭 호건에게 감사드린다. 꼼꼼한 편집으로 원고를 빈틈없고 깔끔하게 만들어준 애덤 페넌버그에게 감사드린다. 능숙하게 사실관계를 점검해준 케빈 맥도널과 초기 인터뷰 원고를 걸러준 벤 해나니에게 감사드린다.

원고를 마무리할 무렵 좋은 친구들인 브리건 하퍼, 케이시 로터, 채플린 케빈, 클레어 슈미트, 대니 밴 드 상데, 줄리 필라트, 미셸 자우지그, 샘 해나니가 훌륭한 의견을 제시해 주었다. 당신들은 이 책을 다듬는 데 큰 도움을 주었을 뿐 아니라 내가 이 책을 쓰는 이유를 상기시켜 주었어요.

표지에 마술을 부려준 데이비드 크리치에게 찬양 수준의 감사를 전하고 싶다. 그 일을 이뤄준 나의 형제 아르투로 누네즈에게 깊이 감사드린다.

다음 저자들에게 감사드린다. 그중에는 내가 잘 아는 분도 있고, 이메일만 나눴는데도 너무나 관대하게 출판 과정을 안내해 준 분도 있다. 당신들은 세상에 정말로 좋은 사람들이 있다는 증거예요.

애덤 브라운, 애덤 페넌버그, 바라툰드 서스턴, 벤 카스노차, 벤

넴틴, 브랜든 버차드, 칼 퍼스먼, 크레이그 멀래니, 댄 핑크, 데이브 링우드, 데이브 로건, 데이비드 이글먼, 다이앤 셰이더 스미스, 에머슨 스파츠, 에스더 퍼렐, 게리 베이너척, 지나 루단, 가이 카와사키, 제이크 스트롬, 제임스 마샬 라일리, 재닛 스위처, 존 울먼, 조시 링크너, 줄리언 스미스, 키스 페라찌, 켄트 힐리, 루이스 하우즈, 말콤 글래드웰, 마스틴 킵, 닐 스트로스, 리치 롤, 루마 보스, 샘 혼, 세스 고딘, 사이먼 사이넥, 스탠리 탱, 팀 페리스, 팀 샌더스, 토니 셰이, 웨스 무어.

────

오랫동안 아래와 같은 글을 쓰게 되면 기분이 어떨지 상상했다. 다음은 나의 사명을 위해 인터뷰를 하거나, 인터뷰를 주선하거나, 인터뷰를 주선하려고 애쓴 모든 사람의 명단이다. 이토록 많은 사람들이 있다는 건 멋진 일이다. 이 책이 나오는 데 얼마나 많은 사람들의 노력이 들어갔는지 여실히 보여주기 때문이다.

이 모든 분들에게 가슴 깊이 감사드린다.

아드리아나 앨런, 알리 달룰, 앨리 도밍게즈, 앨리슨 우, 아만 반다리, 아멜리아 빌링거, 에이미 호그, 안드레아 레이크, 아르투로 누녜즈, 애셔 제이, 배리 존슨, 벤 마다히, 벤 슈워윈, 베티 클레이,

빌 게이츠, 블레이크 미코스키, 바비 캠벨, 브렌나 이스라엘 매스트, 브루스 로젠블럼, 칼 퍼스먼, 세자르 보카네그라, 세자르 프란시아, 찰스 베스트, 찰스 차베즈, 첼시 헤트릭, 체리 차넬, 코리 맥과이어, 코트니 머펠드, 댄 랙, 다프네 웨이언스, 다넬 스트롬, 딘 카멘, 데비 보사넥, 데보라 포어머, 드류 휴스턴, 딜런 콘로이, 엘리제 와그너, 엘리자베스 그레거슨, 엘리엇 비스노우, 프랭크 뉴이리가트, 프레드 모슬러, 게리 에라스미, 길먼 루이, 한나 리처트, 하워드 버핏, 제이콥 피터슨, 제임스 앤드류스, 제임스 엘리스, 제인 구달, 제이슨 본 시크, 제이슨 존 피셔, 제니퍼 로젠버그, 제시 버거, 제시 스톨락, 제시 햄펠, 제시카 알바, 조 허프, 조이 르바인, 조니 스타인도프, 존 로젠블럼, 조너선 홀리, 조던 브라운, 후안 에스피노자, 줄리아 램, 줄리 호브세피안, 저스틴 팔비, 카를라 발라드, 케이티 커티스, 키스 페라찌, 켈리 포겔, 케빈 왓슨, 크리스틴 보렐라, 레이디 가가, 래리 코헨, 래리 킹, 리 피셔, 리사 허트 클라크, 마리 두리틀, 마스틴 킵, 매트 미켈슨, 맥스 스토셀, 마야 안젤루, 마이클 키브스, 미셸 리, 미키 아그라왈, 페니 소우, 피터 구버, 필립 리즈, 피파 비들, 핏불, QD3, 치 루, 쿠두스 필리페, 퀸시 존스, 라다 라마찬드란, 레베카 캔터, 릭 암브러스트, 로버트 파판, 로미 카드리, 루마 보스, 라이언 베시어, 라이언 주니, 사만사 카우치, 스코트 센드로우스키, 스코트 맥과이어, 세스 런던, 시라 라자르, 시미 싱, 솔

다드 오브라이언, 소냐 더햄, 스테판 바이츠, 스티브 케이스, 스티브 워즈니악, 스튜어트 앨솝, 슈가 레이 레너드, 수지 르바인, 팀 페리스, 톰 머즈쿼즈, 토니 드니로, 토니 셰이, 트레이시 브릿, 트레이시 홀, 밴 스콧, 비비앤 그루바드, 워런 베니스, 웬디 워스카, 윌 맥도너, 재크 밀러.

————

아마도 여기서 답해야 할 마지막 질문은 "이제 어떻게 할 것인가?"일 것이다.

아버지가 돌아가신 후 나는 세상의 먼 곳들을 여행하면서 여러 문화의 지혜와 아름다움을 흡수하라는 퀸시 존스의 조언에 더욱 이끌렸다. 작년에 나는 친구들과 아르헨티나, 브라질, 케냐, 인도, 일본, 남아프리카를 여행했다. 지금은 호주에서 이 글을 쓰고 있다. 케빈과 나는 대보초에서 스쿠버 다이빙을 하고 있다. 퀸시 존스와의 인터뷰는 내 삶을 바꿔놓았다. 내가 삶에서 바라던 것을 바꿔놓았기 때문이다. 그래서 너무나 감사하다.

여행은 신선한 시각으로 지난 몇 년을 돌아볼 계기를 내게 주었다. 나의 여정을 돌이켜 보면 사명의 핵심이 실로 무엇이었는지 깨닫게 된다.

처음 시작할 때 나의 초점은 위인들의 지혜를 모아 우리 세대에게 도움을 주는 것이었다. 물론 이 점은 변하지 않았다. 그러나 나는 나의 사명이 더 깊은 의미를 지닌다는 사실을 깨달았다. 이 책과 세 번째 문을 열려는 마음가짐은 가능성에 대한 것이다.

누군가에게 최고의 지식과 도구를 제공해도 여전히 그들의 삶은 지지부진할 수 있다. 그러나 가능한 일에 대한 믿음을 바꾸면 그들의 삶은 반드시 바뀌게 되어 있다.

나는 어떤 사람이든, 어디서 태어나든 더 많은 사람들이 가능성의 축복을 받는 미래를 꿈꾼다. 나는 그 꿈이 현실이 되도록 무엇이든 내가 할 수 있는 일을 하고, 내가 맡을 수 있는 역할을 할 것이다. 나만큼 이 이상에 열정이 있다면, 세 번째 문을 열려는 마음가짐을 세상에 퍼트리는 일을 돕고 싶다면 전화나 이메일로 내게 연락해 주기 바란다. 우리는 함께 세상을 더 나은 곳으로 만들 수 있다.

미래를 위해 건배하자.

인터뷰를 하려고 뛰어다니던 시절은 끝났을지 모르지만 더 큰 사명이 막 시작된 기분이다.

옮긴이 **김태훈**

중앙대학교 문예창작과를 졸업하고 현재 번역 에이전시 하니브릿지에서 전문 번역가로 활동하고
있다. 주요 역서로는《어떻게 원하는 것을 얻는가》,《그 개는 무엇을 보았나》,《스티브 잡스 프레젠
테이션의 비밀》,《달러제국의 몰락》,《야성석 충동》,《욕망의 경제학》,《프리덤 라이터스 다이어리》
외 다수가 있다.

나는 7년 동안
세계 최고를 만났다

1판 1쇄 발행 2019년 4월 12일
1판 8쇄 발행 2022년 5월 15일

지은이 알렉스 바나얀
옮긴이 김태훈

발행인 양원석
편집장 김건희
영업마케팅 조아라, 신예은, 이지원
펴낸 곳 ㈜알에이치코리아
주소 서울시 금천구 가산디지털2로 53, 20층 (가산동, 한라시그마밸리)
편집문의 02-6443-8902   **도서문의** 02-6443-8800
홈페이지 http://rhk.co.kr
등록 2004년 1월 15일 제2-3726호

ISBN 978-89-255-6612-2 (03320)